中国高被引分析报告

2019

曾建勋　主编

科学技术文献出版社
SCIENTIFIC AND TECHNICAL DOCUMENTATION PRESS
·北京·

图书在版编目（CIP）数据

中国高被引分析报告. 2019 / 曾建勋主编. —北京：科学技术文献出版社，2021.9
ISBN 978-7-5189-7619-5

Ⅰ．①中… Ⅱ．①曾… Ⅲ．①期刊—文献计量学—统计资料—中国—2019
Ⅳ．① G255.2

中国版本图书馆CIP数据核字（2020）第 266756 号

中国高被引分析报告2019

策划编辑：周国臻　　责任编辑：宋红梅　　责任校对：张永霞　　责任出版：张志平

出 版 者　科学技术文献出版社
地　　址　北京市复兴路15号　邮编 100038
编 务 部　（010）58882938，58882087（传真）
发 行 部　（010）58882868，58882870（传真）
邮 购 部　（010）58882873
网　　址　www.stdp.com.cn
发 行 者　科学技术文献出版社发行　全国各地新华书店经销
印 刷 者　北京时尚印佳彩色印刷有限公司
版　　次　2021年9月第1版　2021年9月第1次印刷
开　　本　787×1092　1/16
字　　数　416千
印　　张　19
书　　号　ISBN 978-7-5189-7619-5
定　　价　198.00元

《中国高被引分析报告2019》
编辑委员会

通信地址：北京市海淀区复兴路15号　　100038

　　　　　中国科学技术信息研究所　信息资源中心

网　　址：http://www.istic.ac.cn

电　　话：010-8882369　58882061

传　　真：010-58882321

电子信箱：library@istic.ac.cn

前　言

自 1964 年美国科学信息研究所创办出版《科学引文索引》（Science Citation Index，SCI）以来，科学引文数据库以其独特的引证途径和耦合特征，形成了对期刊、论文、学术机构、学者等相关的科学计量指标。2001 年推出的基本科学指标（Essential Science Indicators，ESI），对全球学术机构、学术论文、学者被引频次的前 1%进行统计排行，形成了 22 个专业领域的高被引学术机构、高被引论文和高被引学者等指标，从多个维度对国家/地区科研水平、机构学术声誉、学者学术影响力及期刊学术水平进行评估。

近年来，我国学术论文产出逐年提高，对我国学术期刊进行有效采集，对学术论文进行规范加工，形成完整系统的"中国知识链接数据库"，是推进我国学术论文开放共享和公益传播的基础，也是进行我国科技论文引文计量分析的前提。中国科学技术信息研究所自 2000 年以来收录我国出版的学术期刊论文，囊括了我国出版的科技类和社科类学术期刊 7000 余种，累积论文 5500 余万篇，引文记录 29500 余万条，是目前最完备的中文期刊论文引文库。一方面提供信息检索与全文传递公益服务；另一方面形成中国科学引文索引 CSCI（http://csci.istic.ac.cn）数据平台，成为我国最大的基于期刊论文引文的检索评价工具。

目前，基于引文进行文献情报计算、基于引证关系进行知识关联分析已成为科学监测和科学评价的重要手段。为了科学地利用论文引文海量数据，遴选各学科高被引论文，合理测算科研机构的学术影响力，我们基于"中国知识链接数据库"，借助中国科学引文索引 CSCI 数据平台，全面深化学科高被引分析，自 2007 年始，编制出版《中国期刊高被引指数》，于 2011 年对学术论文数据按学科进行统计分析，以图谱、表格等方式展现，编制出版《中国高被引指数分析》，并于 2012 年最终形成按年编卷出版的系列《中国高被引分析报告》。

《中国高被引分析报告 2019》以我国正式出版的各学科 7000 余种中、英文期刊（不包括少数民族语种期刊和港、澳、台地区出版的期刊）为统计源刊，经过对期刊引文数据的规范化处理，以高被引论文为基础，按期刊所属学科类别统计，从主题、期刊、作者、机构等多个角度分学科进行高影响力分析，全面展现各个学科领域的高被引情况。按学科领域反映高被引论文、高被引期刊、高被引作者、高被引机构、高被引国外期刊等，并利用共被引分析等方法，借助可视化工具进行论文主题关联分析，力求直观地展现领域内研究主题关联情况。

在整个编写过程中，尽管力求严格规范、细致准确、精益求精。但是，由于一些实际情况，如期刊的更名合并、引用文献著录不规范、期刊缩简写各异或学报版本更迭、作者重名、机构演化变更等，给我们的统计、分析和编写工作带来了很大困难，错误和疏漏在所难免，诚望广大读者不吝赐教，批评指正。

编　　者
2020 年 12 月

目　　录

第 1 章 编制说明

1.1 数据来源

《中国高被引分析报告 2019》统计了 2018 年我国正式出版的各学科 7049 种中、英文期刊（不包括少数民族语种期刊和港、澳、台地区出版的期刊），经过期刊引文数据规范化处理，依托"中国知识链接数据库"进行统计分析、数据挖掘和知识链接，再以图谱、表格等方式加以展现，按年编卷出版。

根据期刊主题，《中国高被引分析报告 2019》参考《中国图书资料分类法（第四版）》的学科分类，按照"突出基础、科技类学科，兼顾人文、社科类学科"的原则将统计源论文划分为 55 个学科，详情见表 1-1。

表 1-1 《中国高被引分析报告 2019》学科分类

章	学科名称	章	学科名称
2	自然科学总论	20	特种医学
3	数学	21	药学
4	物理学	22	农业科学与工程
5	化学	23	植物保护学
6	天文学、地球科学	24	农作物
7	生物科学与工程	25	园艺学
8	预防医学、卫生学	26	林业
9	中医药	27	畜牧兽医
10	基础医学	28	水产、渔业
11	临床医学	29	工程技术总论
12	护理学	30	通用工业技术
13	内科学	31	测绘科学技术
14	外科学	32	矿业工程
15	妇产科学、儿科学	33	石油、天然气工业
16	神经病学、精神病学	34	冶金工业
17	肿瘤学	35	金属学与金属工艺
18	皮肤病学与性病学	36	机械、仪表工业
19	五官科学	37	能源与动力工程

章	学科名称	章	学科名称
38	电工技术	48	环境科学、安全科学
39	无线电电子学、电信技术	49	社会科学总论
40	信息科学与系统科学	50	管理学
41	计算机科学与技术	51	法学
42	化学工程	52	经济
43	轻工业、手工业	53	新闻出版
44	建筑科学	54	图书情报档案
45	水利工程	55	教育
46	交通运输	56	语言文艺
47	航空航天		

"中国知识链接数据库"共收录2013—2017年发表的论文1458.25万篇，其总被引频次为1916.34万次，2018年被引频次为640.95万次（表1-2）。

表1-2　"中国知识链接数据库"收录2013—2017年发表的论文概况

年份	发文量/篇	2018年被引频次/次	总被引频次/次	高被引论文数量/篇
2013	2642387	796215	5133970	25937
2014	2809769	1012936	4588318	28119
2015	2949291	1328842	4220387	30168
2016	3049595	1701609	3337492	30395
2017	3131481	1569908	1883212	30015
合计	14582523	6409510	19163379	144634

1.2　高被引分析指数

为全面反映、客观评判学者、机构及期刊等各个科研主体的高被引情况，本书选取了发文量、被引频次、被引率、5年影响因子、高被引论文、高影响力期刊、高被引作者、高被引机构、高被引国外期刊等多种角度来揭示学科被引情况。具体包括以下内容。

（1）发文量/载文量

总发文量：在数据统计的时间范围内，某学者或机构在国内正式期刊上发表的学术论文数量总和；期刊载文量：在数据统计的时间范围内，某期刊登载的学术论文数量。学科发文量：在数据统计的时间范围内，某学者或机构在国内某学科的正式期刊上发表的学术论文数量。

●5 年发文量/5 年载文量

统计发文量/载文量的时间范围限定为：5 年（2013—2017 年）。

（2）被引频次

在文献计量学领域，被引频次常被用于体现学术论文受其他学者关注的程度，并进一步用于反映学术论文的影响力（被引频次并不必然是学术水平的直接体现）。一般情况下，"被引频次"指学术论文被其他学术论文引用的次数。本书在统计被引频次时不排除自引。

●总被引频次

在统计范围内，被统计对象所发表（或刊载）全部学术论文的被引频次的累计值。

●2018 年被引频次

被统计对象 5 年（2013—2017 年）发文在 2018 年被其他学术论文引用的次数。若同一被统计对象发表（或刊载）的 2 篇或多篇论文同时被 1 篇论文引用，则只计作 1 次被引。

●篇均被引频次

用作统计的论文集合的平均被引用次数。

（3）被引率

以期刊被引率为例（同理可计算学者和机构的论文被引率）：期刊前 5 年刊载的学术论文中，在统计当年获得过引用的论文占载文总数的比例。被引率反映期刊论文被利用的情况，被引率越高的期刊，其刊载论文的被引用概率越高。具体算法为：

$$期刊被引率 = \frac{期刊前 5 年刊载并在统计当年被引用过的学术论文数量}{期刊前 5 年刊载的学术论文数量} \times 100\%。$$

（4）5年影响因子

5 年影响因子主要用于反映期刊所载论文的总体被引情况。

●期刊 5 年影响因子

期刊前 5 年刊载的所有学术论文在统计当年的篇均被引频次。具体算法为：

$$期刊5年影响因子 = \frac{期刊前5年刊载的学术论文在统计当年的总被引频次}{期刊前5年刊载的学术论文数量}。$$

（5）高被引论文

某学科 2018 年被引用过的论文中，按论文被引频次高低排序，排位在前 1%的论文定义为"高被引论文"。

（6）学科高影响力期刊

将某学科内期刊 5 年影响因子较高的期刊定义为"学科高影响力期刊"。将在 2018 年被某学科论文引用较多的国外期刊定义为"高被引国外期刊"。

（7）高被引作者

前 5 年内在某学科期刊发表过论文的作者中，将学科论文累计被引频次（按从高到低的顺序排列,下同)排在前列的作者定义为"高被引作者"。本书只统计论文的第一作者。

(8) 高被引机构

本书将机构划分为高等院校和科研院所两种类型。前 5 年内在某学科期刊发表过论文的机构中,将学科论文累计被引频次排在前列的高等院校和科研院所分别定义为"高被引高等院校"和"高被引科研院所"。对于医学类学科,则视具体被引情况列出"高被引医院"、"高被引高等院校"或"高被引科研院所"等类型的机构。需要说明的是,本书将出现在高被引机构中的行政管理单位归入"科研院所"类别。

1.3   分析框架和方法

本书按照 55 个学科来分别统计学术论文的发表和被引,不但从整体上展现学科内论文发表和被引的数量分布概况,还从期刊、作者、机构等侧面反映学科内学术影响力情况,更进一步利用共现、共被引等方法揭示各学术主体之间内在的主题关联。本书的分析框架如图 1-1 所示。

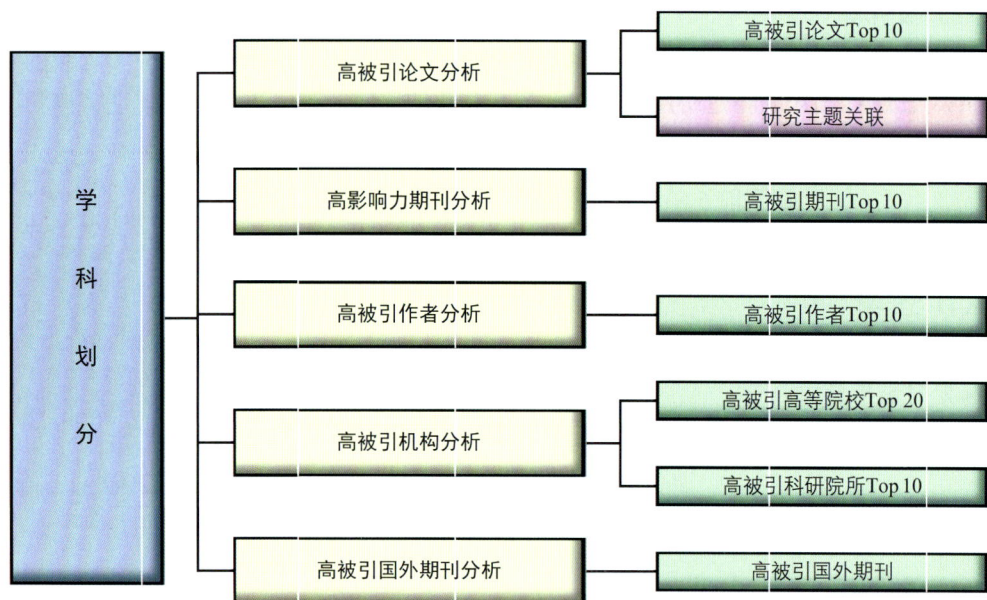

图 1-1   "中国高被引分析"分析框架

(1) 高被引论文分析

①高被引论文 Top 10。列出学科内总被引频次排名前 10 位的学术论文的题名、第一作者姓名、来源期刊、发表年份、发表至今的总被引频次(2018 年及之前)及 2018 年的被引频次等指数。

②研究主题关联分析。一方面，由于论文被引存在较长时滞，分析高被引论文的主题难以贴切反映学科的最新研究热点；另一方面，分析 2018 年发表的各学科全部论文的主题，数据量较大。为此，我们分别抽取各个学科高被引论文的施引文献，借助关键词共现分析来获得各学科的热点主题分布情况，并以知识图谱的形式加以展现。在热点主题关联图中，节点大小代表关键词文档词频的相对高低，连线粗细反映共现次数多少；节点颜色表示主题聚类结果。

共词分析是一种研究词语共现现象的计量分析方法，其原理是：具有概念内涵的两个词语在指定范围内多次共同出现，则假定它们之间存在着某种主题关联，共现频率越高则认为主题关联越紧密。

（2）高影响力期刊分析

高被引期刊 Top 10。对于各学科内 5 年影响因子排名前 10 位的学术期刊，列出期刊名称、5 年载文量、总被引频次、5 年影响因子、高被引论文量、h 指数等指标。

（3）高被引作者分析

高被引作者 Top 10。对于学科内 5 年发文总被引频次排名前 10 位的作者，列出作者姓名、作者单位、5 年发文量、总被引频次、篇均被引频次、被引率、h 指数等指标。

（4）高被引机构分析

高被引高等院校 Top 20、高被引科研院所 Top 10。对于学科内论文总被引频次排名前 20 位的高等院校、排名前 10 位的科研院所（部分医学学科分别列出"医院""高等院校/科研院所"），列出机构名称、5 年发文量、总被引频次、篇均被引频次等指标。

（5）高被引国外期刊分析

高被引国外期刊 Top 10。对于学科内 2018 年学科被引频次排名前 10 位的国外期刊，列出期刊名称和被引频次。

1.4　其他说明

①在统计论文被引时，本书将 2013—2017 年（共 5 年）的论文数据都统计在内。如果在统计的时间范围内期刊更名，则将更名前后的被引频次累加为新刊名的被引频次。

②在统计中，同一机构的重名作者无法排重，只能按同一作者对待，并对有多个机构的高被引作者进行合并归一。

③为了便于统计，当一位作者有 2 个或 2 个以上的机构时，均按其第一个机构名称进行统计。如果统计机构被引频次，则只计算第一作者的第一个机构名称。

④期刊分类基本参考《中国图书资料分类法（第四版）》。由于标引过程中对期刊的理解偏差，可能存在其所分学科不精确的现象。

第2章 自然科学总论领域高被引分析

2.1 领域论文概况

2013—2017 年，自然科学总论领域的 169 种期刊上共发表学术论文 139369 篇，由来自 17819 所机构的 111450 位学者作为第一作者发表。上述论文中，有 52666 篇获得过引用，整体被引率为 37.8%，总被引频次为 129869 次，篇均被引 0.93 次；其中，高被引论文有 1432 篇，高被引论文篇均被引 14.65 次（表 2-1），另外，2018 年本领域共发表论文 20880 篇，其中有 1233 篇在当年获得过引用，总共被引 1570 次。

表 2-1 自然科学总论领域论文分布情况

年份	论文数量/篇	总被引频次/次	被引率/%	高被引论文数量/篇	高被引论文被引频次/次
2013	30687	41192	43.9	294	6946
2014	30551	31912	39.8	333	5221
2015	31451	27738	37.6	294	4099
2016	25352	19095	36.2	288	3184
2017	21328	9932	28.3	223	1527
合计	139369	129869	37.8	1432	20977

2.2 高被引论文分析

在自然科学总论领域，2013—2017 年发表的总被引频次 Top 10 论文（表 2-2）的平均被引频次为 126.4 次，是全部 1432 篇高被引论文篇均被引频次的 8.63 倍。从论文分布来看，刊载高被引论文数量居前 3 位的期刊分别是《科学通报》（187 篇）、《西南师范大学学报（自然科学版）》（99 篇）和《科技通报》（78 篇），其中，《科学通报》刊载了高被引论文 Top 10 中的 5 篇；发表高被引论文数量居前 3 位的学者分别是渤海大学的赵美娜（7 篇）、青岛科技大学的丁锋（6 篇）和华东交通大学的吴跃生（5 篇）；产出高被引论文数量居前 3 位的机构分别是西南大学（77 篇）、北京大学（43 篇）和兰州大学（29 篇）。

表 2-2 自然科学总论领域高被引论文 Top 10

序号	论文题名	第一作者	期刊名称	发表年份	被引频次/次 总频次	被引频次/次 2018 年
1	我国雾-霾成因及其治理的思考	张小曳	科学通报	2013	319	60
2	大数据背景下的高校智慧校园建设探讨	蒋东兴	华东师范大学学报（自然科学版）	2015	171	69
3	大气PM2.5对健康影响的研究进展	郭新彪	科学通报	2013	129	32
4	大数据时代的数据素养教育	张静波	科学（上海）	2013	111	23

续表

序号	论文题名	第一作者	期刊名称	发表年份	被引频次/次	
					总频次	2018 年
5	"互联网＋"时代课程教学环境与教学模式研究	陈一明	西南师范大学学报（自然科学版）	2016	106	43
6	网络重要节点排序方法综述	任晓龙	科学通报	2014	93	36
7	可拓学的基础理论与方法体系	蔡文	科学通报	2013	92	21
8	四川芦山7.0级强震：一次典型的盲逆断层型地震	徐锡伟	科学通报	2013	83	13
9	中国大气颗粒物重金属污染、来源及控制建议	谭吉华	中国科学院研究生院学报	2013	82	13
10	雾霾污染与人体健康	陈仁杰	自然杂志	2013	78	16

2.3　研究主题关联分析

在自然科学总论领域，1432 篇高被引论文共被引用了 20977 次。通过分析施引文献关键词的词频及关键词之间的共现关系，获得自然科学总论领域的热点主题和主题关联，如图 2-1 所示。由图可知："PM2.5""教学改革""气候变化"等关键词的文档词频较高，是自然科学总论领域的研究热点；本领域主要形成 5 个研究主题簇，分别以"PM2.5"为核心，以"教学改革""翻转课堂"为核心，以"云计算""智慧校园"为核心，以"数值模拟""芦山地震"为核心，以"青藏高原""气候变化"为核心。

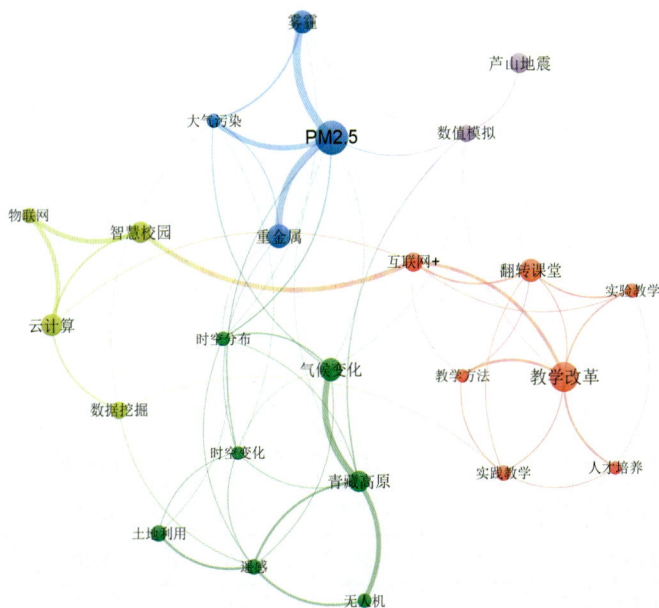

图 2-1　自然科学总论领域热点论文主题关联

2.4 高被引期刊分析

在自然科学总论领域，5 年影响因子 Top 10 期刊见表 2-3，总被引频次最高的期刊是《科学通报》（7542 次），5 年影响因子最高的期刊是《北京大学学报（自然科学版）》。

表 2-3 自然科学总论领域高被引期刊基本指标

序号	期刊名称	5 年载文量/篇	总被引频次/次	5 年影响因子	高被引论文数量/篇	h 指数
1	北京大学学报（自然科学版）	709	2155	1.000	59	17
2	科学通报	2427	7542	0.970	187	29
3	兰州大学学报（自然科学版）	695	1721	0.780	31	13
4	西南师范大学学报（自然科学版）	2052	4988	0.760	99	19
5	华东师范大学学报（自然科学版）	668	1374	0.710	23	13
6	中南民族大学学报（自然科学版）	596	925	0.660	21	9
7	自然杂志	371	754	0.650	18	13
8	中国科学院大学学报	598	1090	0.610	22	11
9	西南大学学报（自然科学版）	1754	3431	0.570	47	13
10	北京师范大学学报（自然科学版）	694	1027	0.570	20	11

2.5 高被引作者分析

2013—2017 年论文总被引频次 Top 10 的作者见表 2-4。其中，发文总被引频次居前 3 位的作者分别是中国气象科学研究院的张小曳（319 次）、清华大学的蒋东兴（171 次）和华东交通大学的吴跃生（133 次）。5 年发文量居前 3 位的作者分别是中国传媒大学的黄志洵（42 篇）、华东交通大学的吴跃生（37 篇）和平凉医学高等专科学校的要学棣（34 篇）。

表 2-4 自然科学总论领域高被引作者 Top 10

序号	作者	作者单位	发文量/篇	总被引频次/次	篇均被引频次/次	被引率/%	h 指数
1	张小曳	中国气象科学研究院	1	319	319.00	100.0	1
2	蒋东兴	清华大学	1	171	171.00	100.0	1
3	吴跃生	华东交通大学	37	133	3.59	59.5	5
4	郭新彪	北京大学	1	129	129.00	100.0	1
5	王佐成	白城师范学院	9	119	13.22	88.9	5
6	杜先存	红河学院	20	116	5.80	95.0	6
7	张静波	华东师范大学	1	111	111.00	100.0	1
8	陈一明	广东石油化工学院	3	109	36.33	100.0	2

续表

序号	作者	作者单位	发文量/篇	总被引频次/次	篇均被引频次/次	被引率/%	h指数
9	黄志洵	中国传媒大学	42	107	2.55	69.0	6
10	任晓龙	杭州师范大学	1	93	93.00	100.0	1

2.6 高被引机构分析

自然科学总论领域总被引频次 Top 20 高等院校和总被引频次 Top 10 科研院所的发文和被引情况分别见表 2-5 和表 2-6。

表 2-5 自然科学总论领域高被引高等院校 Top 20

序号	第一作者单位	发文量/篇	总被引频次/次	篇均被引频次/次	序号	第一作者单位	发文量/篇	总被引频次/次	篇均被引频次/次
1	西南大学	1875	4282	2.28	11	内蒙古民族大学	643	829	1.29
2	北京大学	683	1780	2.61	12	贵州大学	830	828	1.00
3	兰州大学	493	1369	2.78	13	浙江理工大学	844	818	0.97
4	北京师范大学	640	1030	1.61	14	福建师范大学	738	814	1.10
5	陕西师范大学	844	985	1.17	15	上海理工大学	519	813	1.57
6	四川大学	817	888	1.09	16	贵州师范大学	612	806	1.32
7	中南民族大学	580	872	1.50	17	沈阳师范大学	539	796	1.48
8	浙江大学	519	853	1.64	18	重庆师范大学	603	781	1.30
9	西北大学	546	839	1.54	19	福州大学	786	773	0.98
10	华东师范大学	380	839	2.21	20	西南民族大学	486	756	1.56

表 2-6 自然科学总论领域高被引科研院所 Top 10

序号	第一作者单位	发文量/篇	总被引频次/次	篇均被引频次/次	序号	第一作者单位	发文量/篇	总被引频次/次	篇均被引频次/次
1	中国科学院大气物理研究所	68	431	6.34	4	中国科学院地理科学与资源研究所	62	257	4.15
2	中国气象科学研究院	28	413	14.75	5	国家知识产权局专利局专利审查协作北京中心	287	212	0.74
3	国家知识产权局专利局	317	275	0.87	6	江西省科学院	171	211	1.23

序号	第一作者单位	发文量/篇	总被引频次/次	篇均被引频次/次	序号	第一作者单位	发文量/篇	总被引频次/次	篇均被引频次/次
7	中国科学院植物研究所	30	205	6.83	9	中国地震局地质研究所	9	198	22.00
8	广西科学院	124	200	1.61	10	中国科学院寒区旱区环境与工程研究所	37	181	4.89

2.7 高被引国外期刊分析

自然科学总论领域 2018 年被引频次 Top 10 的国外期刊见表 2-7，排名前 3 位的国外期刊分别是 *Science*、*Journal of the American Chemical Society* 和 *Nature*。

表 2-7 自然科学总论领域高被引国外期刊 Top 10

序号	期刊名称	2018 年被引频次/次
1	Science	584
2	Journal of the American Chemical Society	570
3	Nature	546
4	Advanced Materials	457
5	PLOS ONE	425
6	Physical Review Letters	403
7	Scientific Reports	387
8	RSC Advances	365
9	Nature Communications	329
10	ACS Nano	285

第 3 章　数学领域高被引分析

3.1　领域论文概况

2013—2017 年，数学领域的 42 种期刊上共发表学术论文 27730 篇，由来自 5340 所机构的 21170 位学者作为第一作者发表。上述论文中，有 8615 篇获得过引用，整体被引率为 31.1%，总被引频次为 18280 次，篇均被引 0.66 次；其中，高被引论文有 275 篇，高被引论文篇均被引 10.47 次（表 3-1），另外，2018 年本领域共发表论文 5368 篇，其中有 213 篇在当年获得过引用，总共被引 230 次。

表 3-1　数学领域论文分布情况

年份	论文数量/篇	总被引频次/次	被引率/%	高被引论文数量/篇	高被引论文被引频次/次
2013	5639	5756	40.2	52	798
2014	5649	4840	36.8	62	854
2015	5382	3768	34.1	61	597
2016	5403	2435	26.8	59	409
2017	5657	1481	17.5	41	222
合计	27730	18280	31.1	275	2880

3.2　高被引论文分析

在数学领域，2013—2017 年发表的总被引频次 Top 10 论文（表 3-2）的平均被引频次为 34.0 次，是全部 275 篇高被引论文篇均被引频次的 3.25 倍。从论文分布来看，刊载高被引论文数量居前 3 位的期刊分别是《数学的实践与认识》（101 篇）、《系统科学与数学》（25 篇）和《数学教学通讯》（22 篇），其中，《数学的实践与认识》刊载了高被引论文 Top 10 中的 5 篇；发表高被引论文数量居前 3 位的学者分别是郑州大学的石东洋（6 篇）、梧州学院的杨甲山（6 篇）和辽宁工程技术大学的崔铁军（4 篇）；产出高被引论文数量居前 3 位的机构分别是郑州大学（10 篇）、上海理工大学（7 篇）和梧州学院（6 篇）。

表 3-2　数学领域高被引论文 Top 10

序号	论文题名	第一作者	期刊名称	发表年份	被引频次/次 总频次	被引频次/次 2018 年
1	浅议如何密切联系小学数学教学与生活	孔涛涛	数学教学通讯	2014	47	16
2	受限波尔兹曼机	张春霞	工程数学学报	2015	43	22
3	基于多维空间事故树的维持系统可靠性方法研究	崔铁军	系统科学与数学	2014	39	5

序号	论文题名	第一作者	期刊名称	发表年份	被引频次/次	
					总频次	2018 年
4	在生活中寻找数学——小学数学生活化教学策略实践	朱国锋	数学教学通讯	2013	35	14
5	关于丢番图方程 $x^3 \pm 1 = 1267y^2$ 的整数解	杜先存	数学的实践与认识	2013	32	4
6	二阶椭圆问题一种新格式的高精度分析	石东洋	应用数学学报	2014	31	7
7	中国区域全要素能源效率及节能减排潜力分析——基于非期望产出的SBM模型	范丹	数学的实践与认识	2013	30	2
8	蝙蝠算法收敛性分析	李枝勇	数学的实践与认识	2013	29	10
9	基于多元线性回归模型的东北地区需水量分析	周晨	数学的实践与认识	2014	27	12
10	基于灰色马尔科夫模型的平顶山市空气污染物浓度预测	杨锦伟	数学的实践与认识	2014	27	6

3.3　研究主题关联分析

在数学领域，275 篇高被引论文共被引用了 2880 次。通过分析施引文献关键词的词频及关键词之间的共现关系，获得数学领域的热点主题和主题关联，如图 3-1 所示。由图可知："小学数学""层次分析法""蝙蝠算法"等关键词的文档词频较高，是数学领域的研究热点；本领域主要形成 4 个研究主题簇，分别以"层次分析法""bp 神经网络"为核心，以"蝙蝠算法"为核心，以"小学数学""高中数学"为核心，以"教学改革""高等数学"为核心。

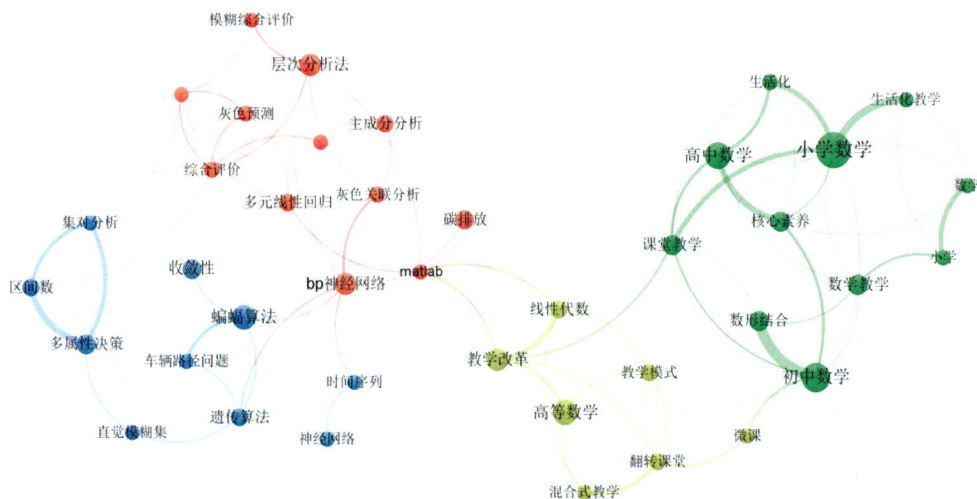

图 3-1　数学领域热点论文主题关联

3.4　高被引期刊分析

在数学领域，5 年影响因子 Top 10 期刊见表 3-3，总被引频次最高的期刊是《数学的实践与认识》（5379 次），5 年影响因子最高的期刊是《数学的实践与认识》。

表 3-3　数学领域高被引期刊基本指标

序号	期刊名称	5年载文量/篇	总被引频次/次	5年影响因子	高被引论文数量/篇	h指数
1	数学的实践与认识	4886	5379	0.370	101	16
2	大学数学	875	963	0.340	14	9
3	模糊系统与数学	783	876	0.320	16	9
4	系统科学与数学	871	947	0.320	25	11
5	计算数学	177	263	0.310	8	7
6	运筹学学报	263	246	0.300	4	5
7	应用数学学报	461	556	0.280	14	10
8	高校应用数学学报A辑	275	205	0.280	2	5
9	工程数学学报	397	372	0.230	4	6
10	高校应用数学学报B辑	208	105	0.230	2	4

3.5　高被引作者分析

2013—2017 年论文总被引频次 Top 10 的作者见表 3-4。其中，发文总被引频次居前 3 位的作者分别是郑州大学的石东洋（115 次）、辽宁工程技术大学的崔铁军（86 次）和梧州学院的杨甲山（76 次）。5 年发文量居前 3 位的作者分别是赤峰学院的刘春辉（21 篇）、中国人民解放军海军指挥学院的时统业（21 篇）和河北经贸大学的魏利（18 篇）。

表 3-4　数学领域高被引作者 Top 10

序号	作者	作者单位	发文量/篇	总被引频次/次	篇均被引频次/次	被引率/%	h指数
1	石东洋	郑州大学	14	115	8.21	85.7	6
2	崔铁军	辽宁工程技术大学	10	86	8.60	80.0	5
3	杨甲山	梧州学院	8	76	9.50	100.0	6
4	孔涛涛	徐州开发区实验小学	1	47	47.00	100.0	1
5	张春霞	西安交通大学	1	43	43.00	100.0	1
6	刘春辉	赤峰学院	21	42	2.00	61.9	4
7	杜先存	红河学院	2	42	21.00	100.0	2
8	费为银	安徽工程大学	7	36	5.14	71.4	4

序号	作者	作者单位	发文量/篇	总被引频次/次	篇均被引频次/次	被引率/%	h指数
9	冯依虎	亳州师范高等专科学校	5	35	7.00	100.0	3
10	王胜华	上饶师范学院	5	35	7.00	100.0	3

3.6　高被引机构分析

数学领域总被引频次 Top 20 高等院校和总被引频次 Top 10 科研院所的发文和被引情况分别见表3-5和表3-6。

表 3-5　数学领域高被引高等院校 Top 20

序号	第一作者单位	发文量/篇	总被引频次/次	篇均被引频次/次	序号	第一作者单位	发文量/篇	总被引频次/次	篇均被引频次/次
1	上海理工大学	199	271	1.36	11	中国科学院大学	101	115	1.14
2	郑州大学	83	221	2.66	12	北京师范大学	135	112	0.83
3	东北财经大学	91	192	2.11	13	浙江大学	133	102	0.77
4	合肥工业大学	176	159	0.90	14	东北石油大学	101	100	0.99
5	陕西师范大学	150	150	1.00	15	武汉大学	118	97	0.82
6	辽宁工程技术大学	84	148	1.76	16	北京航空航天大学	122	93	0.76
7	安徽大学	130	128	0.98	17	上海大学	220	92	0.42
8	西安交通大学	76	122	1.61	18	太原理工大学	106	92	0.87
9	江南大学	67	118	1.76	19	中南大学	98	91	0.93
10	安徽师范大学	177	117	0.66	20	西北师范大学	155	86	0.55

表 3-6　数学领域高被引科研院所 Top 10

序号	第一作者单位	发文量/篇	总被引频次/次	篇均被引频次/次	序号	第一作者单位	发文量/篇	总被引频次/次	篇均被引频次/次
1	中国科学院数学与系统科学研究院	151	117	0.77	4	北京应用物理与计算数学研究所	28	20	0.71
2	徐州开发区实验小学	1	47	47.00	5	连云港师范高等专科学校	13	18	1.38
3	中国农业科学院	5	25	5.00	6	中国科学院科技政策与管理科学研究所	9	15	1.67

序号	第一作者单位	发文量/篇	总被引频次/次	篇均被引频次/次	序号	第一作者单位	发文量/篇	总被引频次/次	篇均被引频次/次
7	中国人民解放军海军蚌埠士官学校	5	14	2.80	9	湖南省长沙市第一中学	1	14	14.00
8	宁夏农林科学院	1	14	14.00	10	中国科学院武汉物理与数学研究所	21	11	0.52

3.7　高被引国外期刊分析

数学领域 2018 年被引频次 Top 10 的国外期刊见表 3-7，排名前 3 位的国外期刊分别是 *Journal of Mathematical Analysis and Applications*、*Applied Mathematics and Computation* 和 *Journal of Differential Equations*。

表 3-7　数学领域高被引国外期刊 Top 10

序号	期刊名称	2018 年被引频次/次
1	Journal of Mathematical Analysis and Applications	217
2	Applied Mathematics and Computation	194
3	Journal of Differential Equations	145
4	Advances in Mathematics	104
5	Journal of Computational and Applied Mathematics	104
6	Automatica	102
7	Acta Mathematica Scientia	99
8	Journal of Computational Physics	97
9	Journal of Functional Analysis	93
10	Linear Algebra and Its Applications	92

第4章 物理学领域高被引分析

4.1 领域论文概况

2013—2017 年，物理学领域的 64 种期刊上共发表学术论文 64724 篇，由来自 6167 所机构的 50258 位学者作为第一作者发表。上述论文中，有 30603 篇获得过引用，整体被引率为 47.3%，总被引频次为 93036 次，篇均被引 1.44 次；其中，高被引论文有 602 篇，高被引论文篇均被引 17.83 次（表 4-1），另外，2018 年本领域共发表论文 11939 篇，其中有 650 篇在当年获得过引用，总共被引 803 次。

表 4-1　物理学领域论文分布情况

年份	论文数量/篇	总被引频次/次	被引率/%	高被引论文数量/篇	高被引论文被引频次/次
2013	13981	31044	57.4	134	3508
2014	13909	24428	53.2	129	2791
2015	12974	19487	51.1	142	2382
2016	12105	11953	42.4	109	1314
2017	11755	6124	29.0	88	739
合计	64724	93036	47.3	602	10734

4.2 高被引论文分析

在物理学领域，2013—2017 年发表的总被引频次 Top 10 论文（表 4-2）的平均被引频次为 70.0 次，是全部 602 篇高被引论文篇均被引频次的 3.93 倍。从论文分布来看，刊载高被引论文数量居前 3 位的期刊分别是《光学学报》（136 篇）、《中国激光》（113 篇）和《振动与冲击》（75 篇），《物理学报》刊载了高被引论文 Top 10 中的 2 篇；发表高被引论文数量居前 3 位的学者分别是河池学院的苏安（3 篇）、南京航空航天大学的吴一全（3 篇）和中国科学院长春光学精密机械与物理研究所的巩盾（2 篇）；产出高被引论文数量居前 3 位的机构分别是中国科学院长春光学精密机械与物理研究所（33 篇）、同济大学（14 篇）和北京航空航天大学（14 篇）。

表 4-2　物理学领域高被引论文 Top 10

序号	论文题名	第一作者	期刊名称	发表年份	被引频次/次 总频次	被引频次/次 2018 年
1	非晶态物质的本质和特性	汪卫华	物理学进展	2013	103	31
2	复杂网络中节点重要性排序的研究进展	刘建国	物理学报	2013	96	28
3	大功率半导体激光器研究进展	王立军	发光学报	2015	68	20
4	SPOC：结合高校教学的融合创新	郑奇	物理与工程	2014	68	14

续表

序号	论文题名	第一作者	期刊名称	发表年份	被引频次/次	
					总频次	2018 年
5	骨科个体化治疗与3D打印技术	王燎	医用生物力学	2014	67	14
6	改进的EEMD算法及其应用研究	郑近德	振动与冲击	2013	63	33
7	基于多属性决策的复杂网络节点重要性综合评价方法	于会	物理学报	2013	63	16
8	页岩气藏开发中的关键力学问题	姚军	中国科学（物理学 力学 天文学）	2013	61	18
9	结构光三维成像技术	苏显渝	中国激光	2014	56	18
10	连续帧间差分与背景差分相融合的运动目标检测方法	屈晶晶	光子学报	2014	55	14

4.3 研究主题关联分析

在物理学领域，602 篇高被引论文共被引用了 10734 次。通过分析施引文献关键词的词频及关键词之间的共现关系，获得物理学领域的热点主题和主题关联，如图 4-1 所示。由图可知："激光技术""故障诊断""图像处理""机器视觉"等关键词的文档词频较高，是物理学领域的研究热点；本领域主要形成 5 个研究主题簇，分别以"激光技术""数值模拟"为核心，以"故障诊断""滚动轴承"为核心，以"光通信""遥感"为核心，以"图像处理""机器视觉"为核心，以"光纤光学""激光器"为核心。

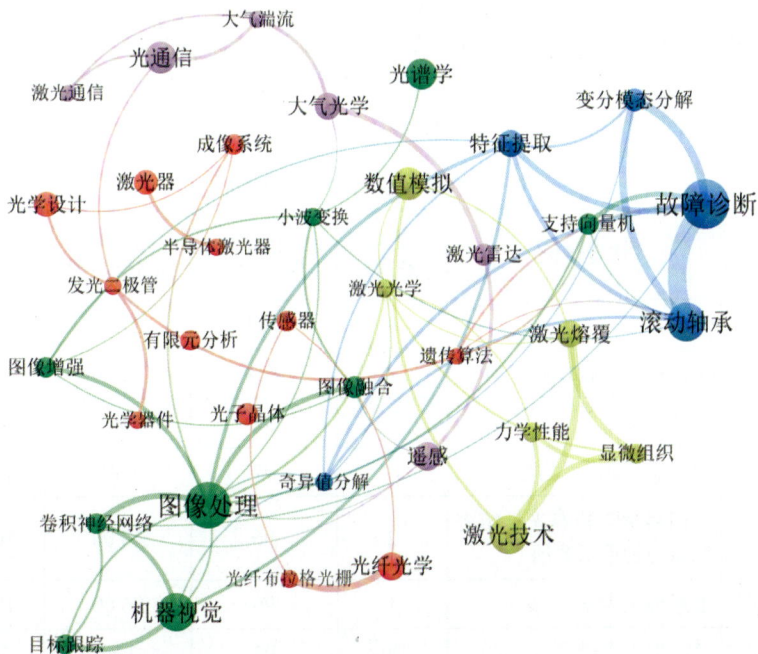

图 4-1 物理学领域热点论文主题关联

4.4   高被引期刊分析

在物理学领域，5 年影响因子 Top 10 期刊见表 4-3，总被引频次最高的期刊是《振动与冲击》（11970 次），5 年影响因子最高的期刊是《力学进展》。

表 4-3   物理学领域高被引期刊基本指标

序号	期刊名称	5 年载文量/篇	总被引频次/次	5 年影响因子	高被引论文数量/篇	h 指数
1	力学进展	84	521	1.893	12	13
2	力学学报	663	1930	1.184	17	12
3	中国激光	2593	10133	1.096	113	23
4	光学学报	3163	11540	1.092	136	21
5	中国光学	720	2618	1.075	46	18
6	振动与冲击	4480	11970	1.011	75	20
7	振动工程学报	663	1561	0.908	7	12
8	医用生物力学	502	1414	0.869	13	14
9	声学学报	532	1095	0.727	1	9
10	爆炸与冲击	648	1336	0.698	7	11

4.5   高被引作者分析

2013—2017 年论文总被引频次 Top 10 的作者见表 4-4。其中，发文总被引频次居前 3 位的作者分别是湖南大学的郑近德（109 次）、中国科学院物理研究所的汪卫华（104 次）和河池学院的苏安（98 次）。5 年发文量居前 3 位的作者分别是中国科学院物理研究所的曹则贤（50 篇）、长春理工大学的付秀华（29 篇）和中国科学院物理研究所的罗会仟（29 篇）。

表 4-4   物理学领域高被引作者 Top 10

序号	作者	作者单位	发文量/篇	总被引频次/次	篇均被引频次/次	被引率/%	h 指数
1	郑近德	湖南大学	4	109	27.25	100.0	4
2	汪卫华	中国科学院物理研究所	2	104	52.00	100.0	1
3	苏安	河池学院	3	98	32.67	100.0	3
4	吴一全	南京航空航天大学	11	97	8.82	100.0	6
5	王立军	中国科学院长春光学精密机械与物理研究所	2	96	48.00	100.0	2
6	刘建国	上海理工大学	1	96	96.00	100.0	1
7	付秀华	长春理工大学	29	93	3.21	75.9	6

续表

序号	作者	作者单位	发文量/篇	总被引频次/次	篇均被引频次/次	被引率/%	h指数
8	柯熙政	西安理工大学	20	90	4.50	85.0	5
9	薛庆生	中国科学院长春光学精密机械与物理研究所	15	84	5.60	93.3	6
10	唐贵基	华北电力大学保定校区	9	79	8.78	100.0	6

4.6　高被引机构分析

物理学领域总被引频次 Top 20 高等院校和总被引频次 Top 10 科研院所的发文和被引情况分别见表 4-5 和表 4-6。

表 4-5　物理学领域高被引高等院校 Top 20

序号	第一作者单位	发文量/篇	总被引频次/次	篇均被引频次/次	序号	第一作者单位	发文量/篇	总被引频次/次	篇均被引频次/次
1	天津大学	652	1569	2.41	11	南京理工大学	503	1093	2.17
2	西北工业大学	802	1403	1.75	12	南京航空航天大学	441	1037	2.35
3	同济大学	640	1366	2.13	13	重庆大学	454	1028	2.26
4	清华大学	869	1359	1.56	14	长春理工大学	402	1012	2.52
5	大连理工大学	716	1267	1.77	15	哈尔滨工业大学	582	989	1.70
6	北京工业大学	546	1249	2.29	16	浙江大学	530	970	1.83
7	北京理工大学	588	1224	2.08	17	湖南大学	305	920	3.02
8	北京航空航天大学	597	1197	2.01	18	燕山大学	343	903	2.63
9	上海交通大学	661	1178	1.78	19	北京交通大学	464	887	1.91
10	国防科技大学	623	1107	1.78	20	西安交通大学	525	881	1.68

表 4-6　物理学领域高被引科研院所 Top 10

序号	第一作者单位	发文量/篇	总被引频次/次	篇均被引频次/次	序号	第一作者单位	发文量/篇	总被引频次/次	篇均被引频次/次
1	中国科学院长春光学精密机械与物理研究所	907	3697	4.08	3	中国科学院上海光学精密机械研究所	428	1169	2.73
2	中国工程物理研究院	1049	1319	1.26	4	中国科学院安徽光学精密机械研究所	351	1150	3.28

序号	第一作者单位	发文量/篇	总被引频次/次	篇均被引频次/次	序号	第一作者单位	发文量/篇	总被引频次/次	篇均被引频次/次
5	西北核技术研究所	549	700	1.28	8	中国科学院声学研究所	262	424	1.62
6	中国科学院西安光学精密机械研究所	238	532	2.24	9	北京应用物理与计算数学研究所	321	353	1.10
7	中国科学院力学研究所	223	436	1.96	10	中国工程物理研究院激光聚变研究中心	192	347	1.81

4.7 高被引国外期刊分析

物理学领域 2018 年被引频次 Top 10 的国外期刊见表 4-7，排名前 3 位的国外期刊分别是 *Physical Review Letters*、*Physical Review A* 和 *Applied Physics Letters*。

表 4-7　物理学领域高被引国外期刊 Top 10

序号	期刊名称	2018 年被引频次/次
1	Physical Review Letters	2754
2	Physical Review A	1644
3	Applied Physics Letters	1400
4	Physical Review B	1320
5	Optics Express	1310
6	Science	933
7	Physical Review D	927
8	Optics Letters	916
9	Nano Letters	867
10	Scientific Reports	833

第5章　化学领域高被引分析

5.1　领域论文概况

2013—2017 年，化学领域的 44 种期刊上共发表学术论文 48683 篇，由来自 4841 所机构的 39003 位学者作为第一作者发表。上述论文中，有 24482 篇获得过引用，整体被引率为 50.3%，总被引频次为 71390 次，篇均被引 1.47 次；其中，高被引论文有 490 篇，高被引论文篇均被引 17.19 次（表 5-1），另外，2018 年本领域共发表论文 8797 篇，其中有 571 篇在当年获得过引用，总共被引 704 次。

表 5-1　化学领域论文分布情况

年份	论文数量/篇	总被引频次/次	被引率/%	高被引论文数量/篇	高被引论文被引频次/次
2013	10098	23031	60.7	106	2862
2014	10131	18770	55.9	106	2372
2015	9759	14690	53.9	96	1603
2016	9489	10005	47.5	85	983
2017	9206	4894	31.8	97	605
合计	48683	71390	50.3	490	8425

5.2　高被引论文分析

在化学领域，2013—2017 年发表的总被引频次 Top 10 论文（表 5-2）的平均被引频次为 68.0 次，是全部 490 篇高被引论文篇均被引频次的 3.96 倍。从论文分布来看，刊载高被引论文数量居前 3 位的期刊分别是《分析化学》（64 篇）、《光谱学与光谱分析》（59 篇）和《色谱》（54 篇）；发表高被引论文数量居前 3 位的学者分别是山东大学的张树永（4 篇）、中国广州分析测试中心的罗辉泰（3 篇）和中山出入境检验检疫局的李蓉（2 篇）；产出高被引论文数量居前 3 位的机构分别是中国石化石油化工科学研究院（7 篇）、清华大学（6 篇）和中国广州分析测试中心（6 篇）。

表 5-2　化学领域高被引论文 Top 10

序号	论文题名	第一作者	期刊名称	发表年份	被引频次/次	
					总频次	2018 年
1	中国癌症流行病学与防治研究现状	曾红梅	化学进展	2013	94	17
2	3D打印技术制备生物医用高分子材料的研究进展	贺超良	高分子学报	2013	93	28
3	近五年我国近红外光谱分析技术研究与应用进展	褚小立	光谱学与光谱分析	2014	76	31

序号	论文题名	第一作者	期刊名称	发表年份	被引频次/次	
					总频次	2018年
4	QuEChERS-高效液相色谱-串联质谱法同时测定水果中21种植物生长调节剂的残留量	黄何何	色谱	2014	73	19
5	木质素的结构研究与应用	路瑶	化学进展	2013	72	22
6	拉曼光谱在石墨烯结构表征中的应用	吴娟霞	化学学报	2014	64	23
7	石墨烯/碳纳米管复合材料的制备及应用进展	赵冬梅	化学学报	2014	55	19
8	北京市城区冬季雾霾天气PM2.5中元素特征研究	王秦	光谱学与光谱分析	2013	55	9
9	高效液相色谱-荧光检测法测定食品接触材料塑料制品中荧光增白剂	焦艳娜	色谱	2013	51	9
10	高效液相色谱-串联质谱法同时测定茶叶中290种农药残留组分	贾玮	分析测试学报	2013	47	15

5.3 研究主题关联分析

在化学领域，490篇高被引论文共被引用了8425次。通过分析施引文献关键词的词频及关键词之间的共现关系，获得化学领域的热点主题和主题关联，如图5-1所示。由图可知："农药残留""QuEChERS""固相萃取""石墨烯"等关键词的文档词频较高，是化学领域的研究热点；本领域主要形成4个研究主题簇，分别以"重金属""微波消解"为核心，以"农药残留""QuEChERS"为核心，以"固相萃取"为核心，以"高效液相色谱"为核心。

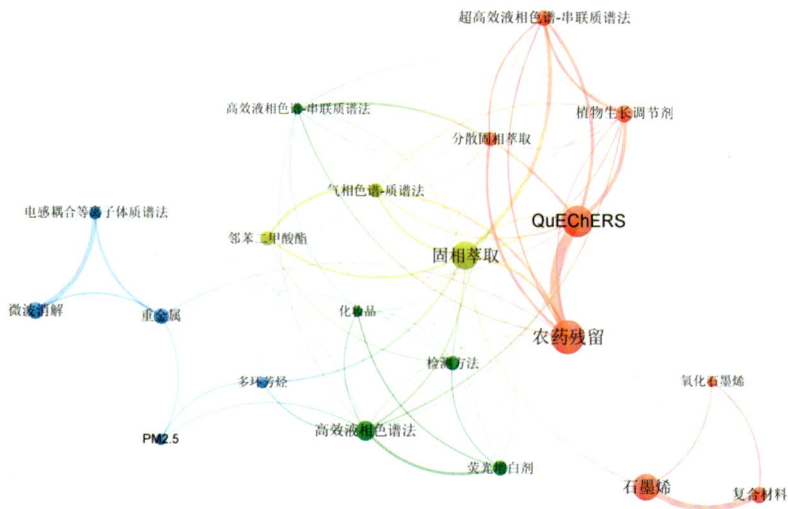

图5-1 化学领域热点论文主题关联

5.4 高被引期刊分析

在化学领域，5 年影响因子 Top 10 期刊见表 5-3，总被引频次最高的期刊是《光谱学与光谱分析》（8175 次），5 年影响因子最高的期刊是《色谱》。

表 5-3 化学领域高被引期刊基本指标

序号	期刊名称	5 年载文量/篇	总被引频次/次	5 年影响因子	高被引论文数量/篇	h 指数
1	色谱	1111	3967	1.086	54	21
2	中国无机分析化学	441	1509	1.054	20	13
3	质谱学报	370	1032	0.981	14	12
4	分析测试学报	1339	4156	0.948	53	17
5	大学化学	768	1431	0.839	28	11
6	化学进展	890	2300	0.822	27	17
7	分析化学	1698	4965	0.814	64	20
8	光谱学与光谱分析	3782	8175	0.727	59	20
9	高分子学报	1022	1816	0.700	10	12
10	催化学报	1330	2283	0.645	17	14

5.5 高被引作者分析

2013—2017 年论文总被引频次 Top 10 的作者见表 5-4。其中，发文总被引频次居前 3 位的作者分别是中国医学科学院肿瘤医院的曾红梅（94 次）、中国科学院长春应用化学研究所的贺超良（93 次）、中国石化石油化工科学研究院的褚小立（76 次）和国家烟草质量监督检验中心的陈晓水（76 次）。5 年发文量居前 3 位的作者分别是北京大学的刘忠范（22 篇）、陕西科技大学的范春辉（20 篇）和北京大学的吴凯（17 篇）。

表 5-4 化学领域高被引作者 Top 10

序号	作者	作者单位	发文量/篇	总被引频次/次	篇均被引频次/次	被引率/%	h 指数
1	曾红梅	中国医学科学院肿瘤医院	1	94	94.00	100.0	1
2	贺超良	中国科学院长春应用化学研究所	1	93	93.00	100.0	1
3	褚小立	中国石化石油化工科学研究院	2	76	38.00	50.0	1
4	陈晓水	国家烟草质量监督检验中心	2	76	38.00	100.0	2
5	黄何何	厦门出入境检验检疫局	1	73	73.00	100.0	1
6	路瑶	中国矿业大学	1	72	72.00	100.0	1
7	王连珠	漳州出入境检验检疫局	4	65	16.25	100.0	4

续表

序号	作者	作者单位	发文量/篇	总被引频次/次	篇均被引频次/次	被引率/%	h指数
8	张金水	福州大学	2	64	32.00	100.0	2
9	吴娟霞	北京大学	1	64	64.00	100.0	1
10	王成云	深圳出入境检验检疫局	11	63	5.73	90.9	5

5.6　高被引机构分析

化学领域总被引频次Top 20高等院校和总被引频次Top 10科研院所的发文和被引情况分别见表5-5和表5-6。

表5-5　化学领域高被引高等院校Top 20

序号	第一作者单位	发文量/篇	总被引频次/次	篇均被引频次/次	序号	第一作者单位	发文量/篇	总被引频次/次	篇均被引频次/次
1	浙江大学	541	1036	1.91	11	上海交通大学	263	510	1.94
2	吉林大学	745	940	1.26	12	江南大学	290	497	1.71
3	四川大学	640	818	1.28	13	南开大学	404	483	1.20
4	华东理工大学	619	736	1.19	14	北京理工大学	309	473	1.53
5	天津大学	434	598	1.38	15	河南大学	339	467	1.38
6	清华大学	365	594	1.63	16	太原理工大学	293	455	1.55
7	北京大学	407	560	1.38	17	昆明理工大学	231	446	1.93
8	华南理工大学	318	540	1.70	18	中山大学	236	418	1.77
9	北京化工大学	343	537	1.57	19	武汉大学	310	411	1.33
10	浙江工业大学	318	512	1.61	20	中国农业大学	182	411	2.26

表5-6　化学领域高被引科研院所Top 10

序号	第一作者单位	发文量/篇	总被引频次/次	篇均被引频次/次	序号	第一作者单位	发文量/篇	总被引频次/次	篇均被引频次/次
1	中国科学院长春应用化学研究所	336	557	1.66	5	中国科学院兰州化学物理研究所	111	278	2.50
2	中国科学院大连化学物理研究所	282	483	1.71	6	中国广州分析测试中心	50	207	4.14
3	中国石化石油化工科学研究院	26	281	10.81	7	北京矿冶研究总院	49	203	4.14
4	中国科学院化学研究所	330	278	0.84	8	中国科学院生态环境研究中心	57	201	3.53

续表

序号	第一作者单位	发文量/篇	总被引频次/次	篇均被引频次/次	序号	第一作者单位	发文量/篇	总被引频次/次	篇均被引频次/次
9	中国科学院安徽光学精密机械研究所	108	199	1.84	10	深圳出入境检验检疫局	40	190	4.75

5.7　高被引国外期刊分析

化学领域 2018 年被引频次 Top 10 的国外期刊见表 5-7，排名前 3 位的国外期刊分别是 *Journal of the American Chemical Society*、*Advanced Materials* 和 *Angew Chem Int Ed*。

表 5-7　化学领域高被引国外期刊 Top 10

序号	期刊名称	2018 年被引频次/次
1	Journal of the American Chemical Society	4036
2	Advanced Materials	1996
3	Angew Chem Int Ed	1683
4	Angewandte Chemie International Edition	1491
5	RSC Advances	1409
6	Organic Letters	1403
7	Chemical Society Reviews	1397
8	Chemistry Communications	1296
9	ACS Applied Materials & Interfaces	1259
10	Chemical Reviews	1223

第6章 天文学、地球科学领域高被引分析

6.1 领域论文概况

2013—2017 年，天文学、地球科学领域的 207 种期刊上共发表学术论文 131648 篇，由来自 12060 所机构的 88288 位学者作为第一作者发表。上述论文中，有 75649 篇获得过引用，整体被引率为 57.5%，总被引频次为 348589 次，篇均被引 2.65 次；其中，高被引论文有 1350 篇，高被引论文篇均被引 35.95 次（表 6-1），另外，2018 年本领域共发表论文 25629 篇，其中有 2497 篇在当年获得过引用，总共被引 3515 次。

表 6-1 天文学、地球科学领域论文分布情况

年份	论文数量/篇	总被引频次/次	被引率/%	高被引论文数量/篇	高被引论文被引频次/次
2013	26009	114002	67.7	265	15274
2014	27382	93192	63.1	268	13544
2015	26614	73633	62.0	263	10512
2016	26060	45604	54.7	272	5829
2017	25583	22158	39.1	282	3375
合计	131648	348589	57.5	1350	48534

6.2 高被引论文分析

在天文学、地球科学领域，2013—2017 年发表的总被引频次 Top 10 论文（表 6-2）的平均被引频次为 243.1 次，是全部 1350 篇高被引论文篇均被引频次的 6.76 倍。从论文分布来看，刊载高被引论文数量居前 3 位的期刊分别是《经济地理》（180 篇）、《地理学报》（172 篇）和《地理研究》（129 篇），其中，《地理学报》刊载了高被引论文 Top 10 中的 3 篇；发表高被引论文数量居前 3 位的学者分别是中国科学院地理科学与资源研究所的陆大道（10 篇）、中国科学院地理科学与资源研究所的方创琳（9 篇）和中国地质科学院矿产资源研究所的唐菊兴（5 篇）；产出高被引论文数量居前 3 位的机构分别是中国科学院地理科学与资源研究所（119 篇）、中国地质大学（52 篇）和北京大学（47 篇）。

表 6-2 天文学、地球科学领域高被引论文 Top 10

序号	论文题名	第一作者	期刊名称	发表年份	被引频次/次	
					总频次	2018 年
1	20 世纪 80 年代末以来中国土地利用变化的基本特征与空间格局	刘纪远	地理学报	2014	372	120
2	IPCC第一工作组第五次评估报告对全球气候变化认知的最新科学要点	沈永平	冰川冻土	2013	275	78
3	基于熵值法的山东省城镇化质量测度及空间差异分析	王富喜	地理科学	2013	264	69

续表

序号	论文题名	第一作者	期刊名称	发表年份	被引频次/次	
					总频次	2018年
4	中国新型城镇化理论与实践问题	姚士谋	地理科学	2014	256	54
5	IPCC第五次评估报告第一工作组报告的亮点结论	秦大河	气候变化研究进展	2014	253	64
6	论土地整治与乡村空间重构	龙花楼	地理学报	2013	242	86
7	2013年1月中国东部持续性强雾霾天气产生的气象条件分析	张人禾	中国科学（地球科学）	2014	222	45
8	中国东北中生代构造体制与区域成矿背景：来自中生代火山岩组合时空变化的制约	许文良	岩石学报	2013	201	70
9	北斗区域卫星导航系统基本导航定位性能初步评估	杨元喜	中国科学（地球科学）	2014	190	48
10	中国城市群研究取得的重要进展与未来发展方向	方创琳	地理学报	2014	156	59

6.3　研究主题关联分析

在天文学、地球科学领域，1350 篇高被引论文共被引用了 48534 次。通过分析施引文献关键词的词频及关键词之间的共现关系，获得天文学、地球科学领域的热点主题和主题关联，如图 6-1 所示。由图可知："城镇化""土地利用""空间格局""气候变化"等关键词的文档词频较高，是天文学、地球科学领域的研究热点；本领域主要形成 3 个研究主题簇，分别以"城镇化""土地利用"为核心，以"空间格局""长江经济带"为核心，以"气候变化""空间分布"为核心。

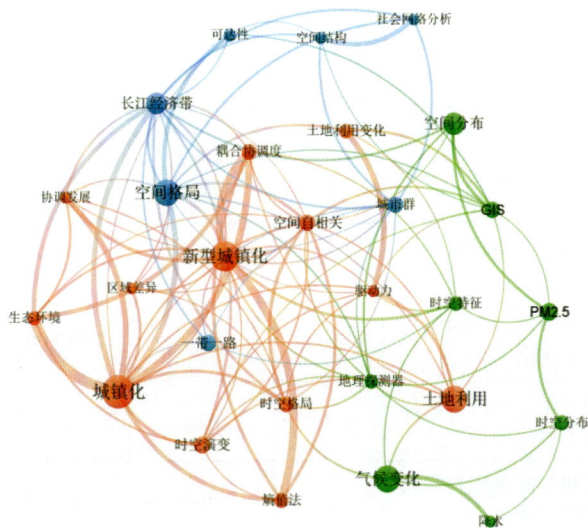

图 6-1　天文学、地球科学领域热点论文主题关联

6.4   高被引期刊分析

在天文学、地球科学领域，5 年影响因子 Top 10 期刊见表 6-3，总被引频次最高的期刊是《经济地理》（17756 次），5 年影响因子最高的期刊是《地理学报》。

表 6-3   天文学、地球科学领域高被引期刊基本指标

序号	期刊名称	5 年载文量/篇	总被引频次/次	5 年影响因子	高被引论文数量/篇	h 指数
1	地理学报	957	12307	5.025	172	48
2	地理科学进展	835	9242	4.200	96	38
3	地理研究	1078	11560	4.100	129	41
4	经济地理	1762	17756	3.600	180	45
5	地理科学	1083	10625	3.530	94	38
6	应用气象学报	394	2388	2.340	10	18
7	岩石学报	1403	9294	2.270	43	31
8	气象学报	424	2439	2.250	11	18
9	地质学报	1018	6387	2.220	27	25
10	地学前缘	886	6003	2.210	47	31

6.5   高被引作者分析

2013—2017 年论文总被引频次 Top 10 的作者见表 6-4。其中，发文总被引频次居前 3 位的作者分别是中国科学院地理科学与资源研究所的陆大道（571 次）、中国科学院地理科学与资源研究所的方创琳（546 次）和中国科学院寒区旱区环境与工程研究所的沈永平（416 次）。5 年发文量居前 3 位的作者分别是焦作市国土资源局的张涛（119 篇）、禹州市国土资源局的张延伟（74 篇）和沁阳市国土资源局的崔伍（74 篇）。

表 6-4   天文学、地球科学领域高被引作者 Top 10

序号	作者	作者单位	发文量/篇	总被引频次/次	篇均被引频次/次	被引率/%	h 指数
1	陆大道	中国科学院地理科学与资源研究所	18	571	31.72	88.9	10
2	方创琳	中国科学院地理科学与资源研究所	14	546	39.00	92.9	11
3	沈永平	中国科学院寒区旱区环境与工程研究所	3	416	138.67	100.0	3
4	刘纪远	中国科学院地理科学与资源研究所	3	400	133.33	66.7	2

续表

序号	作者	作者单位	发文量/篇	总被引频次/次	篇均被引频次/次	被引率/%	h指数
5	龙花楼	中国科学院地理科学与资源研究所	6	398	66.33	83.3	4
6	王富喜	鲁东大学	1	264	264.00	100.0	1
7	王登红	中国地质科学院矿产资源研究所	16	261	16.31	100.0	9
8	姚士谋	中国科学院南京地理与湖泊研究所	2	256	128.00	50.0	1
9	秦大河	中国气象局	1	253	253.00	100.0	1
10	张人禾	中国气象科学研究院	3	242	80.67	100.0	3

6.6 高被引机构分析

天文学、地球科学领域总被引频次 Top 20 高等院校和总被引频次 Top 10 科研院所的发文和被引情况分别见表 6-5 和表 6-6。

表 6-5　天文学、地球科学领域高被引高等院校 Top 20

序号	第一作者单位	发文量/篇	总被引频次/次	篇均被引频次/次	序号	第一作者单位	发文量/篇	总被引频次/次	篇均被引频次/次
1	中国地质大学	4617	16898	3.66	11	西北大学	1017	3546	3.49
2	南京信息工程大学	1854	6841	3.69	12	中国海洋大学	1846	3290	1.78
3	中国石油大学	1434	5932	4.14	13	南京师范大学	415	2977	7.17
4	南京大学	1209	5660	4.68	14	长安大学	886	2949	3.33
5	北京大学	1072	5391	5.03	15	武汉大学	818	2219	2.71
6	吉林大学	1600	5061	3.16	16	华东师范大学	431	2205	5.12
7	兰州大学	885	4256	4.81	17	陕西师范大学	343	1951	5.69
8	成都理工大学	1421	4213	2.96	18	中南大学	561	1823	3.25
9	北京师范大学	726	4081	5.62	19	西北师范大学	246	1762	7.16
10	中山大学	646	3556	5.50	20	辽宁师范大学	331	1712	5.17

表 6-6   天文学、地球科学领域高被引科研院所 Top 10

序号	第一作者单位	发文量/篇	总被引频次/次	篇均被引频次/次	序号	第一作者单位	发文量/篇	总被引频次/次	篇均被引频次/次
1	中国科学院地理科学与资源研究所	1257	11607	9.23	6	中国地质科学院矿产资源研究所	506	2975	5.88
2	中国地质科学院	1315	6342	4.82	7	中国气象科学研究院	457	2477	5.42
3	中国科学院寒区旱区环境与工程研究所	842	4923	5.85	8	中国科学院新疆生态与地理研究所	467	2466	5.28
4	中国科学院地质与地球物理研究所	912	4237	4.65	9	中国科学院南京地理与湖泊研究所	291	2292	7.88
5	中国科学院大气物理研究所	889	3385	3.81	10	国家气象信息中心	347	2181	6.29

6.7   高被引国外期刊分析

天文学、地球科学领域 2018 年被引频次 Top 10 的国外期刊见表 6-7，排名前 3 位的国外期刊分别是 *Journal of Asian Earth Sciences*、*Gondwana Research* 和 *Lithos*。

表 6-7   天文学、地球科学领域高被引国外期刊 Top 10

序号	期刊名称	2018 年被引频次/次
1	Journal of Asian Earth Sciences	1683
2	Gondwana Research	1526
3	Lithos	1417
4	Acta Petrologica Sinica	1348
5	Ore Geology Reviews	1136
6	Precambrian Research	1023
7	Journal of Climate	876
8	Earth and Planetary Science Letters	817
9	Tectonophysics	785
10	Acta Geologica Sinica	674

第7章　生物科学与工程领域高被引分析

7.1　领域论文概况

2013—2017 年，生物科学与工程领域的 98 种期刊上共发表学术论文 73131 篇，由来自 8863 所机构的 59562 位学者作为第一作者发表。上述论文中，有 45719 篇获得过引用，整体被引率为 62.5%，总被引频次为 196074 次，篇均被引 2.68 次；其中，高被引论文有 693 篇，高被引论文篇均被引 33.67 次（表 7-1），另外，2018 年本领域共发表论文 14618 篇，其中有 1521 篇在当年获得过引用，总共被引 2179 次。

表 7-1　生物科学与工程领域论文分布情况

年份	论文数量/篇	总被引频次/次	被引率/%	高被引论文数量/篇	高被引论文被引频次/次
2013	14613	60525	71.9	142	7745
2014	14395	50295	69.5	149	6195
2015	14749	43191	67.9	138	4934
2016	14666	27977	60.0	137	2906
2017	14708	14086	43.5	127	1553
合计	73131	196074	62.5	693	23333

7.2　高被引论文分析

在生物科学与工程领域，2013—2017 年发表的总被引频次 Top 10 论文（表 7-2）的平均被引频次为 134.1 次，是全部 693 篇高被引论文篇均被引频次的 3.98 倍。从论文分布来看，刊载高被引论文数量居前 3 位的期刊分别是《生态学报》（259 篇）、《应用生态学报》（106篇）和《生态环境学报》（40 篇），其中，《生态学报》刊载了高被引论文 Top 10 中的 7篇；发表高被引论文数量居前 3 位的学者分别是中国科学院生态环境研究中心的欧阳志云（4 篇）、中国科学院南京土壤研究所的赵其国（4 篇）和湖南环境生物职业技术学院的杨宁（4 篇）；产出高被引论文数量居前 3 位的机构分别是中国科学院生态环境研究中心（29 篇）、西北农林科技大学（22 篇）和北京林业大学（14 篇）。

表 7-2　生物科学与工程领域高被引论文 Top 10

序号	论文题名	第一作者	期刊名称	发表年份	被引频次/次 总频次	被引频次/次 2018 年
1	农田土壤重金属污染状况及修复技术研究	樊霆	生态环境学报	2013	206	66
2	土壤干旱胁迫对沙棘叶片光合作用和抗氧化酶活性的影响	裴斌	生态学报	2013	172	45
3	根系分泌物介导下植物-土壤-微生物互作关系研究进展与展望	吴林坤	植物生态学报	2014	132	37

序号	论文题名	第一作者	期刊名称	发表年份	被引频次/次	
					总频次	2018 年
4	新一代Landsat系列卫星：Landsat 8遥感影像新增特征及其生态环境意义	徐涵秋	生态学报	2013	132	21
5	1961—2005年东北地区气温和降水变化趋势	贺伟	生态学报	2013	131	30
6	京津冀地区城市化与生态环境交互耦合关系定量测度	王少剑	生态学报	2015	126	52
7	建立我国生态补偿机制的思路与措施	欧阳志云	生态学报	2013	119	23
8	城市景观格局演变的生态环境效应研究进展	陈利顶	生态学报	2013	116	32
9	随机森林模型在分类与回归分析中的应用	李欣海	应用昆虫学报	2013	106	40
10	中国南方红壤生态系统面临的问题及对策	赵其国	生态学报	2013	101	35

7.3 研究主题关联分析

在生物科学与工程领域，693 篇高被引论文共被引用了 23333 次。通过分析施引文献关键词的词频及关键词之间的共现关系，获得生物科学与工程领域的热点主题和主题关联，如图 7-1 所示。由图可知："土壤养分""重金属""生物炭""生态服务系统"等关键词的文档词频较高，是生物科学与工程领域的研究热点；本领域主要形成 3 个研究主题簇，分别以"干旱胁迫""光合特性"为核心，以"土壤养分""重金属"为核心，以"生态系统服务""土地利用"为核心。

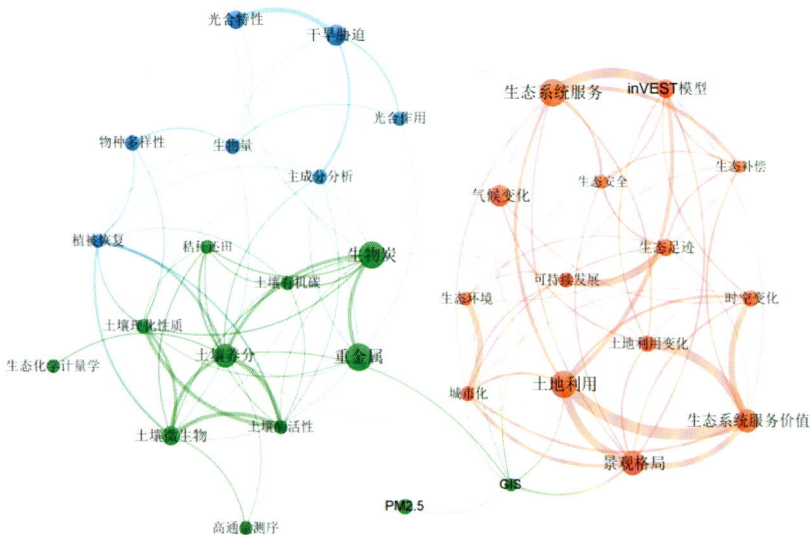

图 7-1 生物科学与工程领域热点论文主题关联

7.4　高被引期刊分析

在生物科学与工程领域，5 年影响因子 Top 10 期刊见表 7-3，总被引频次最高的期刊是《生态学报》（33650 次），5 年影响因子最高的期刊是《生态学报》。

表 7-3　生物科学与工程领域高被引期刊基本指标

序号	期刊名称	5 年载文量/篇	总被引频次/次	5 年影响因子	高被引论文数量/篇	h 指数
1	生态学报	4270	33650	2.812	259	50
2	应用生态学报	2408	17622	2.541	106	37
3	植物生态学报	637	4614	2.270	22	26
4	生态环境学报	1565	8741	2.044	40	30
5	生物多样性	687	3238	1.853	16	22
6	生态学杂志	2343	10493	1.490	24	24
7	植物学报	403	1435	1.293	2	14
8	中国微生态学杂志	1993	7208	1.174	21	20
9	微生物学通报	1641	5052	1.082	18	22
10	分子植物（英文版）	882	1827	1.078	13	15

7.5　高被引作者分析

2013—2017 年论文总被引频次 Top 10 的作者见表 7-4。其中，发文总被引频次居前 3 位的作者分别是中国科学院生态环境研究中心的欧阳志云（256 次）、湖南环境生物职业技术学院的杨宁（249 次）和中国科学院南京土壤研究所的赵其国（218 次）。5 年发文量居前 3 位的作者分别是中国科学院植物研究所的王文采（47 篇）、北京中医药大学的马淑然（45 篇）和中国鼠疫布氏菌病预防控制基地的马立名（43 篇）。

表 7-4　生物科学与工程领域高被引作者 Top 10

序号	作者	作者单位	发文量/篇	总被引频次/次	篇均被引频次/次	被引率/%	h 指数
1	欧阳志云	中国科学院生态环境研究中心	6	256	42.67	100.0	5
2	杨宁	湖南环境生物职业技术学院	8	249	31.13	100.0	7
3	赵其国	中国科学院南京土壤研究所	9	218	24.22	88.9	6
4	樊霆	安徽农业大学	2	209	104.50	100.0	2
5	徐涵秋	福州大学	5	197	39.40	100.0	4

序号	作者	作者单位	发文量/篇	总被引频次/次	篇均被引频次/次	被引率/%	h指数
6	陈利顶	中国科学院生态环境研究中心	4	193	48.25	100.0	3
7	裴斌	山东农业大学	1	172	172.00	100.0	1
8	潘竟虎	西北师范大学	13	148	11.38	100.0	7
9	贺伟	中国科学院沈阳应用生态研究所	2	135	67.50	100.0	2
10	吴林坤	福建农林大学	2	135	67.50	100.0	2

7.6 高被引机构分析

生物科学与工程领域总被引频次 Top 20 高等院校和总被引频次 Top 10 科研院所的发文和被引情况分别见表 7-5 和表 7-6。

表 7-5   生物科学与工程领域高被引高等院校 Top 20

序号	第一作者单位	发文量/篇	总被引频次/次	篇均被引频次/次	序号	第一作者单位	发文量/篇	总被引频次/次	篇均被引频次/次
1	西北农林科技大学	810	4002	4.94	11	北京师范大学	365	1508	4.13
2	北京林业大学	723	2898	4.01	12	内蒙古农业大学	388	1475	3.80
3	东北林业大学	727	2530	3.48	13	北京大学	438	1443	3.29
4	南京农业大学	576	2181	3.79	14	西北师范大学	313	1401	4.48
5	四川农业大学	652	2097	3.22	15	中南林业科技大学	294	1307	4.45
6	山东农业大学	411	2013	4.90	16	兰州大学	287	1200	4.18
7	浙江大学	534	1900	3.56	17	华中农业大学	368	1159	3.15
8	西南大学	437	1716	3.93	18	福建师范大学	271	1133	4.18
9	华南农业大学	454	1670	3.68	19	甘肃农业大学	271	1101	4.06
10	福建农林大学	496	1521	3.07	20	南京大学	215	1092	5.08

表 7-6   生物科学与工程领域高被引科研院所 Top 10

序号	第一作者单位	发文量/篇	总被引频次/次	篇均被引频次/次	序号	第一作者单位	发文量/篇	总被引频次/次	篇均被引频次/次
1	中国科学院生态环境研究中心	356	3082	8.66	2	中国科学院沈阳应用生态研究所	307	1923	6.26

续表

序号	第一作者单位	发文量/篇	总被引频次/次	篇均被引频次/次	序号	第一作者单位	发文量/篇	总被引频次/次	篇均被引频次/次
3	中国科学院地理科学与资源研究所	312	1563	5.01	7	中国科学院新疆生态与地理研究所	182	860	4.73
4	中国科学院植物研究所	330	1187	3.60	8	中国农业科学院	197	763	3.87
5	中国科学院亚热带农业生态研究所	118	993	8.42	9	中国科学院南京土壤研究所	82	759	9.26
6	中国科学院动物研究所	377	880	2.33	10	中国林业科学研究院森林生态环境与保护研究所	120	757	6.31

7.7 高被引国外期刊分析

生物科学与工程领域 2018 年被引频次 Top 10 的国外期刊见表 7-7，排名前 3 位的国外期刊分别是 *PLOS ONE*、*Nature* 和 *Proceedings of the National Academy of Sciences*（USA）。

表 7-7 生物科学与工程领域高被引国外期刊 Top 10

序号	期刊名称	2018 年被引频次/次
1	PLOS ONE	3791
2	Nature	2318
3	Proceedings of the National Academy of Sciences（USA）	1834
4	Science	1614
5	Scientific Reports	1522
6	Cell	1509
7	Nucleic Acids Research	908
8	Oncotarget	872
9	Nature Communications	792
10	Sci Rep	780

第8章 预防医学、卫生学领域高被引分析

8.1 领域论文概况

2013—2017 年，预防医学、卫生学领域的 125 种期刊上共发表学术论文 259700 篇，由来自 27191 所机构的 178554 位学者作为第一作者发表。上述论文中，有 160467 篇在 2018 年获得过引用，整体被引率为 61.8%，总被引频次为 600728 次，篇均被引 2.31 次；其中，高被引论文有 2505 篇，高被引论文篇均被引 27.57 次（表 8-1），另外，2018 年本领域共发表论文 52923 篇，其中有 5850 篇在当年获得过引用，总共被引 7977 次。

表 8-1 预防医学、卫生学领域论文分布情况

年份	论文数量/篇	总被引频次/次	被引率/%	高被引论文数量/篇	高被引论文被引频次/次
2013	51070	160239	69.1	489	18227
2014	50596	146068	67.2	509	17526
2015	53970	134278	64.3	521	16067
2016	50234	103030	62.4	484	11065
2017	53830	57113	46.8	502	6182
合计	259700	600728	61.8	2505	69067

8.2 高被引论文分析

在预防医学、卫生学领域，2013—2017 年发表的总被引频次 Top 10 论文（表 8-2）的平均被引频次为 155.5 次，是全部 2505 篇高被引论文篇均被引频次的 5.64 倍。从论文分布来看，刊载高被引论文数量居前 3 位的期刊分别是《中国医院管理》（151 篇）、《中华流行病学杂志》（122 篇）和《中华疾病控制杂志》（117 篇）；发表高被引论文数量居前 3 位的学者分别是华中科技大学同济医学院的方鹏骞（8 篇）、国家卫生和计划生育委员会统计信息中心的孟群（5 篇）和中国健康教育中心的李莉（4 篇）；产出高被引论文数量居前 3 位的机构分别是中国疾病预防控制中心（101 篇）、北京大学（40 篇）和华中科技大学同济医学院（29 篇）。

表 8-2 预防医学、卫生学领域高被引论文 Top 10

序号	论文题名	第一作者	期刊名称	发表年份	被引频次/次 总频次	被引频次/次 2018 年
1	"医养结合"养老模式的必要性、困境与对策	黄佳豪	中国卫生政策研究	2014	196	92
2	论深化医改进程中分级诊疗体系的完善	吕键	中国医院管理	2014	195	59

续表

序号	论文题名	第一作者	期刊名称	发表年份	被引频次/次	
					总频次	2018 年
3	2012年中国居民健康素养监测数据统计分析方法	聂雪琼	中国健康教育	2014	171	55
4	2型糖尿病报告发病率研究进展	汪会琴	浙江预防医学	2016	156	90
5	2008—2011年中国大陆手足口病流行特征分析	胡跃华	中华疾病控制杂志	2014	145	54
6	我国登革热疫情防控与媒介伊蚊的综合治理	孟凤霞	中国媒介生物学及控制杂志	2015	141	48
7	中国疟疾从控制走向消除——消除阶段的目标策略和措施	曹俊	中国血吸虫病防治杂志	2013	140	29
8	我国抗生素滥用现状、原因及对策探讨	胡燕	中国社会医学杂志	2013	140	24
9	第五次国家卫生服务调查结果之二——卫生服务需要、需求和利用	徐玲	中国卫生信息管理杂志	2014	139	23
10	二维超声联合四维超声对不同孕周胎儿畸形诊断的价值分析	王海玉	中国计划生育学杂志	2015	132	52

8.3　研究主题关联分析

在预防医学、卫生学领域，2505 篇高被引论文共被引用了 69067 次。通过分析施引文献关键词的词频及关键词之间的共现关系，获得预防医学、卫生学领域的热点主题和主题关联，如图 8-1 所示。由图可知："分级诊疗""手足口病""流行病学""健康教育"等关键词的文档词频较高，是预防医学、卫生学领域的研究热点；本领域主要形成 3 个研究主题簇，分别以"手足口病""流行病学"为核心，以"健康教育""高血压""分级诊疗"为核心，以"糖尿病""生活质量"为核心。

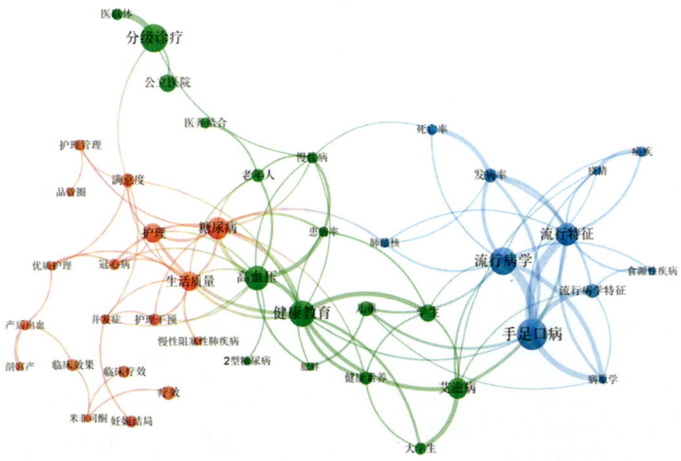

图 8-1　预防医学、卫生学领域热点论文主题关联

8.4　高被引期刊分析

在预防医学、卫生学领域，5 年影响因子 Top 10 期刊见表 8-3，总被引频次最高的期刊是《中国卫生产业》（36767 次），5 年影响因子最高的期刊是《中国医院管理》。

表 8-3　预防医学、卫生学领域高被引期刊基本指标

序号	期刊名称	5 年载文量/篇	总被引频次/次	5 年影响因子	高被引论文数量/篇	h 指数
1	中国医院管理	1972	13340	2.370	151	34
2	中华疾病控制杂志	1654	10907	2.237	117	34
3	中华流行病学杂志	1688	10889	2.188	122	37
4	中国计划生育学杂志	1294	8002	2.142	97	31
5	中国健康教育	1690	8221	1.912	59	27
6	中国卫生政策研究	902	4463	1.876	42	23
7	中国慢性病预防与控制	1454	6164	1.676	40	22
8	中华预防医学杂志	1402	7143	1.670	69	29
9	中国卫生事业管理	1444	7115	1.632	49	25
10	生殖与避孕	929	3693	1.540	26	21

8.5　高被引作者分析

2013—2017 年论文总被引频次 Top 10 的作者见表 8-4。其中，发文总被引频次居前 3 位的作者分别是华中科技大学同济医学院的方鹏骞（349 次）、绵阳市疾病预防控制中心的王毅（346 次）和重庆市疾病预防控制中心的丁贤彬（324 次）。5 年发文量居前 3 位的作者分别是绵阳市疾病预防控制中心的王毅（58 篇）、右江民族医学院的赵云（55 篇）和浙江省疾病预防控制中心的龚震宇（53 篇）。

表 8-4　预防医学、卫生学领域高被引作者 Top 10

序号	作者	作者单位	发文量/篇	总被引频次/次	篇均被引频次/次	被引率/%	h 指数
1	方鹏骞	华中科技大学同济医学院	29	349	12.03	89.7	11
2	王毅	绵阳市疾病预防控制中心	58	346	5.97	96.6	11
3	丁贤彬	重庆市疾病预防控制中心	42	324	7.71	92.9	11
4	聂雪琼	中国健康教育中心	7	275	39.29	100.0	5
5	赵云	右江民族医学院	55	254	4.62	83.6	9
6	雷正龙	国家卫生和计划生育委员会疾病预防控制局	5	241	48.20	100.0	5
7	吕键	煤炭总医院	3	233	77.67	100.0	3

续表

序号	作者	作者单位	发文量/篇	总被引频次/次	篇均被引频次/次	被引率/%	h 指数
8	黄佳豪	安徽建筑大学	2	217	108.50	100.0	2
9	郑大喜	华中科技大学同济医学院附属同济医院	45	204	4.53	88.9	8
10	黄海	中国地质大学	3	201	67.00	100.0	3

8.6 高被引机构分析

预防医学、卫生学领域总被引频次 Top 20 医院和总被引频次 Top 10 高等院校/科研院所的发文和被引情况分别见表 8-5 和表 8-6。

表 8-5 预防医学、卫生学领域高被引医院 Top 20

序号	第一作者单位	发文量/篇	总被引频次/次	篇均被引频次/次	序号	第一作者单位	发文量/篇	总被引频次/次	篇均被引频次/次
1	中国人民解放军总医院	649	2123	3.27	11	南方医科大学南方医院	275	1080	3.93
2	首都医科大学附属北京朝阳医院	505	1736	3.44	12	四川大学华西医院	295	1007	3.41
3	北京协和医院	497	1540	3.10	13	第四军医大学西京医院	297	1002	3.37
4	首都医科大学宣武医院	427	1505	3.52	14	安徽医科大学第一附属医院	215	972	4.52
5	湖南省儿童医院	408	1420	3.48	15	温州医科大学附属第二医院	325	960	2.95
6	华中科技大学同济医学院附属同济医院	361	1359	3.76	16	中山大学附属第一医院	312	958	3.07
7	北京大学第三医院	340	1350	3.97	17	南京医科大学第一附属医院	331	944	2.85
8	西安交通大学第一附属医院	320	1118	3.49	18	绍兴市人民医院	298	926	3.11
9	新疆医科大学第一附属医院	458	1107	2.42	19	武汉大学人民医院	368	902	2.45
10	第二军医大学附属长海医院	294	1099	3.74	20	中国人民解放军海军总医院	419	900	2.15

表 8-6　预防医学、卫生学领域高被引高等院校/科研院所 Top 10

序号	第一作者单位	发文量/篇	总被引频次/次	篇均被引频次/次	序号	第一作者单位	发文量/篇	总被引频次/次	篇均被引频次/次
1	中国疾病预防控制中心	1611	8305	5.16	6	江西省科学院	171	211	1.23
2	北京大学	1285	4571	3.56	7	中国科学院植物研究所	30	205	6.83
3	安徽医科大学	827	3383	4.09	8	广西科学院	124	200	1.61
4	复旦大学	998	3306	3.31	9	中国地震局地质研究所	9	198	22.00
5	哈尔滨医科大学	944	3174	3.36	10	中国科学院寒区旱区环境与工程研究所	37	181	4.89

8.7　高被引国外期刊分析

预防医学、卫生学领域 2018 年被引频次 Top 10 的国外期刊见表 8-7，排名前 3 位的国外期刊分别是 *PLOS ONE*、*The Lancet* 和 *Fertility and Sterility*。

表 8-7　预防医学、卫生学领域高被引国外期刊 Top 10

序号	期刊名称	2018 年被引频次/次
1	PLOS ONE	2269
2	The Lancet	906
3	Fertility and Sterility	625
4	New England Journal of Medicine	511
5	Human Reproduction	450
6	Oncotarget	356
7	BMC Public Health	350
8	Scientific Reports	321
9	Vaccine	296
10	International Journal of Environmental Research and Public Health	292

第9章 中医药领域高被引分析

9.1 领域论文概况

2013—2017 年，中医药领域的 123 种期刊上共发表学术论文 366550 篇，由来自 26991 所机构的 235528 位学者作为第一作者发表。上述论文中，有 254858 篇获得过引用，整体被引率为 69.5%，总被引频次为 984503 次，篇均被引 2.69 次；其中，高被引论文有 3721 篇，高被引论文篇均被引 26.45 次（表 9-1），另外，2018 年本领域共发表论文 63544 篇，其中有 7308 篇在当年获得过引用，总共被引 10016 次。

表 9-1　中医药领域论文分布情况

年份	论文数量/篇	总被引频次/次	被引率/%	高被引论文数量/篇	高被引论文被引频次/次
2013	75773	276834	76.2	737	27062
2014	79140	249760	74.0	837	26638
2015	74084	216979	73.9	748	20620
2016	70041	159736	68.8	721	15865
2017	67512	81194	52.8	678	8251
合计	366550	984503	69.5	3721	98436

9.2 高被引论文分析

在中医药领域，2013—2017 年发表的总被引频次 Top 10 论文（表 9-2）的平均被引频次为 168.6 次，是全部 3721 篇高被引论文篇均被引频次的 6.37 倍。从论文分布来看，刊载高被引论文数量居前 3 位的期刊分别是《现代中西医结合杂志》（539 篇）、《中国中药杂志》（218 篇）和《中国实验方剂学杂志》（189 篇），《中草药》刊载了高被引论文 Top 10 中的 3 篇；发表高被引论文数量居前 3 位的学者分别是北京中医药大学的吴嘉瑞（5 篇）、天津药物研究院的张铁军（4 篇）和南京中医药大学的秦昆明（4 篇）；产出高被引论文数量居前 3 位的机构分别是北京中医药大学（79 篇）、南京中医药大学（69 篇）和天津中医药大学（65 篇）。

表 9-2　中医药领域高被引论文 Top 10

序号	论文题名	第一作者	期刊名称	发表年份	被引频次/次	
					总频次	2018 年
1	当归化学成分及药理作用研究进展	李曦	中药材	2013	291	93
2	中药材DNA条形码分子鉴定指导原则	陈士林	中国中药杂志	2013	215	35
3	赤芍的化学成分和药理作用研究进展	陆小华	中草药	2015	196	87
4	桂枝的化学成分与药理活性研究进展	许源	中药材	2013	150	52

序号	论文题名	第一作者	期刊名称	发表年份	被引频次/次	
					总频次	2018年
5	中药指纹图谱技术进展及未来发展方向展望	李强	中草药	2013	150	32
6	白芍的药理作用及现代研究进展	张利	中医临床研究	2014	145	46
7	不稳定型心绞痛的发病机制及药物治疗进展	李淑玲	世界中西医结合杂志	2013	141	32
8	黄芩的化学成分与药理作用研究进展	郑勇凤	中成药	2016	137	83
9	地龙药理作用研究进展	刘文雅	中国中西医结合杂志	2013	133	36
10	三七中皂苷成分及其药理作用的研究进展	王莹	中草药	2015	128	56

9.3 研究主题关联分析

在中医药领域，3721篇高被引论文共被引用了98436次。通过分析施引文献关键词的词频及关键词之间的共现关系，获得中医药领域的热点主题和主题关联，如图9-1所示。由图可知："疗效""临床疗效""冠心病""针灸"等关键词的文档词频较高，是中医药领域的研究热点；本领域主要形成2个研究主题簇，分别以"临床疗效""中药""针灸"为核心，以"生活质量""冠心病""糖尿病"为核心。

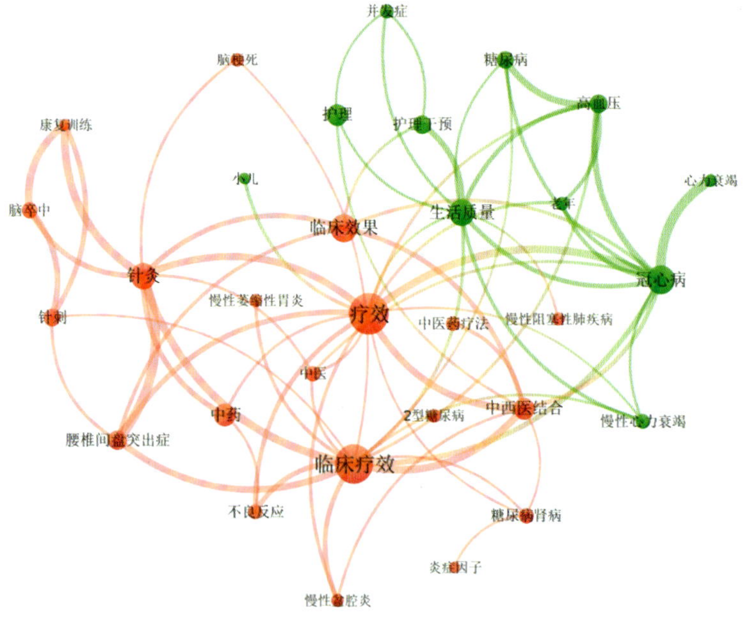

图9-1 中医药领域热点论文主题关联

9.4　高被引期刊分析

在中医药领域，5 年影响因子 Top 10 期刊见表 9-3，总被引频次最高的期刊是《现代中西医结合杂志》（52131 次），5 年影响因子最高的期刊是《针刺研究》。

表 9-3　中医药领域高被引期刊基本指标

序号	期刊名称	5 年载文量/篇	总被引频次/次	5 年影响因子	高被引论文数量/篇	h 指数
1	针刺研究	534	3317	2.560	23	21
2	中草药	3486	20445	2.120	162	34
3	中国针灸	1971	10991	2.080	110	30
4	现代中西医结合杂志	8354	52131	2.070	539	47
5	中国中药杂志	4232	25137	2.050	218	40
6	中医杂志	3054	16947	2.010	132	33
7	中国骨伤	1391	8159	1.870	68	26
8	中国中西医结合杂志	1695	10162	1.850	86	33
9	南京中医药大学学报	828	4341	1.670	32	22
10	中国中西医结合急救杂志	1095	5477	1.570	56	25

9.5　高被引作者分析

2013—2017 年论文总被引频次 Top 10 的作者见表 9-4。其中，发文总被引频次居前 3 位的作者分别是北京中医药大学的吴嘉瑞（405 次）、成都中医药大学的李曦（298 次）和上海中医药大学附属曙光医院的蒋健（262 次）。5 年发文量居前 3 位的作者分别是北京中医药大学的吴嘉瑞（52 篇）、黑龙江中医药大学附属第二医院的孙远征（48 篇）和黑龙江中医药大学的姜德友（48 篇）。

表 9-4　中医药领域高被引作者 Top 10

序号	作者	作者单位	发文量/篇	总被引频次/次	篇均被引频次/次	被引率/%	h 指数
1	吴嘉瑞	北京中医药大学	52	405	7.79	94.2	10
2	李曦	成都中医药大学	2	298	149.00	100.0	2
3	蒋健	上海中医药大学附属曙光医院	42	262	6.24	88.1	9
4	陈士林	中国医学科学院北京协和医学院药用植物研究所	2	222	111.00	100.0	2
5	张利	山东省东平县中医院	2	216	108.00	100.0	2

序号	作者	作者单位	发文量/篇	总被引频次/次	篇均被引频次/次	被引率/%	h 指数
6	仝小林	中国中医科学院广安门医院	13	209	16.08	100.0	7
7	陆小华	成都中医药大学	1	196	196.00	100.0	1
8	罗钦宏	广州中医药大学	4	193	48.25	100.0	4
9	谢晶日	黑龙江中医药大学附属第一医院	32	190	5.94	93.8	9
10	孙远征	黑龙江中医药大学附属第二医院	48	188	3.92	91.7	6

9.6　高被引机构分析

中医药领域总被引频次 Top 20 医院和总被引频次 Top 10 高等院校/科研院所的发文和被引情况分别见表 9-5 和表 9-6。

表 9-5　中医药领域高被引医院 Top 20

序号	第一作者单位	发文量/篇	总被引频次/次	篇均被引频次/次	序号	第一作者单位	发文量/篇	总被引频次/次	篇均被引频次/次
1	中国中医科学院广安门医院	2173	8500	3.91	11	广西中医药大学第一附属医院	1210	3621	2.99
2	上海中医药大学附属曙光医院	1457	5428	3.73	12	上海中医药大学附属岳阳中西医结合医院	912	3325	3.65
3	北京中医药大学东直门医院	1484	4882	3.29	13	南京中医药大学第一临床医学院	747	3218	4.31
4	上海中医药大学附属龙华医院	1288	4661	3.62	14	首都医科大学附属北京中医医院	995	3160	3.18
5	天津中医药大学第一附属医院	1202	4491	3.74	15	广州中医药大学第一附属医院	1093	3052	2.79
6	广东省中医院	1329	3953	2.97	16	北京中医药大学东方医院	795	2839	3.57
7	辽宁中医药大学附属医院	1205	3929	3.26	17	甘肃省中医院	903	2656	2.94
8	黑龙江中医药大学附属第一医院	1044	3892	3.73	18	江苏省中医院	1070	2570	2.40
9	河南中医学院第一附属医院	1138	3809	3.35	19	安徽中医药大学第一附属医院	714	2565	3.59
10	中国中医科学院西苑医院	999	3784	3.79	20	中国中医科学院望京医院	572	2480	4.34

表 9-6　中医药领域高被引高等院校/科研院所 Top 10

序号	第一作者单位	发文量/篇	总被引频次/次	篇均被引频次/次	序号	第一作者单位	发文量/篇	总被引频次/次	篇均被引频次/次
1	北京中医药大学	5960	18841	3.16	6	湖南中医药大学	3622	10392	2.87
2	南京中医药大学	5205	18742	3.60	7	辽宁中医药大学	3925	9591	2.44
3	天津中医药大学	5708	14170	2.48	8	黑龙江中医药大学	2708	8336	3.08
4	成都中医药大学	5164	13471	2.61	9	广州中医药大学	3121	8272	2.65
5	山东中医药大学	6048	12574	2.08	10	浙江中医药大学	2857	7998	2.80

9.7　高被引国外期刊分析

中医药领域 2018 年被引频次 Top 10 的国外期刊见表 9-7，排名前 3 位的国外期刊分别是 *PLOS ONE*、*Evidence-based Complementary and Alternative Medicine* 和 *Journal of Ethnopharmacology*。

表 9-7　中医药领域高被引国外期刊 Top 10

序号	期刊名称	2018 年被引频次/次
1	PLOS ONE	1839
2	Evidence-based Complementary and Alternative Medicine	872
3	Journal of Ethnopharmacology	860
4	Oncotarget	493
5	Scientific Reports	486
6	Molecules	481
7	World Journal of Gastroenterology	415
8	International Journal of Molecular Sciences	370
9	New England Journal of Medicine	348
10	BMC Complementary and Alternative Medicine	339

第 10 章　基础医学领域高被引分析

10.1　领域论文概况

2013—2017 年，基础医学领域的 68 种期刊上共发表学术论文 84386 篇，由来自 13406 所机构的 69277 位学者作为第一作者发表。上述论文中，有 49628 篇获得过引用，整体被引率为 58.8%，总被引频次为 156801 次，篇均被引 1.86 次；其中，高被引论文有 848 篇，高被引论文篇均被引 23.20 次（表 10-1），另外，2018 年本领域共发表论文 16794 篇，其中有 1800 篇在当年获得过引用，总共被引 2355 次。

表 10-1　基础医学领域论文分布情况

年份	论文数量/篇	总被引频次/次	被引率/%	高被引论文数量/篇	高被引论文被引频次/次
2013	13963	36147	66.6	138	4827
2014	15988	35830	62.4	163	5282
2015	19799	38998	61.0	213	4729
2016	18469	30793	59.3	203	3476
2017	16167	15033	45.3	131	1358
合计	84386	156801	58.8	848	19672

10.2　高被引论文分析

在基础医学领域，2013—2017 年发表的总被引频次 Top 10 论文（表 10-2）的平均被引频次为 127.1 次，是全部 848 篇高被引论文篇均被引频次的 5.48 倍。从论文分布来看，刊载高被引论文数量居前 3 位的期刊分别是《中国组织工程研究》（262 篇）、《数理医药学杂志》（73 篇）和《医疗装备》（63 篇），《中国疫苗和免疫》刊载了高被引论文 Top 10 中的 4 篇；发表高被引论文数量居前 3 位的学者分别是中国医学科学院阜外医院的孙兴国（6 篇）、第四军医大学唐都医院的张勇萍（5 篇）和中国疾病预防控制中心寄生虫病预防控制研究所的张丽（3 篇）；产出高被引论文数量居前 3 位的机构分别是中国疾病预防控制中心（26 篇）、新疆医科大学第一附属医院（16 篇）和中国疾病预防控制中心免疫规划中心（12 篇）。

表 10-2　基础医学领域高被引论文 Top 10

序号	论文题名	第一作者	期刊名称	发表年份	被引频次/次 总频次	被引频次/次 2018 年
1	中国2012年疑似预防接种异常反应监测数据分析	武文娣	中国疫苗和免疫	2014	203	42
2	中国2011年疑似预防接种异常反应监测数据分析	武文娣	中国疫苗和免疫	2013	181	25

序号	论文题名	第一作者	期刊名称	发表年份	被引频次/次	
					总频次	2018年
3	中国2012—2013年麻疹流行病学特征与消除麻疹进展	马超	中国疫苗和免疫	2014	173	42
4	2012年全国疟疾疫情分析	夏志贵	中国寄生虫学与寄生虫病杂志	2013	116	11
5	优质护理在妊高症产妇产后出血护理中的应用特点	张丽	中国组织工程研究	2014	105	20
6	2014年全国疟疾疫情分析	张丽	中国寄生虫学与寄生虫病杂志	2015	102	23
7	现代医学科学发展中的缺憾与思考	杨志寅	中华诊断学电子杂志	2013	102	5
8	血清HE4、CA125和ROMA指数评估卵巢癌风险性的初步评价	陈燕	中国免疫学杂志	2013	98	16
9	中国中老年人骨质疏松症患病率的Meta分析	韩亚军	中国组织工程研究	2014	96	28
10	中国2014年疑似预防接种异常反应信息管理系统监测数据分析	叶家楷	中国疫苗和免疫	2016	95	53

10.3 研究主题关联分析

在基础医学领域，848篇高被引论文共被引用了19672次。通过分析施引文献关键词的词频及关键词之间的共现关系，获得基础医学领域的热点主题和主题关联，如图10-1所示。由图可知："疗效""内固定""疑似预防接种异常反应""麻疹"等关键词的文档词频较高，是基础医学领域的研究热点；本领域主要形成3个研究主题簇，分别以"疗效""优质护理"为核心，以"内固定""股骨颈骨折"为核心，以"疑似预防接种异常反应""疫苗""麻疹"为核心。

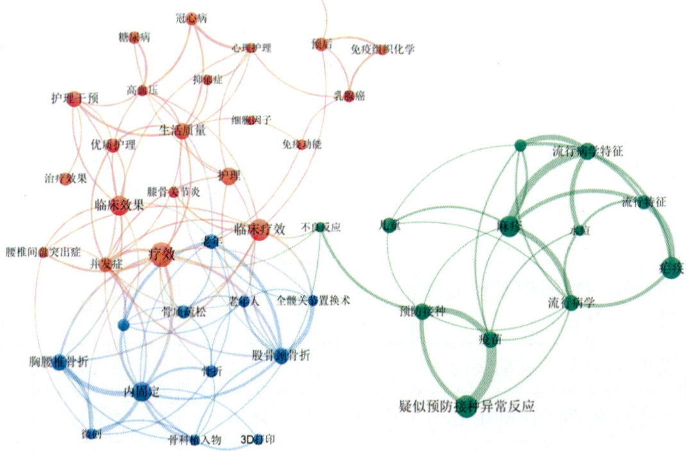

图10-1 基础医学领域热点论文主题关联

10.4   高被引期刊分析

在基础医学领域，5年影响因子 Top 10 期刊见表 10-3，总被引频次最高的期刊是《中国组织工程研究》（25433 次），5年影响因子最高的期刊是《中国疫苗和免疫》。

表 10-3   基础医学领域高被引期刊基本指标

序号	期刊名称	5年载文量/篇	总被引频次/次	5年影响因子	高被引论文数量/篇	h指数
1	中国疫苗和免疫	765	4088	1.820	48	24
2	中国寄生虫学与寄生虫病杂志	666	2504	1.300	29	19
3	中国组织工程研究	6844	25433	1.150	262	36
4	中国免疫学杂志	1990	5615	1.020	47	21
5	数理医药学杂志	3695	8255	0.910	73	18
6	中华病理学杂志	1378	3647	0.890	28	17
7	中国应用生理学杂志	725	1931	0.860	14	15
8	系统医学	1865	2306	0.850	14	10
9	中华诊断学电子杂志	348	1044	0.830	12	14
10	中国病理生理杂志	2468	6116	0.760	27	19

10.5   高被引作者分析

2013—2017 年论文总被引频次 Top 10 的作者见表 10-4。其中，发文总被引频次居前 3 位的作者分别是中国疾病预防控制中心的武文娣（427 次）、中国疾病预防控制中心寄生虫病预防控制研究所的张丽（253 次）和中国疾病预防控制中心免疫规划中心的马超（214 次）。5 年发文量居前 3 位的作者分别是中国中医科学院广安门医院的刘艳骄（28 篇）、新昌县中医院的孙荣江（22 篇）和第二军医大学长征医院的廖建春（17 篇）。

表 10-4   基础医学领域高被引作者 Top 10

序号	作者	作者单位	发文量/篇	总被引频次/次	篇均被引频次/次	被引率/%	h指数
1	武文娣	中国疾病预防控制中心	8	427	53.38	100.0	5
2	张丽	中国疾病预防控制中心寄生虫病预防控制研究所	3	253	84.33	100.0	3
3	马超	中国疾病预防控制中心免疫规划中心	4	214	53.50	100.0	4
4	张勇萍	第四军医大学唐都医院	10	134	13.40	100.0	7
5	叶家楷	中国疾病预防控制中心	2	130	65.00	100.0	2
6	孙兴国	中国医学科学院阜外医院	12	124	10.33	91.7	6

续表

序号	作者	作者单位	发文量/篇	总被引频次/次	篇均被引频次/次	被引率/%	h指数
7	夏志贵	中国疾病预防控制中心寄生虫病预防控制研究所	1	116	116.00	100.0	1
8	杨文涛	复旦大学附属肿瘤医院	4	115	28.75	100.0	4
9	杨志寅	济宁医学院	3	115	38.33	100.0	3
10	钟灵	湖北民族学院附属民大医院	4	106	26.50	100.0	4

10.6　高被引机构分析

基础医学领域总被引频次 Top 20 医院和总被引频次 Top 10 高等院校/科研院所的发文和被引情况分别见表 10-5 和表 10-6。

表 10-5　基础医学领域高被引医院 Top 20

序号	第一作者单位	发文量/篇	总被引频次/次	篇均被引频次/次	序号	第一作者单位	发文量/篇	总被引频次/次	篇均被引频次/次
1	新疆医科大学第一附属医院	344	1265	3.68	11	四川大学华西医院	225	430	1.91
2	吉林大学白求恩第一医院	328	1060	3.23	12	青岛大学附属医院	131	430	3.28
3	北京协和医院	334	896	2.68	13	中国医科大学附属盛京医院	240	406	1.69
4	重庆医科大学附属第一医院	327	697	2.13	14	中山大学附属第三医院	150	382	2.55
5	武汉大学人民医院	244	483	1.98	15	蚌埠医学院第一附属医院	162	370	2.28
6	中国医科大学附属第一医院	271	471	1.74	16	中国人民解放军南京军区南京总医院	109	369	3.39
7	苏州大学附属第一医院	366	467	1.28	17	第四军医大学唐都医院	162	364	2.25
8	中国人民解放军总医院	213	452	2.12	18	郑州大学第一附属医院	183	352	1.92
9	中山大学附属第一医院	190	450	2.37	19	南方医科大学珠江医院	122	350	2.87
10	佛山市第一人民医院	313	433	1.38	20	南阳市中心医院	166	342	2.06

表 10-6　基础医学领域高被引高等院校/科研院所 Top 10

序号	第一作者单位	发文量/篇	总被引频次/次	篇均被引频次/次	序号	第一作者单位	发文量/篇	总被引频次/次	篇均被引频次/次
1	中国疾病预防控制中心	301	1698	5.64	6	上海理工大学	331	533	1.61
2	南方医科大学	405	964	2.38	7	中国食品药品检定研究院	330	530	1.61
3	中国疾病预防控制中心免疫规划中心	41	957	23.34	8	首都医科大学	290	476	1.64
4	重庆医科大学	388	736	1.90	9	中国医科大学	355	462	1.30
5	中国疾病预防控制中心寄生虫病预防控制研究所	111	714	6.43	10	山西医科大学	258	435	1.69

10.7　高被引国外期刊分析

　　基础医学领域 2018 年被引频次 Top 10 的国外期刊见表 10-7，排名前 3 位的国外期刊分别是 *PLOS ONE*、*Oncotarget* 和 *Nature*。

表 10-7　基础医学领域高被引国外期刊 Top 10

序号	期刊名称	2018 年被引频次/次
1	PLOS ONE	2367
2	Oncotarget	1182
3	Nature	566
4	Scientific Reports	566
5	Sci Rep	529
6	International Journal of Molecular Sciences	399
7	New England Journal of Medicine	371
8	Biomaterials	355
9	Cell	349
10	Biochemical and Biophysical Research Communications	346

第 11 章　临床医学领域高被引分析

11.1　领域论文概况

2013—2017 年，临床医学领域的 272 种期刊上共发表学术论文 1143157 篇，由来自 59217 所机构的 745599 位学者作为第一作者发表。上述论文中，有 710278 篇获得过引用，整体被引率为 62.1%，总被引频次为 2720463 次，篇均被引 2.38 次；其中，高被引论文有 11280 篇，高被引论文篇均被引 29.27 次（表 11-1），另外，2018 年本领域共发表论文 193616 篇，其中有 23210 篇在当年获得过引用，总共被引 32554 次。

表 11-1　临床医学领域论文分布情况

年份	论文数量/篇	总被引频次/次	被引率/%	高被引论文数量/篇	高被引论文被引频次/次
2013	237484	731018	67.2	2323	91183
2014	235324	632429	64.2	2379	82326
2015	240610	609312	64.5	2449	74406
2016	220774	493211	63.4	2057	53472
2017	208965	254493	50.0	2072	28739
合计	1143157	2720463	62.1	11280	330126

11.2　高被引论文分析

在临床医学领域，2013—2017 年发表的总被引频次 Top 10 论文（表 11-2）的平均被引频次为 270.4 次，是全部 11280 篇高被引论文篇均被引频次的 9.24 倍。从论文分布来看，刊载高被引论文数量居前 3 位的期刊分别是《实用临床医药杂志》（689 篇）、《中国全科医学》（448 篇）和《重庆医学》（440 篇），其中，《重庆医学》刊载了高被引论文 Top 10 中的 3 篇；发表高被引论文数量居前 3 位的学者分别是武警总医院的王立祥（4 篇）、首都医科大学附属北京世纪坛医院的陈炜（4 篇）和渤海大学的张树义（4 篇）；产出高被引论文数量居前 3 位的机构分别是四川大学华西医院（72 篇）、中国医科大学附属第一医院（53 篇）和中国医科大学附属盛京医院（49 篇）。

表 11-2　临床医学领域高被引论文 Top 10

序号	论文题名	第一作者	期刊名称	发表年份	被引频次/次 总频次	被引频次/次 2018 年
1	匹兹堡睡眠质量指数的信度及效度分析	路桃影	重庆医学	2014	383	158
2	2012国际严重脓毒症及脓毒性休克诊疗指南	高戈	中华危重病急救医学	2013	377	91
3	患者疼痛评分法的术前选择及术后疼痛评估的效果分析	高万露	实用医学杂志	2013	311	97

序号	论文题名	第一作者	期刊名称	发表年份	被引频次/次	
					总频次	2018 年
4	吲达帕胺联合氨氯地平治疗高血压合并冠心病患者的疗效观察	谢玉霞	重庆医学	2013	247	33
5	综合护理干预预防社区老年高血压或糖尿病患者跌倒的效果评价	毛晓润	中国全科医学	2013	243	34
6	手术室细节护理在确保手术室护理安全中的应用效果研究	关柏秋	实用临床医药杂志	2014	234	70
7	腹腔镜子宫肌瘤剔除术与传统开腹手术治疗子宫肌瘤的临床疗效比较	王瑞敏	重庆医学	2014	234	66
8	瑞舒伐他汀与阿托伐他汀治疗冠心病的疗效对比研究	杨文	中国全科医学	2013	232	34
9	多样性护理方式在糖尿病合并冠心病患者护理中的应用效果观察	王咏梅	实用临床医药杂志	2015	222	92
10	视觉模拟疼痛评分研究的进展	高万露	医学研究杂志	2013	221	83

11.3　研究主题关联分析

在临床医学领域，11280 篇高被引论文共被引用了 330126 次。通过分析施引文献关键词的词频及关键词之间的共现关系，获得临床医学领域的热点主题和主题关联，如图 11-1 所示。由图可知："疗效""护理""生活质量""冠心病"等关键词的文档词频较高，是临床医学领域的研究热点；本领域主要形成 3 个研究主题簇，分别以"疗效""冠心病""高血压"为核心，以"生活质量""护理"为核心，以"护理干预""并发症""优质护理"为核心。

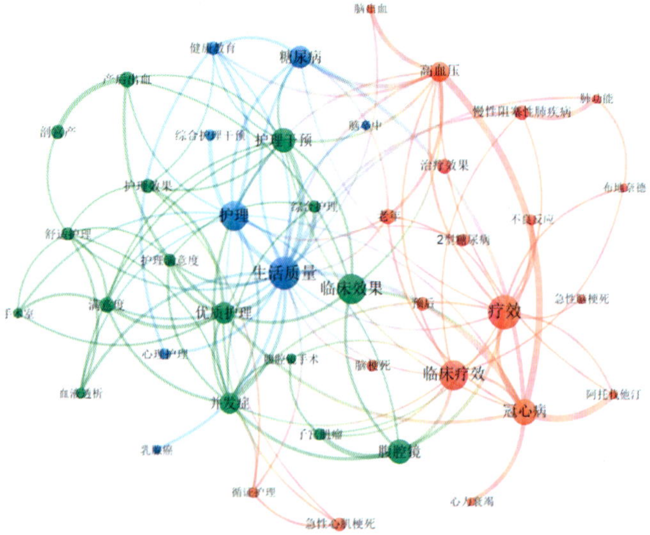

图 11-1　临床医学领域热点论文主题关联

11.4　高被引期刊分析

在临床医学领域，5 年影响因子 Top 10 期刊见表 11-3，总被引频次最高的期刊是《中国医药指南》（130904 次），5 年影响因子最高的期刊是《实用临床医药杂志》。

表 11-3　临床医学领域高被引期刊基本指标

序号	期刊名称	5年载文量/篇	总被引频次/次	5年影响因子	高被引论文数量/篇	h指数
1	实用临床医药杂志	8634	58224	2.790	689	51
2	中华全科医学	4066	27861	2.310	280	40
3	海南医学院学报	3462	20083	2.240	193	36
4	中华危重病急救医学	1475	10893	2.190	114	35
5	湖南师范大学学报（医学版）	1192	5380	2.100	34	21
6	河北医学	4013	24595	2.090	236	42
7	中国全科医学	6379	41242	2.060	448	50
8	中国疼痛医学杂志	1295	6340	1.790	52	27
9	中国性科学	2600	11740	1.780	87	28
10	中国临床医生杂志	2439	12451	1.760	89	28

11.5　高被引作者分析

2013—2017 年论文总被引频次 Top 10 的作者见表 11-4。其中，发文总被引频次居前 3 位的作者分别是广州中医药大学第二附属医院的路桃影（383 次）、北京医院的高戈（377 次）和南京医科大学的高万露（311 次）。5 年发文量居前 3 位的作者分别是中华医学会的游苏宁（99 篇）、渭南职业技术学院医学院的吕选民（71 篇）和首都医科大学附属北京朝阳医院的那开宪（64 篇）。

表 11-4　临床医学领域高被引作者 Top 10

序号	作者	作者单位	发文量/篇	总被引频次/次	篇均被引频次/次	被引率/%	h指数
1	路桃影	广州中医药大学第二附属医院	1	383	383.00	100.0	1
2	高戈	北京医院	1	377	377.00	100.0	1
3	高万露	南京医科大学	1	311	311.00	100.0	1
4	关柏秋	吉化总医院	3	268	89.33	100.0	3
5	王咏梅	东风公司花果医院	3	263	87.67	66.7	2
6	谢玉霞	新疆医科大学附属中医医院	2	248	124.00	100.0	1

续表

序号	作者	作者单位	发文量/篇	总被引频次/次	篇均被引频次/次	被引率/%	h 指数
7	毛晓润	石河子大学医学院	1	243	243.00	100.0	1
8	陈炜	首都医科大学附属北京世纪坛医院	6	234	39.00	100.0	6
9	杨文	开封市第一人民医院	2	234	117.00	100.0	2
10	王瑞敏	邢台市人民医院	1	234	234.00	100.0	1

11.6　高被引机构分析

临床医学领域总被引频次 Top 20 医院和总被引频次 Top 10 高等院校/科研院所的发文和被引情况分别见表 11-5 和表 11-6。

表 11-5　临床医学领域高被引医院 Top 20

序号	第一作者单位	发文量/篇	总被引频次/次	篇均被引频次/次	序号	第一作者单位	发文量/篇	总被引频次/次	篇均被引频次/次
1	四川大学华西医院	3880	12610	3.25	11	中国医科大学附属盛京医院	1474	5730	3.89
2	中国人民解放军总医院	1998	7776	3.89	12	中国医科大学附属第一医院	1430	5710	3.99
3	安徽医科大学第一附属医院	2255	7678	3.40	13	四川省医学科学院·四川省人民医院	2053	5651	2.75
4	郑州大学第一附属医院	2857	7203	2.52	14	首都医科大学附属北京友谊医院	1595	5621	3.52
5	武汉大学人民医院	2218	7056	3.18	15	南京医科大学第一附属医院	2337	5471	2.34
6	新疆医科大学第一附属医院	2638	7041	2.67	16	南方医科大学南方医院	1254	4992	3.98
7	广西医科大学第一附属医院	2460	6776	2.75	17	佛山市第一人民医院	2005	4883	2.44
8	重庆医科大学附属第一医院	2409	6682	2.77	18	吉林省人民医院	1618	4881	3.02
9	北京协和医院	2147	6110	2.85	19	内蒙古医科大学附属医院	1565	4878	3.12
10	蚌埠医学院第一附属医院	1509	6077	4.03	20	南通大学附属医院	2213	4785	2.16

表 11-6　临床医学领域高被引高等院校/科研院所 Top 10

序号	第一作者单位	发文量/篇	总被引频次/次	篇均被引频次/次	序号	第一作者单位	发文量/篇	总被引频次/次	篇均被引频次/次
1	宁夏医科大学	1500	3564	2.38	6	重庆医科大学	970	2715	2.80
2	山西医科大学	1693	3272	1.93	7	新疆医科大学	1297	2541	1.96
3	天津医科大学	1038	3185	3.07	8	潍坊医学院	1287	2434	1.89
4	安徽医科大学	992	3016	3.04	9	广州市妇女儿童医疗中心	764	2282	2.99
5	南方医科大学	815	2761	3.39	10	遵义医学院	1101	1985	1.80

11.7　高被引国外期刊分析

临床医学领域 2018 年被引频次 Top 10 的国外期刊见表 11-7，排名前 3 位的国外期刊分别是 *PLOS ONE*、*Oncotarget* 和 *New England Journal of Medicine*。

表 11-7　临床医学领域高被引国外期刊 Top 10

序号	期刊名称	2018 年被引频次/次
1	PLOS ONE	10562
2	Oncotarget	5553
3	New England Journal of Medicine	2880
4	World Journal of Gastroenterology	2226
5	Scientific Reports	1997
6	Medicine	1753
7	Sci Rep	1722
8	Circulation	1481
9	Journal of Clinical Oncology	1435
10	Stroke	1418

第 12 章 护理学领域高被引分析

12.1 领域论文概况

2013—2017 年，护理学领域的 76 种期刊上共发表学术论文 413306 篇，由来自 35535 所机构的 282279 位学者作为第一作者发表。上述论文中，有 167586 篇获得过引用，整体被引率为 40.5%，总被引频次为 703006 次，篇均被引 1.70 次；其中，高被引论文有 3974 篇，高被引论文篇均被引 29.56 次（表 12-1），另外，2018 年本领域共发表论文 126825 篇，其中有 7712 篇在当年获得过引用，总共被引 10563 次。

表 12-1 护理学领域论文分布情况

年份	论文数量/篇	总被引频次/次	被引率/%	高被引论文数量/篇	高被引论文被引频次/次
2013	51370	186619	54.7	509	30461
2014	59660	159762	49.5	621	27665
2015	66889	140362	46.2	648	23208
2016	103319	134104	39.9	981	22310
2017	132068	82159	28.6	1215	13826
合计	413306	703006	40.5	3974	117470

12.2 高被引论文分析

在护理学领域，2013—2017 年发表的总被引频次 Top 10 论文（表 12-2）的平均被引频次为 242.1 次，是全部 3974 篇高被引论文篇均被引频次的 8.19 倍。从论文分布来看，刊载高被引论文数量居前 3 位的期刊分别是《中华护理杂志》（528 篇）、《护士进修杂志》（396 篇）和《护理研究》（320 篇），其中，《中华护理杂志》刊载了高被引论文 Top 10 中的 5 篇；发表高被引论文数量居前 3 位的学者分别是中国人民解放军南京军区南京总医院的蒋琪霞（6 篇）、同济大学附属第十人民医院的吴茜（5 篇）和北京协和医院的吴欣娟（4 篇）；产出高被引论文数量居前 3 位的机构分别是华中科技大学同济医学院附属同济医院（48 篇）、华中科技大学同济医学院附属协和医院（44 篇）和四川大学华西医院（42 篇）。

表 12-2 护理学领域高被引论文 Top 10

序号	论文题名	第一作者	期刊名称	发表年份	被引频次/次	
					总频次	2018 年
1	品管圈活动在精神科老年病房基础护理质量管理中的作用	章飞雪	中华护理杂志	2013	461	65
2	协同护理模式对血液透析患者自我护理能力和生活质量的影响	王新歌	中华护理杂志	2013	273	58
3	2型糖尿病患者自我管理行为及血糖控制现状的研究	嵇加佳	中华护理杂志	2014	258	78

续表

序号	论文题名	第一作者	期刊名称	发表年份	被引频次/次	
					总频次	2018年
4	分娩球配合自由体位助产对初产妇产痛、分娩控制感及妊娠结局的影响	厉跃红	中华护理杂志	2013	243	65
5	运用微信对强直性脊柱炎出院患者行延续护理的效果	胡竹芳	中华护理杂志	2015	215	77
6	手术患者发生切口感染的手术室相关因素分析及护理对策	王伟红	护士进修杂志	2013	208	27
7	品管圈在护理质量管理中的应用现状	赵庆华	护理学杂志	2014	200	50
8	以点带面全面推行医院护理品管圈活动	许晨耘	护理学杂志	2013	197	32
9	应用PDCA循环管理提高护理满意度的效果	周如女	解放军护理杂志	2013	183	41
10	会阴无保护接生技术在低危孕妇正常分娩中的应用	王少芳	解放军护理杂志	2013	183	23

12.3 研究主题关联分析

在护理学领域，3974 篇高被引论文共被引用了 117470 次。通过分析施引文献关键词的词频及关键词之间的共现关系，获得护理学领域的热点主题和主题关联，如图 12-1 所示。由图可知："护理""生活质量""护理干预""满意度"等关键词的文档词频较高，是护理学领域的研究热点；本领域主要形成 3 个研究主题簇，分别以"护理""满意度"为核心，以"生活质量""健康教育"为核心，以"护理干预""并发症"为核心。

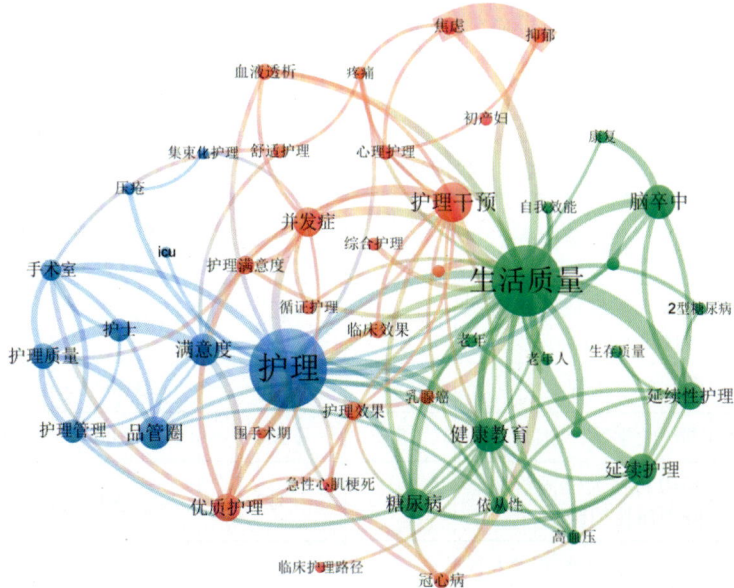

图 12-1 护理学领域热点论文主题关联

12.4　高被引期刊分析

在护理学领域，5 年影响因子 Top 10 期刊见表 12-3，总被引频次最高的期刊是《护理研究》（49127 次），5 年影响因子最高的期刊是《中华护理杂志》。

表 12-3　护理学领域高被引期刊基本指标

序号	期刊名称	5 年载文量/篇	总被引频次/次	5 年影响因子	高被引论文数量/篇	h 指数
1	中华护理杂志	1930	35632	6.366	528	74
2	中国护理管理	2638	21193	2.911	218	45
3	护理管理杂志	1841	15074	2.889	125	36
4	中国康复医学杂志	1596	11631	2.709	96	35
5	护理学杂志	4676	34869	2.589	294	45
6	护士进修杂志	5044	40046	2.407	396	62
7	中华老年骨科与康复电子杂志	150	622	2.100	10	12
8	解放军护理杂志	2978	17432	2.023	105	35
9	护理学报	3245	17904	1.978	128	33
10	中华物理医学与康复杂志	1466	8040	1.859	34	26

12.5　高被引作者分析

2013—2017 年论文总被引频次 Top 10 的作者见表 12-4。其中，发文总被引频次居前 3 位的作者分别是中国人民解放军南京军区南京总医院的蒋琪霞（576 次）、温州康宁医院的章飞雪（462 次）和郑州大学第一附属医院的王新歌（364 次）。5 年发文量居前 3 位的作者分别是中国农业大学的范志红（179 篇）、武汉大学同仁医院的万睿（101 篇）和陕西省人民医院的李增烈（94 篇）。

表 12-4　护理学领域高被引作者 Top 10

序号	作者	作者单位	发文量/篇	总被引频次/次	篇均被引频次/次	被引率/%	h 指数
1	蒋琪霞	中国人民解放军南京军区南京总医院	36	576	16.00	94.5	13
2	章飞雪	温州康宁医院	2	462	231.00	100.0	1
3	王新歌	郑州大学第一附属医院	2	364	182.00	100.0	2
4	刘义兰	华中科技大学同济医学院附属协和医院	9	332	36.89	100.0	7
5	吴茜	同济大学附属第十人民医院	8	324	40.50	100.0	6

续表

序号	作者	作者单位	发文量/篇	总被引频次/次	篇均被引频次/次	被引率/%	h指数
6	嵇加佳	南京中医药大学	2	272	136.00	100.0	2
7	黄天雯	中山大学附属第一医院	13	263	20.23	92.3	7
8	谢凤兰	中山大学附属第一医院	8	258	32.25	100.0	5
9	厉跃红	同济大学附属第一妇婴保健院	2	249	124.50	100.0	2
10	胡竹芳	江西省人民医院	7	247	35.29	57.1	3

12.6　高被引机构分析

护理学领域总被引频次 Top 20 医院和总被引频次 Top 10 高等院校/科研院所的发文和被引情况分别见表 12-5 和表 12-6。

表 12-5　护理学领域高被引医院 Top 20

序号	第一作者单位	发文量/篇	总被引频次/次	篇均被引频次/次	序号	第一作者单位	发文量/篇	总被引频次/次	篇均被引频次/次
1	华中科技大学同济医学院附属同济医院	1715	6383	3.72	11	广西医科大学第一附属医院	534	2479	4.64
2	华中科技大学同济医学院附属协和医院	1543	5503	3.57	12	浙江大学医学院附属第一医院	917	2384	2.60
3	四川大学华西医院	969	4677	4.83	13	郑州大学第一附属医院	403	2084	5.17
4	北京协和医院	1257	3959	3.15	14	南通大学附属医院	625	2075	3.32
5	中国人民解放军总医院	945	3484	3.69	15	浙江大学医学院附属第二医院	662	2002	3.02
6	中山大学附属第一医院	862	2972	3.45	16	四川省医学科学院·四川省人民医院	618	1960	3.17
7	哈尔滨医科大学附属第一医院	440	2953	6.71	17	南方医科大学南方医院	431	1918	4.45
8	南京大学医学院附属鼓楼医院	512	2825	5.52	18	第二军医大学附属长海医院	439	1876	4.27
9	南京医科大学第一附属医院	623	2620	4.21	19	天津医科大学肿瘤医院	361	1850	5.12
10	哈尔滨医科大学附属第二医院	333	2551	7.66	20	徐州医科大学附属医院	655	1833	2.80

表 12-6　护理学领域高被引高等院校/科研院所 Top 10

序号	第一作者单位	发文量/篇	总被引频次/次	篇均被引频次/次	序号	第一作者单位	发文量/篇	总被引频次/次	篇均被引频次/次
1	复旦大学	460	3537	7.69	6	首都医科大学	415	2140	5.16
2	南京中医药大学	489	2856	5.84	7	福建中医药大学	499	1867	3.74
3	天津中医药大学	532	2797	5.26	8	中南大学	338	1858	5.50
4	中国医学科学院北京协和医学院	341	2567	7.53	9	郑州大学	437	1725	3.95
5	北京大学	326	2219	6.81	10	第二军医大学	420	1681	4.00

12.7　高被引国外期刊分析

护理学领域 2018 年被引频次 Top 10 的国外期刊见表 12-7，排名前 3 位的国外期刊分别是 *PLOS ONE*、*Journal of Clinical Nursing* 和 *International Journal of Nursing Studies*。

表 12-7　护理学领域高被引国外期刊 Top 10

序号	期刊名称	2018 年被引频次/次
1	PLOS ONE	894
2	Journal of Clinical Nursing	416
3	International Journal of Nursing Studies	350
4	Nurse Education Today	332
5	Supportive Care in Cancer	315
6	Critical Care Medicine	313
7	Cochrane Database of Systematic Reviews	288
8	Psycho-Oncology	258
9	Stroke	252
10	Journal of Advanced Nursing	231

第13章 内科学领域高被引分析

13.1 领域论文概况

2013—2017年，内科学领域的97种期刊上共发表学术论文149843篇，由来自12187所机构的107367位学者作为第一作者发表。上述论文中，有101959篇获得过引用，整体被引率为68.0%，总被引频次为546647次，篇均被引3.65次；其中，高被引论文有1475篇，高被引论文篇均被引58.90次（表13-1），另外，2018年本领域共发表论文29109篇，其中有3293篇在当年获得过引用，总共被引5162次。

表13-1 内科学领域论文分布情况

年份	论文数量/篇	总被引频次/次	被引率/%	高被引论文数量/篇	高被引论文被引频次/次
2013	28799	155267	74.7	281	25548
2014	30565	136255	72.0	297	24342
2015	31630	117745	71.2	302	16939
2016	30062	94241	68.7	308	14122
2017	28787	43139	53.0	287	5930
合计	149843	546647	68.0	1475	86881

13.2 高被引论文分析

在内科学领域，2013—2017年发表的总被引频次Top 10论文（表13-2）的平均被引频次为441.1次，是全部1475篇高被引论文篇均被引频次的7.49倍。从论文分布来看，刊载高被引论文数量居前3位的期刊分别是《中国老年学杂志》（310篇）、《中华医院感染学杂志》（194篇）和《中华老年心脑血管病杂志》（67篇）；发表高被引论文数量居前3位的学者分别是复旦大学附属华山医院的胡付品（6篇）、北京大学第一医院的李六亿（4篇）和中国人民解放军南京军区南京总医院的黎介寿（3篇）；产出高被引论文数量居前3位的机构分别是北京协和医院（22篇）、北京大学人民医院（21篇）和中国人民解放军总医院（19篇）。

表13-2 内科学领域高被引论文Top 10

序号	论文题名	第一作者	期刊名称	发表年份	被引频次/次	
					总频次	2018年
1	《中国心血管病报告2015》概要	陈伟伟	中国循环杂志	2016	597	245
2	2013年中国CHINET细菌耐药性监测	胡付品	中国感染与化疗杂志	2014	566	94
3	2014年CHINET中国细菌耐药性监测	胡付品	中国感染与化疗杂志	2015	564	157

序号	论文题名	第一作者	期刊名称	发表年份	被引频次/次	
					总频次	2018 年
4	《中国心血管病报告2014》概要	陈伟伟	中国循环杂志	2015	495	123
5	中国心血管病报告2013概要	陈伟伟	中国循环杂志	2014	465	97
6	中国人骨质疏松症诊断标准专家共识（第三稿·2014版）	张智海	中国骨质疏松杂志	2014	433	184
7	2012年中国CHINET细菌耐药性监测	汪复	中国感染与化疗杂志	2013	405	39
8	多重耐药菌医院感染预防与控制中国专家共识	黄勋	中国感染控制杂志	2015	354	140
9	中国胃癌发病率及死亡率研究进展	邹文斌	中国实用内科杂志	2014	289	88
10	中国成人糖尿病流行与控制现状——2010年中国慢病监测暨糖尿病专题调查报告解读	徐瑜	中华内分泌代谢杂志	2014	243	54

13.3　研究主题关联分析

在内科学领域，1475 篇高被引论文共被引用了 86881 次。通过分析施引文献关键词的词频及关键词之间的共现关系，获得内科学领域的热点主题和主题关联，如图 13-1 所示。由图可知："冠心病""慢性阻塞性肺疾病""2 型糖尿病""心力衰竭"等关键词的文档词频较高，是内科学领域的研究热点；本领域主要形成 3 个研究主题簇，分别以"冠心病""心力衰竭"为核心，以"高血压""2 型糖尿病"为核心，以"耐药性""慢性阻塞性肺疾病"为核心。

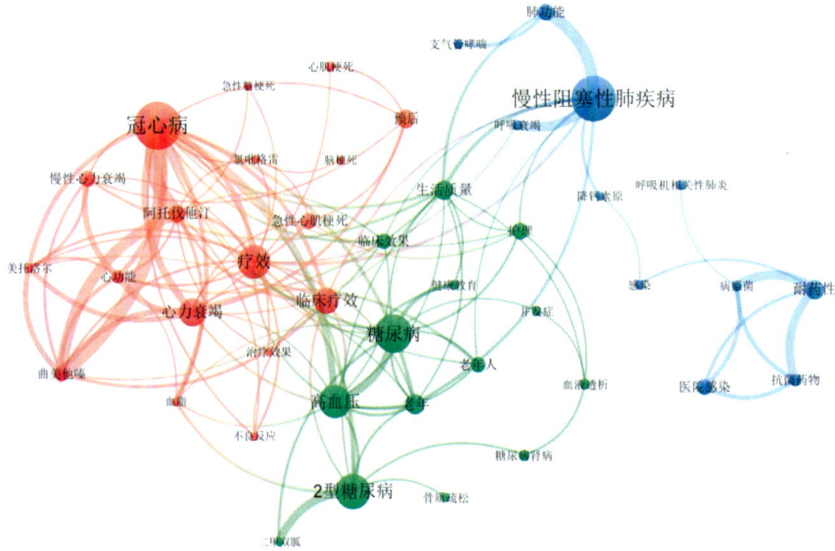

图 13-1　内科学领域热点论文主题关联

13.4 高被引期刊分析

在内科学领域，5 年影响因子 Top 10 期刊见表 13-3，总被引频次最高的期刊是《中国老年学杂志》（85985 次），5 年影响因子最高的期刊是《中华心血管病杂志》。

表 13-3 内科学领域高被引期刊基本指标

序号	期刊名称	5 年载文量/篇	总被引频次/次	5 年影响因子	高被引论文数量/篇	h 指数
1	中华心血管病杂志	1349	11212	2.800	45	36
2	中国感染与化疗杂志	779	5986	2.620	27	27
3	中华结核和呼吸杂志	1499	11652	2.490	37	30
4	现代消化及介入诊疗	1332	6584	2.370	32	24
5	肠外与肠内营养	567	3709	2.250	9	24
6	中国感染控制杂志	1201	7245	2.210	24	25
7	中国糖尿病杂志	1490	8886	2.040	33	30
8	中华内科杂志	1508	9217	1.970	43	34
9	中国骨质疏松杂志	1676	8395	1.970	29	25
10	中华医院感染学杂志	10578	65983	1.960	194	47

13.5 高被引作者分析

2013—2017 年论文总被引频次 Top 10 的作者见表 13-4。其中，发文总被引频次居前 3 位的作者分别是复旦大学附属华山医院的胡付品（1676 次）、中国医学科学院阜外医院的陈伟伟（1666 次）和中国医科大学航空总医院的张智海（560 次）。5 年发文量居前 3 位的作者分别是北京大学人民医院的胡大一（114 篇）、济南医院的王建华（91 篇）和首都医科大学附属北京儿童医院的张琪（58 篇）。

表 13-4 内科学领域高被引作者 Top 10

序号	作者	作者单位	发文量/篇	总被引频次/次	篇均被引频次/次	被引率/%	h 指数
1	胡付品	复旦大学附属华山医院	9	1676	186.22	100.0	8
2	陈伟伟	中国医学科学院阜外医院	15	1666	111.07	86.7	6
3	张智海	中国医科大学航空总医院	3	560	186.67	100.0	3
4	汪复	复旦大学附属华山医院	1	405	405.00	100.0	1
5	黄勋	中南大学湘雅医院	2	363	181.50	100.0	2
6	邹文斌	第二军医大学附属长海医院	5	328	65.60	80.0	3
7	王文	中国医学科学院阜外医院	19	313	16.47	100.0	7

序号	作者	作者单位	发文量/篇	总被引频次/次	篇均被引频次/次	被引率/%	h指数
8	孙宁玲	北京大学人民医院	27	300	11.11	77.8	10
9	李满意	河南风湿病医院	51	297	5.82	80.4	9
10	母义明	中国人民解放军总医院	15	280	18.67	80.0	7

13.6 高被引机构分析

内科学领域总被引频次 Top 20 医院和总被引频次 Top 10 高等院校/科研院所的发文和被引情况分别见表 13-5 和表 13-6。

表 13-5　内科学领域高被引医院 Top 20

序号	第一作者单位	发文量/篇	总被引频次/次	篇均被引频次/次	序号	第一作者单位	发文量/篇	总被引频次/次	篇均被引频次/次
1	中国医学科学院阜外医院	2789	6655	2.39	11	郑州大学第一附属医院	680	2557	3.76
2	中国人民解放军总医院	1435	6402	4.46	12	南阳市中心医院	429	2351	5.48
3	首都医科大学附属北京安贞医院	1446	5400	3.73	13	南京医科大学第一附属医院	778	2333	3.00
4	吉林大学白求恩第一医院	1148	4544	3.96	14	北京医院	582	2327	4.00
5	北京协和医院	1248	4494	3.60	15	第二军医大学附属长海医院	604	2300	3.81
6	北京大学人民医院	1043	3941	3.78	16	新疆医科大学第一附属医院	603	2226	3.69
7	复旦大学附属华山医院	374	3539	9.46	17	复旦大学附属中山医院	553	2030	3.67
8	上海交通大学医学院附属瑞金医院	983	3386	3.44	18	武汉大学人民医院	722	2019	2.80
9	北京大学第一医院	778	3132	4.03	19	上海交通大学医学院附属仁济医院	544	1924	3.54
10	四川大学华西医院	656	2584	3.94	20	中南大学湘雅医院	270	1852	6.86

表 13-6 内科学领域高被引高等院校/科研院所 Top 10

序号	第一作者单位	发文量/篇	总被引频次/次	篇均被引频次/次	序号	第一作者单位	发文量/篇	总被引频次/次	篇均被引频次/次
1	中华医学会糖尿病学分会	31	1925	62.10	6	福建中医药大学	173	714	4.13
2	中国医学科学院北京协和医学院	246	998	4.06	7	天津医科大学	174	661	3.80
3	中国疾病预防控制中心结核病预防控制中心	67	842	12.57	8	吉林大学	127	625	4.92
4	河北联合大学	127	812	6.39	9	河南中医学院	121	575	4.75
5	中国疾病预防控制中心	96	749	7.80	10	国家心血管病中心	15	566	37.73

13.7 高被引国外期刊分析

内科学领域 2018 年被引频次 Top 10 的国外期刊见表 13-7，排名前 3 位的国外期刊分别是 *PLOS ONE*、*New England Journal of Medicine* 和 *World Journal of Gastroenterology*。

表 13-7 内科学领域高被引国外期刊 Top 10

序号	期刊名称	2018 年被引频次/次
1	PLOS ONE	3523
2	New England Journal of Medicine	1923
3	World Journal of Gastroenterology	1354
4	European Heart Journal	1240
5	International Journal of Cardiology	1219
6	Circulation	1182
7	Journal of Hepatology	1155
8	Hepatology	1111
9	Oncotarget	1054
10	Journal of the America College of Cardiology	824

第 14 章 外科学领域高被引分析

14.1 领域论文概况

2013—2017 年，外科学领域的 106 种期刊上共发表学术论文 132877 篇，由来自 11460 所机构的 90094 位学者作为第一作者发表。上述论文中，有 89211 篇获得过引用，整体被引率为 67.1%，总被引频次为 405097 次，篇均被引 3.05 次；其中，高被引论文有 1335 篇，高被引论文篇均被引 36.22 次（表 14-1），另外，2018 年本领域共发表论文 23507 篇，其中有 2432 篇在当年获得过引用，总共被引 3479 次。

表 14-1 外科学领域论文分布情况

年份	论文数量/篇	总被引频次/次	被引率/%	高被引论文数量/篇	高被引论文被引频次/次
2013	27710	115593	75.2	276	13392
2014	29914	101347	68.7	311	12436
2015	27281	88713	69.8	280	11014
2016	24648	67622	67.2	233	7710
2017	23324	31822	52.3	235	3801
合计	132877	405097	67.1	1335	48353

14.2 高被引论文分析

在外科学领域，2013—2017 年发表的总被引频次 Top 10 论文（表 14-2）的平均被引频次为 149.1 次，是全部 1335 篇高被引论文篇均被引频次的 4.12 倍。从论文分布来看，刊载高被引论文数量居前 3 位的期刊分别是《临床麻醉学杂志》（116 篇）、《中国微创外科杂志》（102 篇）和《中国内镜杂志》（77 篇），其中，《临床麻醉学杂志》刊载了高被引论文 Top 10 中的 3 篇；发表高被引论文数量居前 3 位的学者分别是中国人民解放军总医院的田文（4 篇），中南大学湘雅医院的唐举玉（4 篇）和广州医科大学附属第一医院的曾国华（4 篇）；产出高被引论文数量居前 3 位的机构分别是四川大学华西医院（25 篇）、北京大学第三医院（24 篇）和中南大学湘雅医院（16 篇）。

表 14-2 外科学领域高被引论文 Top 10

序号	论文题名	第一作者	期刊名称	发表年份	被引频次/次	
					总频次	2018 年
1	盐酸羟考酮的药理学和临床应用	徐建国	临床麻醉学杂志	2014	285	68
2	盐酸羟考酮注射液用于全麻患者术后镇痛的有效性和安全性：前瞻性、随机、盲法、多中心、阳性对照临床研究	许幸	中华麻醉学杂志	2013	216	36
3	困难气道管理指南	于布为	临床麻醉学杂志	2013	141	23

续表

序号	论文题名	第一作者	期刊名称	发表年份	被引频次/次	
					总频次	2018 年
4	中国髋、膝关节置换术加速康复——围术期管理策略专家共识	周宗科	中华骨与关节外科杂志	2016	127	71
5	中国骨质疏松性骨折诊疗指南（骨质疏松性骨折诊断及治疗原则）	邱贵兴	中华骨与关节外科杂志	2015	126	55
6	经皮椎间孔内窥镜下靶向穿刺椎间盘切除术治疗腰椎间盘突出症	李长青	中国脊柱脊髓杂志	2013	123	24
7	颈椎病流行病学及发病机理研究进展	柯尊华	颈腰痛杂志	2014	122	34
8	地佐辛术后镇痛专家建议	徐建国	临床麻醉学杂志	2013	118	28
9	PFNA与DHS内固定治疗老年股骨粗隆间骨折疗效比较	段文江	创伤外科杂志	2013	118	19
10	心房颤动：目前的认识和治疗建议—2015	黄从新	中国心脏起搏与心电生理杂志	2015	115	35

14.3 研究主题关联分析

在外科学领域，1335 篇高被引论文共被引用了 48353 次。通过分析施引文献关键词的词频及关键词之间的共现关系，获得外科学领域的热点主题和主题关联，如图 14-1 所示。由图可知："腹腔镜""临床疗效""右美托咪定""并发症"等关键词的文档词频较高，是外科学领域的研究热点；本领域主要形成 2 个研究主题簇，分别以"腹腔镜""临床疗效""并发症"为核心，以"右美托咪定""舒芬太尼"为核心。

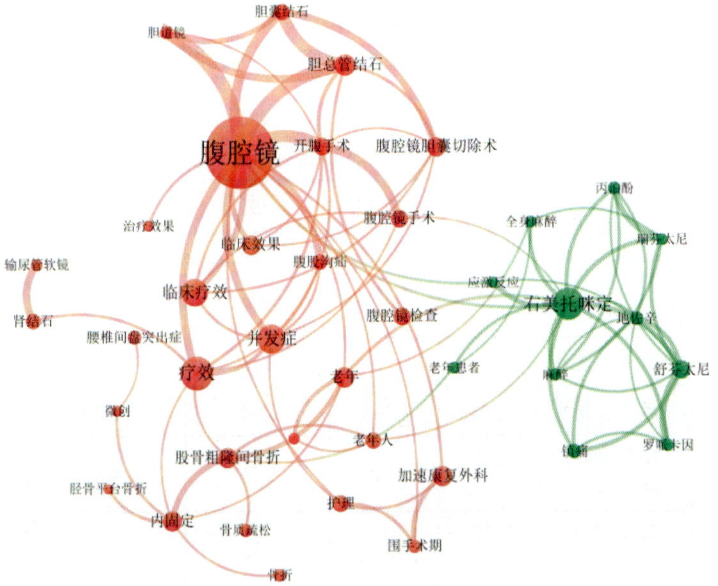

图 14-1 外科学领域热点论文主题关联

14.4 高被引期刊分析

在外科学领域，5 年影响因子 Top 10 期刊见表 14-3，总被引频次最高的期刊是《中国伤残医学》（26878 次），5 年影响因子最高的期刊是《中国微创外科杂志》。

表 14-3 外科学领域高被引期刊基本指标

序号	期刊名称	5 年载文量/篇	总被引频次/次	5 年影响因子	高被引论文数量/篇	h 指数
1	中国微创外科杂志	1804	12953	2.500	102	36
2	中华消化外科杂志	1294	8695	2.330	62	34
3	临床麻醉学杂志	2048	14569	2.280	116	40
4	中国内镜杂志	1751	10287	2.180	77	30
5	中华骨科杂志	1150	7141	1.960	43	29
6	中国普通外科杂志	1833	10767	1.940	64	32
7	中国实用外科杂志	1978	10727	1.820	73	32
8	中华外科杂志	1331	7336	1.800	48	31
9	中华胃肠外科杂志	2030	10110	1.700	52	31
10	中国脊柱脊髓杂志	1179	6148	1.680	37	28

14.5 高被引作者分析

2013—2017 年论文总被引频次 Top 10 的作者见表 14-4。其中，发文总被引频次居前 3 位的作者分别是中国人民解放军南京军区南京总医院的徐建国（406 次）、中南大学湘雅医院的唐举玉（328 次）和中国人民解放军总医院的田文（284 次）。5 年发文量居前 3 位的作者分别是北京大学人民医院的郭继鸿（54 篇）、中国人民解放军总医院的王建中（53 篇）和兰州军区兰州总医院的张功林（33 篇）。

表 14-4 外科学领域高被引作者 Top 10

序号	作者	作者单位	发文量/篇	总被引频次/次	篇均被引频次/次	被引率/%	h 指数
1	徐建国	中国人民解放军南京军区南京总医院	6	406	67.67	50.0	3
2	唐举玉	中南大学湘雅医院	13	328	25.23	100.0	9
3	田文	中国人民解放军总医院	24	284	11.83	91.7	8
4	曾国华	广州医科大学附属第一医院	11	273	24.82	100.0	8
5	郑民华	上海交通大学医学院附属瑞金医院	30	233	7.77	100.0	9
6	许幸	北京大学第一医院	1	216	216.00	100.0	1

续表

序号	作者	作者单位	发文量/篇	总被引频次/次	篇均被引频次/次	被引率/%	h指数
7	孙备	哈尔滨医科大学附属第一医院	29	214	7.38	89.7	9
8	方驰华	南方医科大学珠江医院	25	214	8.56	92.0	9
9	张宏其	中南大学湘雅医院	24	213	8.88	100.0	8
10	季加孚	北京大学肿瘤医院	16	187	11.69	100.0	8

14.6 高被引机构分析

外科学领域总被引频次 Top 20 医院和总被引频次 Top 10 高等院校/科研院所的发文和被引情况分别见表 14-5 和表 14-6。

表 14-5 外科学领域高被引医院 Top 20

序号	第一作者单位	发文量/篇	总被引频次/次	篇均被引频次/次	序号	第一作者单位	发文量/篇	总被引频次/次	篇均被引频次/次
1	四川大学华西医院	1191	4970	4.17	11	上海交通大学附属第六人民医院	605	2295	3.79
2	中国人民解放军总医院	1165	3769	3.24	12	第二军医大学附属长海医院	630	2270	3.60
3	北京大学第三医院	658	3430	5.21	13	中山大学附属第一医院	679	2267	3.34
4	上海交通大学医学院附属瑞金医院	781	3075	3.94	14	第三军医大学西南医院	599	2237	3.73
5	中国人民解放军南京军区南京总医院	586	2683	4.58	15	华中科技大学同济医学院附属同济医院	750	2197	2.93
6	北京协和医院	701	2640	3.77	16	复旦大学附属中山医院	613	2148	3.50
7	郑州大学第一附属医院	1045	2561	2.45	17	中南大学湘雅医院	392	2007	5.12
8	北京大学人民医院	676	2404	3.56	18	安徽医科大学第一附属医院	542	1995	3.68
9	武汉大学人民医院	784	2395	3.05	19	华中科技大学同济医学院附属协和医院	532	1884	3.54
10	北京积水潭医院	571	2321	4.06	20	南京医科大学第一附属医院	482	1877	3.89

表 14-6　外科学领域高被引高等院校/科研院所 Top 10

序号	第一作者单位	发文量/篇	总被引频次/次	篇均被引频次/次	序号	第一作者单位	发文量/篇	总被引频次/次	篇均被引频次/次
1	扬州大学临床医学院	151	594	3.93	6	潍坊医学院	133	382	2.87
2	天津医科大学	175	536	3.06	7	暨南大学第二临床医学院	78	322	4.13
3	山西医科大学	140	431	3.08	8	第三军医大学	105	285	2.71
4	徐州医学院	170	426	2.51	9	遵义医学院	80	200	3.50
5	南方医科大学	133	414	3.11	10	中华医学会	31	276	8.90

14.7　高被引国外期刊分析

外科学领域 2018 年被引频次 Top 10 的国外期刊见表 14-7，排名前 3 位的国外期刊分别是 *PLOS ONE*、*Surgical Endoscopy* 和 *Annals of Surgery*。

表 14-7　外科学领域高被引国外期刊 Top 10

序号	期刊名称	2018 年被引频次/次
1	PLOS ONE	1802
2	Surgical Endoscopy	1268
3	Annals of Surgery	1088
4	Oncotarget	962
5	Injury	874
6	World Journal of Gastroenterology	857
7	European Spine Journal	815
8	Annals of Surgical Oncology	734
9	Plastic and Reconstructive Surgery	710
10	European Urology	697

第 15 章　妇产科学、儿科学领域高被引分析

15.1　领域论文概况

2013—2017 年，妇产科学、儿科学领域的 35 种期刊上共发表学术论文 73189 篇，由来自 10878 所机构的 54362 位学者作为第一作者发表。上述论文中，有 43530 篇获得过引用，整体被引率为 59.5%，总被引频次为 227570 次，篇均被引 3.11 次；其中，高被引论文有 735 篇，高被引论文篇均被引 44.96 次（表 15-1），另外，2018 年本领域共发表论文 18018 篇，其中有 1513 篇在当年获得过引用，总共被引 2209 次。

表 15-1　妇产科学、儿科学领域论文分布情况

年份	论文数量/篇	总被引频次/次	被引率/%	高被引论文数量/篇	高被引论文被引频次/次
2013	10378	59200	77.9	105	7699
2014	11302	54378	71.0	111	8637
2015	16313	53245	62.4	164	8039
2016	16998	40867	57.5	178	6003
2017	18198	19880	41.0	177	2671
合计	73189	227570	59.5	735	33049

15.2　高被引论文分析

在妇产科学、儿科学领域，2013—2017 年发表的总被引频次 Top 10 论文（表 15-2）的平均被引频次为 186.4 次，是全部 735 篇高被引论文篇均被引频次的 4.15 倍。从论文分布来看，刊载高被引论文数量居前 3 位的期刊分别是《中国妇幼保健》（254 篇）、《实用妇产科杂志》（87 篇）和《中华妇产科杂志》（78 篇），其中，《实用妇产科杂志》刊载了高被引论文 Top 10 中的 3 篇；发表高被引论文数量居前 3 位的学者分别是北京协和医院的郎景和（4 篇）、四川大学华西第二医院的刘兴会（4 篇）和中山大学孙逸仙纪念医院的周晖（4 篇）；产出高被引论文数量居前 3 位的机构分别是首都医科大学附属北京妇产医院（20 篇）、北京大学第一医院（19 篇）和四川大学华西第二医院（17 篇）。

表 15-2　妇产科学、儿科学领域高被引论文 Top 10

序号	论文题名	第一作者	期刊名称	发表年份	被引频次/次 总频次	被引频次/次 2018 年
1	脑性瘫痪的定义、诊断标准及临床分型	李晓捷	中华实用儿科临床杂志	2014	276	112
2	全国剖宫产率及剖宫产指征构成比调查的多中心研究	侯磊	中华妇产科杂志	2014	268	78
3	产后出血原因及相关危险因素135例临床分析	张方芳	实用妇产科杂志	2014	237	39

序号	论文题名	第一作者	期刊名称	发表年份	被引频次/次	
					总频次	2018年
4	剖宫产术后瘢痕子宫再次妊娠分娩方式的研究进展	陆宣平	实用妇产科杂志	2014	200	58
5	新产程标准及处理的专家共识（2014）	时春艳	中华妇产科杂志	2014	193	70
6	剖宫产术后瘢痕子宫再次妊娠93例分娩方式探讨	申恒春	实用妇产科杂志	2013	177	29
7	糖皮质激素雾化吸入疗法在儿科应用的专家共识（2014年修订版）	申昆玲	临床儿科杂志	2014	135	37
8	宫颈癌的流行病学现状和预防	乔友林	中华妇幼临床医学杂志（电子版）	2015	132	58
9	儿童肺炎支原体肺炎流行病学特征	柯莉芹	中国当代儿科杂志	2013	130	25
10	肺炎患儿外周血超敏C反应蛋白、降钙素原及细胞免疫指标变化及意义	郑晓莉	临床儿科杂志	2013	116	18

15.3 研究主题关联分析

在妇产科学、儿科学领域，735 篇高被引论文共被引用了 33049 次。通过分析施引文献关键词的词频及关键词之间的共现关系，获得妇产科学、儿科学领域的热点主题和主题关联，如图 15-1 所示。由图可知："剖宫产""产后出血""儿童""妊娠结局"等关键词的文档词频较高，是妇产科学、儿科学领域的研究热点；本领域主要形成 3 个研究主题簇，分别以"剖宫产""妊娠结局""瘢痕子宫"为核心，以"腹腔镜""产后出血"为核心，以"儿童""布地奈德"为核心。

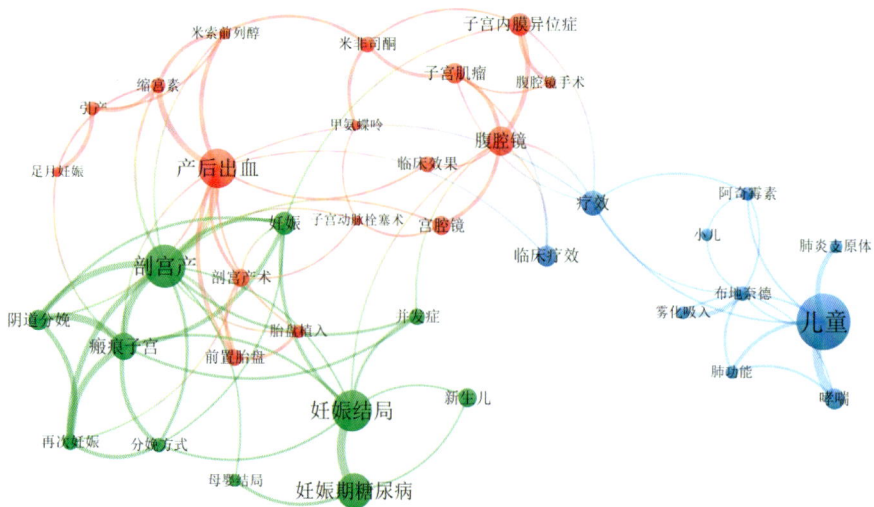

图 15-1　妇产科学、儿科学领域热点论文主题关联

15.4　高被引期刊分析

在妇产科学、儿科学领域，5年影响因子Top 10期刊见表15-3，总被引频次最高的期刊是《中国妇幼保健》（61457次），5年影响因子最高的期刊是《中华妇产科杂志》。

表15-3　妇产科学、儿科学领域高被引期刊基本指标

序号	期刊名称	5年载文量/篇	总被引频次/次	5年影响因子	高被引论文数量/篇	h指数
1	中华妇产科杂志	1302	11360	3.030	78	47
2	中华儿科杂志	1255	9096	2.460	51	35
3	实用妇产科杂志	1698	13154	2.350	87	47
4	中国实用妇科与产科杂志	1516	9409	2.270	54	33
5	中国妇幼保健	11493	61457	1.910	254	48
6	中国当代儿科杂志	1413	7513	1.710	21	27
7	中国新生儿科杂志	708	3509	1.680	8	23
8	中国计划生育和妇产科	1112	4297	1.640	13	20
9	中华妇幼临床医学杂志（电子版）	942	4785	1.500	16	25
10	中华围产医学杂志	1172	5260	1.480	19	27

15.5　高被引作者分析

2013—2017年论文总被引频次Top 10的作者见表15-4。其中，发文总被引频次居前3位的作者分别是四川大学华西第二医院的刘兴会（303次）、北京大学第一医院的时春艳（277次）和《中国脑性瘫痪康复治疗指南》编写委员会的李晓捷（276次）。5年发文量居前3位的作者分别是南方医科大学南方医院的陈春林（27篇）、中国医科大学附属盛京医院的刘春峰（23篇）和北京协和医院的李雷（21篇）。

表15-4　妇产科学、儿科学领域高被引作者Top 10

序号	作者	作者单位	发文量/篇	总被引频次/次	篇均被引频次/次	被引率/%	h指数
1	刘兴会	四川大学华西第二医院	13	303	23.31	100.0	9
2	时春艳	北京大学第一医院	7	277	39.57	85.7	6
3	李晓捷	《中国脑性瘫痪康复治疗指南》编写委员会	1	276	276.00	100.0	1
4	侯磊	首都医科大学附属北京妇产医院	1	268	268.00	100.0	1
5	张方芳	攀枝花市妇幼保健院	2	262	131.00	100.0	2

序号	作者	作者单位	发文量/篇	总被引频次/次	篇均被引频次/次	被引率/%	h 指数
6	刘敬	北京军区总医院附属八一儿童医院	20	238	11.90	95.0	10
7	杨慧霞	北京大学第一医院	17	225	13.24	70.6	7
8	周晖	中山大学孙逸仙纪念医院	8	225	28.13	100.0	6
9	申昆玲	首都医科大学附属北京儿童医院	5	221	44.20	100.0	4
10	陆宣平	苏州大学附属第一医院	3	219	73.00	100.0	2

15.6 高被引机构分析

妇产科学、儿科学领域总被引频次 Top 20 医院和总被引频次 Top 10 高等院校/科研院所的发文和被引情况分别见表 15-5 和表 15-6。

表 15-5 妇产科学、儿科学领域高被引医院 Top 20

序号	第一作者单位	发文量/篇	总被引频次/次	篇均被引频次/次	序号	第一作者单位	发文量/篇	总被引频次/次	篇均被引频次/次
1	北京大学第一医院	818	4083	4.99	11	北京大学人民医院	333	1388	4.17
2	四川大学华西第二医院	764	3700	4.84	12	郑州大学第一附属医院	402	1334	3.32
3	中国医科大学附属盛京医院	874	3284	3.76	13	郑州大学第三附属医院	311	1271	4.09
4	重庆医科大学附属儿童医院	846	2911	3.44	14	复旦大学附属妇产科医院	267	1271	4.76
5	首都医科大学附属北京儿童医院	815	2769	3.40	15	华中科技大学同济医学院附属同济医院	363	1258	3.47
6	复旦大学附属儿科医院	685	2415	3.53	16	同济大学附属第一妇婴保健院	236	1226	5.19
7	北京协和医院	407	2398	5.89	17	上海交通大学医学院附属新华医院	328	1205	3.67
8	首都医科大学附属北京妇产医院	349	2374	6.80	18	吉林大学白求恩第一医院	309	1205	3.90
9	北京大学第三医院	349	1508	4.32	19	南京医科大学附属南京儿童医院	309	1172	3.79
10	湖南省儿童医院	399	1390	3.48	20	广东省妇幼保健院	279	1167	4.18

表 15-6　妇产科学、儿科学领域高被引高等院校/科研院所 Top 10

序号	第一作者单位	发文量/篇	总被引频次/次	篇均被引频次/次	序号	第一作者单位	发文量/篇	总被引频次/次	篇均被引频次/次
1	广州市妇女儿童医疗中心	469	1603	3.42	6	中华医学会妇产科分会	8	450	56.25
2	首都儿科研究所	182	829	4.55	7	北京大学	87	384	4.41
3	武汉市妇女儿童医疗保健中心	111	655	5.90	8	复旦大学	88	333	3.78
4	中国医学科学院北京协和医学院	83	507	6.11	9	吉林大学	70	313	4.47
5	天津医科大学	95	454	4.78	10	河北联合大学	51	286	5.61

15.7　高被引国外期刊分析

妇产科学、儿科学领域 2018 年被引频次 Top 10 的国外期刊见表 15-7，排名前 3 位的国外期刊分别是 *PLOS ONE*、*Gynecologic Oncology* 和 *Pediatrics*。

表 15-7　妇产科学、儿科学领域高被引国外期刊 Top 10

序号	期刊名称	2018 年被引频次/次
1	PLOS ONE	1274
2	Gynecologic Oncology	496
3	Pediatrics	417
4	Fertility and Sterility	402
5	New England Journal of Medicine	391
6	Journal of Pediatrics	373
7	Cochrane Database of Systematic Reviews	369
8	Oncotarget	315
9	Ultrasound in Obstetrics & Gynecology	314
10	Archives of Gynecology and Obstetrics	311

第16章 神经病学、精神病学领域高被引分析

16.1 领域论文概况

2013—2017 年，神经病学、精神病学领域的 40 种期刊上共发表学术论文 43531 篇，由来自 6250 所机构的 31693 位学者作为第一作者发表。上述论文中，有 29837 篇获得过引用，整体被引率为 68.5%，总被引频次为 132686 次，篇均被引 3.05 次；其中，高被引论文有 424 篇，高被引论文篇均被引 40.22 次（表 16-1），另外，2018 年本领域共发表论文 7090 篇，其中有 822 篇在当年获得过引用，总共被引 1112 次。

表 16-1 神经病学、精神病学领域论文分布情况

年份	论文数量/篇	总被引频次/次	被引率/%	高被引论文数量/篇	高被引论文被引频次/次
2013	8173	34754	78.0	83	3889
2014	8786	32238	74.7	84	3378
2015	9404	31849	71.5	99	6105
2016	9268	23487	66.3	86	2371
2017	7900	10358	51.1	72	1309
合计	43531	132686	68.5	424	17052

16.2 高被引论文分析

在神经病学、精神病学领域，2013—2017 年发表的总被引频次 Top 10 论文（表 16-2）的平均被引频次为 114.3 次，是全部 424 篇高被引论文篇均被引频次的 2.84 倍。从论文分布来看，刊载高被引论文数量居前 3 位的期刊分别是《中国实用神经疾病杂志》（75 篇）、《国际精神病学杂志》（41 篇）和《中华神经科杂志》（38 篇）；发表高被引论文数量居前 3 位的学者分别是鄢陵县人民医院的吕艳芳（2 篇）、南宁市第二人民医院的俞宁（2 篇）和锦州市中心医院的葛新（2 篇）；产出高被引论文数量居前 3 位的机构分别是首都医科大学附属北京天坛医院（9 篇）、首都医科大学宣武医院（7 篇）和上海交通大学医学院附属上海市精神卫生中心（6 篇）。

表 16-2 神经病学、精神病学领域高被引论文 Top 10

序号	论文题名	第一作者	期刊名称	发表年份	被引频次/次 总频次	被引频次/次 2018 年
1	急性缺血性卒中血管内治疗中国指南2015	高峰	中国卒中杂志	2015	148	71
2	6374例高血压脑出血患者临床特点的分析及治疗方法的选择	张荣军	中华神经医学杂志	2013	141	23
3	卒中患者吞咽障碍和营养管理的中国专家共识（2013版）	丁里	中国卒中杂志	2013	130	46

序号	论文题名	第一作者	期刊名称	发表年份	被引频次/次	
					总频次	2018 年
4	中国精神障碍分类与诊断标准第3版与国际疾病分类第10版的比较	戴云飞	临床精神医学杂志	2013	116	46
5	延续性护理在高血压脑出血患者中的实施及对生活能力的影响	张建荣	国际神经病学神经外科学杂志	2015	115	44
6	丁苯酞注射液治疗急性脑梗死的多中心、随机、双盲双模拟、对照III期临床试验	朱以诚	中华神经科杂志	2014	110	30
7	丹参注射液与依达拉奉联合治疗急性脑梗死的临床疗效观察	魏林节	临床神经病学杂志	2014	108	31
8	脑血管病流行病学研究进展	高一鹭	中华神经科杂志	2015	96	51
9	3种焦虑评定量表在综合医院门诊患者中的应用比较	叶瑞繁	中华行为医学与脑科学杂志	2013	92	20
10	《中国成人失眠诊断与治疗指南》解读	张鹏	中国现代神经疾病杂志	2013	87	25

16.3　研究主题关联分析

在神经病学、精神病学领域，424 篇高被引论文共被引用了 17052 次。通过分析施引文献关键词的词频及关键词之间的共现关系，获得神经病学、精神病学领域的热点主题和主题关联，如图 16-1 所示。由图可知："急性脑梗死""脑梗死""脑卒中""精神分裂症"等关键词的文档词频较高，是神经病学、精神病学领域的研究热点；本领域主要形成 3 个研究主题簇，分别以"急性脑梗死""脑梗死""缺血性脑卒中"为核心，以"精神分裂症""认知功能"为核心，以"脑出血""高血压"为核心。

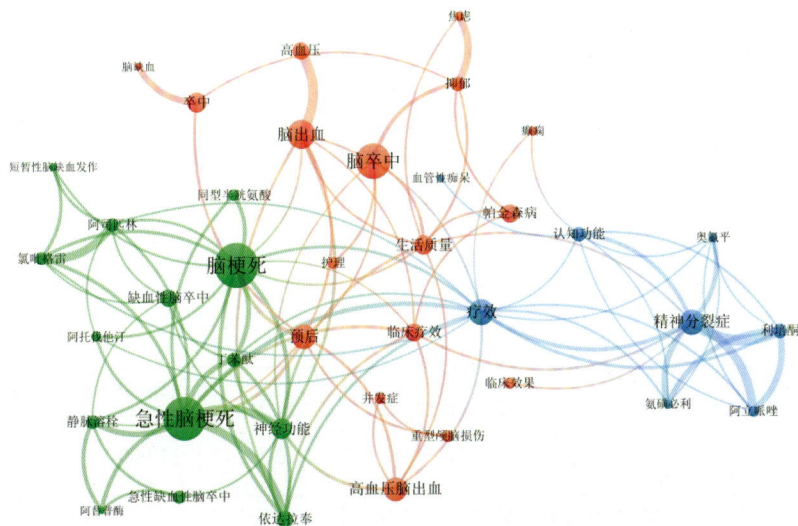

图 16-1　神经病学、精神病学领域热点论文主题关联

16.4 高被引期刊分析

在神经病学、精神病学领域，5 年影响因子 Top 10 期刊见表 16-3，总被引频次最高的期刊是《中国实用神经疾病杂志》（34127 次），5 年影响因子最高的期刊是《中华神经科杂志》。

表 16-3 神经病学、精神病学领域高被引期刊基本指标

序号	期刊名称	5 年载文量/篇	总被引频次/次	5 年影响因子	高被引论文数量/篇	h 指数
1	中华神经科杂志	1331	8226	2.610	38	27
2	国际精神病学杂志	1125	4950	2.170	41	24
3	中国神经精神疾病杂志	946	3765	1.340	21	23
4	中国脑血管病杂志	833	3108	1.340	18	20
5	神经损伤与功能重建	1024	3369	1.260	13	18
6	临床神经病学杂志	969	3964	1.190	21	23
7	精神医学杂志	791	3124	1.170	11	19
8	卒中与神经疾病	715	2648	1.160	16	20
9	中华精神科杂志	566	1914	1.150	10	17
10	中国卒中杂志	1198	3608	1.110	16	20

16.5 高被引作者分析

2013—2017 年论文总被引频次 Top 10 的作者见表 16-4。其中，发文总被引频次居前 3 位的作者分别是中国人民解放军第 115 医院的魏林节（152 次）、中国人民解放军第三医院的张荣军（149 次）和中国卒中学会的高峰（148 次）。5 年发文量居前 3 位的作者分别是首都医科大学附属北京天坛医院的王拥军（62 篇）、山东省临沂市精神卫生中心的孙振晓（32篇）和天津市环湖医院的阎晓玲（28 篇）。

表 16-4 神经病学、精神病学领域高被引作者 Top 10

序号	作者	作者单位	发文量/篇	总被引频次/次	篇均被引频次/次	被引率/%	h 指数
1	魏林节	中国人民解放军第115医院	16	152	9.50	75.0	5
2	张荣军	中国人民解放军第三医院	3	149	49.67	100.0	2
3	高峰	中国卒中学会	1	148	148.00	100.0	1
4	丁里	首都医科大学附属北京天坛医院	1	130	130.00	100.0	1
5	戴云飞	上海交通大学医学院附属上海市精神卫生中心	2	125	62.50	100.0	2

序号	作者	作者单位	发文量/篇	总被引频次/次	篇均被引频次/次	被引率/%	h指数
6	朱以诚	北京协和医院	2	117	58.50	100.0	2
7	张建荣	南阳市中心医院	1	115	115.00	100.0	1
8	常琦	安徽医科大学附属省立医院	2	100	50.00	100.0	2
9	高一鹭	首都医科大学附属北京天坛医院	2	97	48.50	100.0	1
10	叶瑞繁	广东省人民医院	1	92	92.00	100.0	1

16.6　高被引机构分析

神经病学、精神病学领域总被引频次 Top 20 医院和总被引频次 Top 10 高等院校/科研院所的发文和被引情况分别见表 16-5 和表 16-6。

表 16-5　神经病学、精神病学领域高被引医院 Top 20

序号	第一作者单位	发文量/篇	总被引频次/次	篇均被引频次/次	序号	第一作者单位	发文量/篇	总被引频次/次	篇均被引频次/次
1	首都医科大学附属北京天坛医院	763	2290	3.00	11	北京协和医院	260	748	2.88
2	首都医科大学宣武医院	562	1753	3.12	12	哈尔滨医科大学附属第一医院	271	601	2.22
3	郑州大学第二附属医院	365	1144	3.13	13	天津市环湖医院	208	598	2.88
4	武汉大学人民医院	331	1009	3.05	14	中国人民解放军总医院	204	595	2.92
5	复旦大学附属华山医院	319	990	3.10	15	南方医科大学南方医院	125	585	4.68
6	南京医科大学附属脑科医院	297	903	3.04	16	河北医科大学第二医院	235	535	2.28
7	四川大学华西医院	239	882	3.69	17	河南省人民医院	190	527	2.77
8	郑州大学第一附属医院	333	836	2.51	18	安徽医科大学附属省立医院	145	525	3.62
9	吉林大学白求恩第一医院	443	821	1.85	19	华中科技大学同济医学院附属同济医院	209	518	2.48
10	第四军医大学西京医院	270	765	2.83	20	天津医科大学总医院	164	516	3.15

表16-6   神经病学、精神病学领域高被引高等院校/科研院所 Top 10

序号	第一作者单位	发文量/篇	总被引频次/次	篇均被引频次/次	序号	第一作者单位	发文量/篇	总被引频次/次	篇均被引频次/次
1	上海交通大学医学院附属上海市精神卫生中心	387	1375	3.55	6	郑州大学	58	224	3.86
2	北京大学	65	479	7.37	7	山东精神卫生中心	59	222	3.76
3	首都医科大学	135	306	2.27	8	青岛市精神卫生中心	63	208	3.30
4	新乡医学院	74	242	3.27	9	安徽医科大学	61	203	3.33
5	天津医科大学	88	225	2.56	10	中华医学会	13	201	15.46

16.7　高被引国外期刊分析

神经病学、精神病学领域 2018 年被引频次 Top 10 的国外期刊见表 16-7，排名前 3 位的国外期刊分别是 *Stroke*、*PLOS ONE* 和 *Neurology*。

表16-7   神经病学、精神病学领域高被引国外期刊 Top 10

序号	期刊名称	2018 年被引频次/次
1	Stroke	1729
2	PLOS ONE	1254
3	Neurology	836
4	New England Journal of Medicine	686
5	Journal of Neurosurgery	538
6	Journal of Stroke and Cerebrovascular Diseases	521
7	World Neurosurg	359
8	Journal of the Neurological Sciences	352
9	Epilepsia	342
10	Neurosurgery	325

第 17 章　肿瘤学领域高被引分析

17.1　领域论文概况

2013—2017 年，肿瘤学领域的 38 种期刊上共发表学术论文 39929 篇，由来自 5004 所机构的 31052 位学者作为第一作者发表。上述论文中，有 26974 篇获得过引用，整体被引率为 67.6%，总被引频次为 122648 次，篇均被引 3.07 次；其中，高被引论文有 399 篇，高被引论文篇均被引 51.29 次（表 17-1），另外，2018 年本领域共发表论文 7731 篇，其中有 875 篇在当年获得过引用，总共被引 1498 次。

表 17-1　肿瘤学领域论文分布情况

年份	论文数量/篇	总被引频次/次	被引率/%	高被引论文数量/篇	高被引论文被引频次/次
2013	7621	32565	76.2	79	5720
2014	8106	28668	71.4	81	4306
2015	8034	27856	70.7	83	4972
2016	8195	22086	66.2	86	3676
2017	7973	11473	53.5	70	1789
合计	39929	122648	67.6	399	20463

17.2　高被引论文分析

在肿瘤学领域，2013—2017 年发表的总被引频次 Top 10 论文（表 17-2）的平均被引频次为 511.9 次，是全部 399 篇高被引论文篇均被引频次的 9.98 倍。从论文分布来看，刊载高被引论文数量居前 3 位的期刊分别是《中国肿瘤临床》（47 篇）、《实用癌症杂志》（45 篇）和《中国肿瘤》（39 篇），其中，《中国肿瘤》刊载了高被引论文 Top 10 中的 5 篇；发表高被引论文数量居前 3 位的学者分别是中国医学科学院肿瘤医院的陈万青（8 篇）、中国医学科学院肿瘤医院的石远凯（5 篇）和天津市人民医院的赵丽中（2 篇）；产出高被引论文数量居前 3 位的机构分别是中国医学科学院肿瘤医院（41 篇）、河北医科大学第四医院（12 篇）和天津医科大学肿瘤医院（9 篇）。

表 17-2　肿瘤学领域高被引论文 Top 10

序号	论文题名	第一作者	期刊名称	发表年份	被引频次/次 总频次	被引频次/次 2018 年
1	中国2010年恶性肿瘤发病与死亡	陈万青	中国肿瘤	2014	776	103
2	2012年中国恶性肿瘤发病和死亡分析	陈万青	中国肿瘤	2016	698	207
3	2011年中国恶性肿瘤发病和死亡分析	陈万青	中国肿瘤	2015	668	146
4	乳腺癌在中国的流行状况和疾病特征	郑莹	中国癌症杂志	2013	592	142

续表

序号	论文题名	第一作者	期刊名称	发表年份	被引频次/次	
					总频次	2018年
5	中国前列腺癌发病现状和流行趋势分析	韩苏军	临床肿瘤学杂志	2013	507	118
6	2013年中国恶性肿瘤发病和死亡分析	陈万青	中国肿瘤	2017	436	299
7	中国原发性肺癌诊疗规范（2015年版）	支修益	中华肿瘤杂志	2015	409	150
8	中国女性乳腺癌发病死亡和生存状况	陈万青	中国肿瘤临床	2015	382	200
9	中国2009年恶性肿瘤发病和死亡分析	陈万青	中国肿瘤	2013	370	41
10	结直肠癌流行病学趋势	李道娟	肿瘤防治研究	2015	281	114

17.3 研究主题关联分析

在肿瘤学领域，399 篇高被引论文共被引用了 20463 次。通过分析施引文献关键词的词频及关键词之间的共现关系，获得肿瘤学领域的热点主题和主题关联，如图 17-1 所示。由图可知："乳腺癌""非小细胞肺癌""胃癌"等关键词的文档词频较高，是肿瘤学领域的研究热点；本领域主要形成 3 个研究主题簇，分别以"乳腺癌""宫颈癌""胃癌"为核心，以"死亡率""恶性肿瘤"为核心，以"非小细胞肺癌""奥沙利铂"为核心。

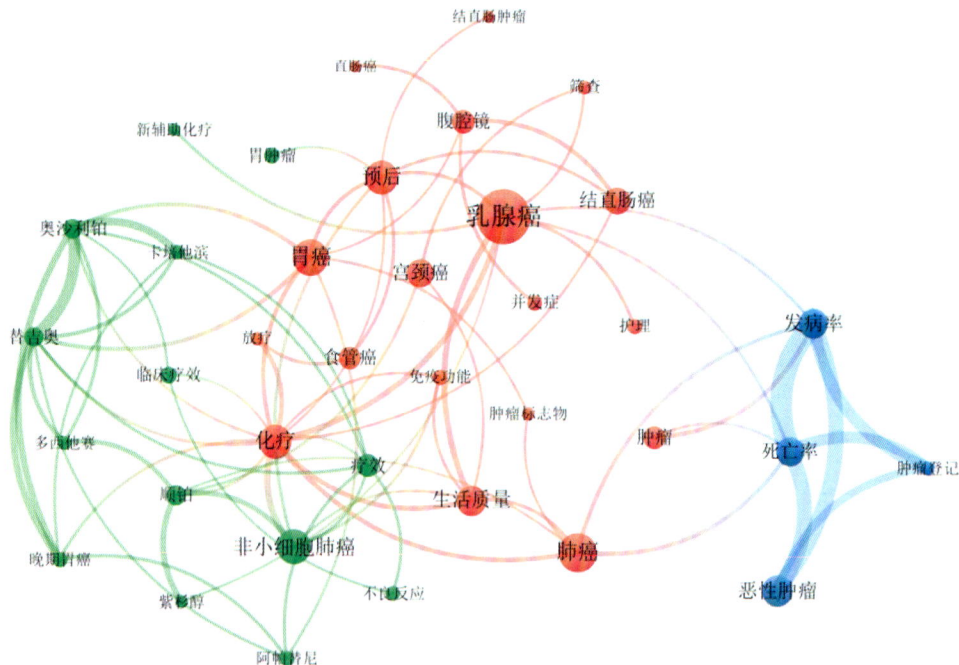

图 17-1 肿瘤学领域热点论文主题关联

17.4　高被引期刊分析

在肿瘤学领域，5 年影响因子 Top 10 期刊见表 17-3，总被引频次最高的期刊是《现代肿瘤医学》（15277 次），5 年影响因子最高的期刊是《中国肿瘤》。

表 17-3　肿瘤学领域高被引期刊基本指标

序号	期刊名称	5 年载文量/篇	总被引频次/次	5 年影响因子	高被引论文数量/篇	h 指数
1	中国肿瘤	1063	8127	2.270	39	29
2	中国肺癌杂志	805	3925	1.900	29	23
3	中华肿瘤杂志	1215	6289	1.700	37	27
4	中国癌症杂志	900	4669	1.680	22	22
5	实用癌症杂志	2780	11147	1.650	45	25
6	中国癌症研究（英文版）	460	2393	1.620	11	17
7	中国肿瘤临床	1842	8245	1.530	47	29
8	中国肿瘤临床与康复	2411	8613	1.330	26	23
9	癌症进展	1205	3401	1.310	10	14
10	临床肿瘤学杂志	1303	5515	1.270	18	22

17.5　高被引作者分析

2013—2017 年论文总被引频次 Top 10 的作者见表 17-4。其中，发文总被引频次居前 3 位的作者分别是中国医学科学院肿瘤医院的陈万青（3440 次）、中国医学科学院肿瘤医院的韩苏军（771 次）和上海市疾病预防控制中心的郑莹（643 次）。5 年发文量居前 3 位的作者分别是兰州军区兰州总医院的张百红（48 篇）、昆山市疾病预防控制中心的胡文斌（23 篇）和河北医科大学第四医院的沈文斌（19 篇）。

表 17-4　肿瘤学领域高被引作者 Top 10

序号	作者	作者单位	发文量/篇	总被引频次/次	篇均被引频次/次	被引率/%	h 指数
1	陈万青	中国医学科学院肿瘤医院	11	3440	312.73	100.0	10
2	韩苏军	中国医学科学院肿瘤医院	3	771	257.00	66.7	2
3	郑莹	上海市疾病预防控制中心	2	643	321.50	100.0	2
4	支修益	首都医科大学宣武医院	4	417	104.25	75.0	2
5	石远凯	中国医学科学院肿瘤医院	10	337	33.70	100.0	7
6	李道娟	河北医科大学第四医院	2	289	144.50	100.0	2
7	姚晓军	眉山肿瘤医院	1	265	265.00	100.0	1

续表

序号	作者	作者单位	发文量/篇	总被引频次/次	篇均被引频次/次	被引率/%	h 指数
8	左婷婷	中国医学科学院肿瘤医院	2	254	127.00	100.0	2
9	胡文斌	昆山市疾病预防控制中心	23	185	8.04	91.3	9
10	秦叔逵	中国人民解放军第八一医院	2	177	88.50	100.0	2

17.6 高被引机构分析

肿瘤学领域总被引频次 Top 20 医院和总被引频次 Top 10 高等院校/科研院所的发文和被引情况分别见表 17-5 和表 17-6。

表 17-5 肿瘤学领域高被引医院 Top 20

序号	第一作者单位	发文量/篇	总被引频次/次	篇均被引频次/次	序号	第一作者单位	发文量/篇	总被引频次/次	篇均被引频次/次
1	中国医学科学院肿瘤医院	844	9230	10.94	11	新疆医科大学附属肿瘤医院	240	800	3.33
2	天津医科大学肿瘤医院	712	2935	4.12	12	四川省肿瘤医院	212	748	3.53
3	河北医科大学第四医院	496	2214	4.46	13	四川大学华西医院	166	746	4.49
4	复旦大学附属肿瘤医院	397	1473	3.71	14	中国人民解放军第八一医院	122	720	5.90
5	北京大学肿瘤医院	267	1378	5.16	15	山东省肿瘤医院	150	646	4.31
6	浙江省肿瘤医院	272	1152	4.24	16	西安交通大学第一附属医院	196	615	3.14
7	中国医科大学附属盛京医院	412	1120	2.72	17	辽宁省肿瘤医院	177	615	3.47
8	哈尔滨医科大学附属肿瘤医院	466	959	2.06	18	陕西省肿瘤医院	174	601	3.45
9	广西医科大学附属肿瘤医院	331	928	2.80	19	江苏省肿瘤医院	190	600	3.16
10	郑州大学第一附属医院	317	832	2.62	20	昆明医科大学第三附属医院	175	596	3.41

表 17-6 肿瘤学领域高被引高等院校/科研院所 Top 10

序号	第一作者单位	发文量/篇	总被引频次/次	篇均被引频次/次	序号	第一作者单位	发文量/篇	总被引频次/次	篇均被引频次/次
1	上海市疾病预防控制中心	8	717	89.63	6	济南大学	82	242	2.95
2	国家癌症中心	39	680	17.44	7	石河子大学医学院	51	229	4.49
3	中山大学肿瘤防治中心	161	516	3.20	8	广西医科大学	107	215	2.01
4	山东省医学科学院	82	343	4.18	9	潍坊医学院	59	193	3.27
5	山西医科大学	129	277	2.15	10	中国医学科学院北京协和医学院	46	193	4.20

17.7 高被引国外期刊分析

肿瘤学领域 2018 年被引频次 Top 10 的国外期刊见表 17-7，排名前 3 位的国外期刊分别是 *Oncotarget*、*PLOS ONE* 和 *Journal of Clinical Oncology*。

表 17-7 肿瘤学领域高被引国外期刊 Top 10

序号	期刊名称	2018 年被引频次/次
1	Oncotarget	2471
2	PLOS ONE	1526
3	Journal of Clinical Oncology	1395
4	CA: A Cancer Journal for Clinicians	1256
5	New England Journal of Medicine	848
6	Annals of Oncology	713
7	Clinical Cancer Research	709
8	Cancer Research	606
9	Nature	575
10	International Journal of Cancer	546

第18章 皮肤病学与性病学领域高被引分析

18.1 领域论文概况

2013—2017 年，皮肤病学与性病学领域的 10 种期刊上共发表学术论文 14131 篇，由来自 2439 所机构的 8772 位学者作为第一作者发表。上述论文中，有 8080 篇获得过引用，整体被引率为 57.2%，总被引频次为 29110 次，篇均被引 2.06 次；其中，高被引论文有 138 篇，高被引论文篇均被引 29.35 次（表 18-1），另外，2018 年本领域共发表论文 2755 篇，其中有 213 篇在当年获得过引用，总共被引 313 次。

表 18-1 皮肤病学与性病学领域论文分布情况

年份	论文数量/篇	总被引频次/次	被引率/%	高被引论文数量/篇	高被引论文被引频次/次
2013	3059	8395	65.3	32	911
2014	2951	8088	65.3	29	1379
2015	2801	6041	60.3	27	873
2016	2697	4336	53.5	26	513
2017	2623	2250	39.1	24	374
合计	14131	29110	57.2	138	4050

18.2 高被引论文分析

在皮肤病学与性病学领域，2013—2017 年发表的总被引频次 Top 10 论文（表 18-2）的平均被引频次为 67.7 次，是全部 138 篇高被引论文篇均被引频次的 2.31 倍。从论文分布来看，刊载高被引论文数量居前 3 位的期刊分别是《中国艾滋病性病》（49 篇）、《中华皮肤科杂志》（36 篇）和《中国皮肤性病学杂志》（14 篇）；发表高被引论文数量居前 3 位的学者分别是中国医学科学院皮肤病研究所的龚向东（3 篇）、广东省皮肤性病防治中心的陈磊（2 篇）和中国医学科学院皮肤病研究所的岳晓丽（2 篇）；产出高被引论文数量居前 3 位的机构分别是中国医学科学院皮肤病研究所（5 篇）、广西壮族自治区疾病预防控制中心（5 篇）和南京市疾病预防控制中心（4 篇）。

表 18-2 皮肤病学与性病学领域高被引论文 Top 10

序号	论文题名	第一作者	期刊名称	发表年份	被引频次/次	
					总频次	2018 年
1	2000—2013年中国梅毒流行特征与趋势分析	龚向东	中华皮肤科杂志	2014	245	61
2	中国艾滋病全国疫情数据分析	王丽艳	中国艾滋病性病	2017	65	55
3	中国大陆MSM人群HIV/梅毒感染状况性行为特征和艾滋病知识知晓情况的Meta分析	邱英鹏	中国艾滋病性病	2013	56	14

续表

序号	论文题名	第一作者	期刊名称	发表年份	被引频次/次	
					总频次	2018年
4	痤疮发病机制及治疗目标的新认识	马英	临床皮肤科杂志	2015	47	26
5	黄褐斑病因及发病机制研究现状	汤楠	皮肤性病诊疗学杂志	2013	47	9
6	中药药浴联合NB-UVB照射治疗寻常性银屑病疗效及安全性的系统评价	段茜	中国皮肤性病学杂志	2013	47	4
7	5-氨基酮戊酸光动力疗法治疗尖锐湿疣的进展	张云凤	中国皮肤性病学杂志	2013	46	8
8	CO_2点阵激光联合胶原贴敷料治疗面部痤疮凹陷性瘢痕的临床观察	薛燕宁	中华皮肤科杂志	2015	44	14
9	枸地氯雷他定片治疗慢性特发性荨麻疹有效性与临床安全性分析	毛越苹	中国皮肤性病学杂志	2014	44	5
10	2013年北京市新报告HIV/AIDS病人中晚发现病例的特征	曾吉	中国艾滋病性病	2015	36	13

18.3 研究主题关联分析

在皮肤病学与性病学领域，138 篇高被引论文共被引用了 4050 次。通过分析施引文献关键词的词频及关键词之间的共现关系，获得皮肤病学与性病学领域的热点主题和主题关联，如图 18-1 所示。由图可知："艾滋病""梅毒""疗效""慢性荨麻疹"等关键词的文档词频较高，是皮肤病学与性病学领域的研究热点；本领域主要形成 3 个研究主题簇，分别以"艾滋病""男男性行为者""获得性免疫缺陷综合征"为核心，以"梅毒""流行病学""尖锐湿疣"为核心，以"疗效""慢性荨麻疹"为核心。

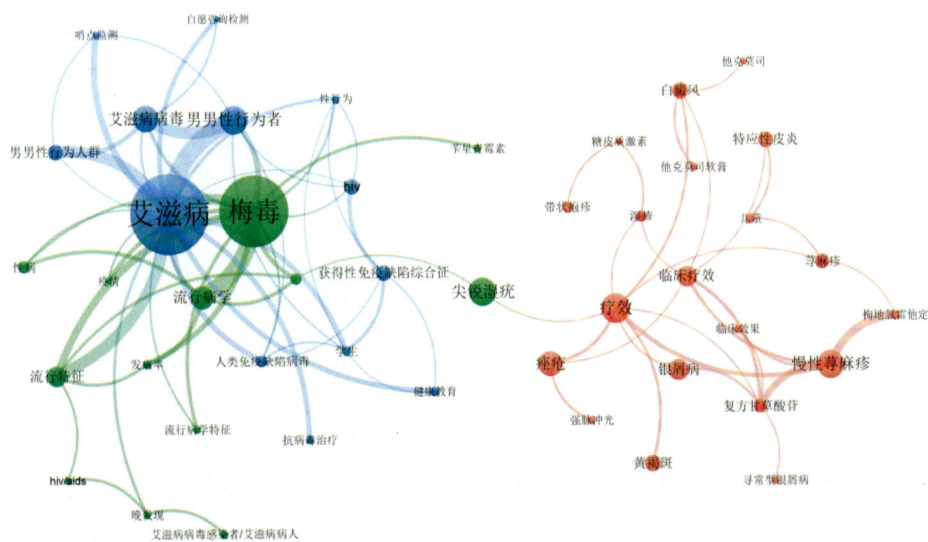

图 18-1　皮肤病学与性病学领域热点论文主题关联

18.4 高被引期刊分析

在皮肤病学与性病学领域，5 年影响因子 Top 10 期刊见表 18-3，总被引频次最高的期刊是《中国艾滋病性病》（6011 次），5 年影响因子最高的期刊是《中国艾滋病性病》。

表 18-3 皮肤病学与性病学领域高被引期刊基本指标

序号	期刊名称	5 年载文量/篇	总被引频次/次	5 年影响因子	高被引论文数量/篇	h 指数
1	中国艾滋病性病	1730	6011	1.170	49	22
2	中国中西医结合皮肤性病学杂志	899	2423	0.970	12	14
3	中华皮肤科杂志	1691	4385	0.830	36	22
4	实用皮肤病学与性病学杂志	892	1722	0.680	3	14
5	中国皮肤性病学杂志	2610	4975	0.600	14	17
6	皮肤性病诊疗学杂志	817	1644	0.580	7	13
7	临床皮肤科杂志	1744	2972	0.520	12	17
8	皮肤病与性病	1160	1727	0.480	1	11
9	中国麻风皮肤病杂志	1918	2482	0.470	4	11
10	国际皮肤性病学杂志	670	769	0.390	0	9

18.5 高被引作者分析

2013—2017 年论文总被引频次 Top 10 的作者见表 18-4。其中，发文总被引频次居前 3 位的作者分别是中国医学科学院皮肤病研究所的龚向东（304 次）、广州市皮肤病防治所的叶兴东（107 次）、北京大学第三医院的路雪艳（70 次）和上海市皮肤病医院的张云凤（70 次）。5 年发文量居前 3 位的作者分别是北京协和医院的吴超（22 篇）、衡水市第二人民医院的李俊峰（19 篇）和重庆医科大学附属儿童医院的任发亮（17 篇）。

表 18-4 皮肤病学与性病学领域高被引作者 Top 10

序号	作者	作者单位	发文量/篇	总被引频次/次	篇均被引频次/次	被引率/%	h 指数
1	龚向东	中国医学科学院皮肤病研究所	3	304	101.33	100.0	3
2	叶兴东	广州市皮肤病防治所	12	107	8.92	91.7	5
3	路雪艳	北京大学第三医院	8	70	8.75	100.0	4
4	张云凤	上海市皮肤病医院	5	70	14.00	60.0	2
5	高良敏	玉溪市疾病预防控制中心	6	66	11.00	83.3	5
6	王丽艳	中国疾病预防控制中心	1	65	65.00	100.0	1
7	马英	复旦大学附属华山医院	2	59	29.50	100.0	2

续表

序号	作者	作者单位	发文量/篇	总被引频次/次	篇均被引频次/次	被引率/%	h 指数
8	谢海莉	广西皮肤病防治研究所	8	58	7.25	87.5	4
9	邱英鹏	中南大学	1	56	56.00	100.0	1
10	闫毅	江西省赣州市皮肤病医院	3	52	17.33	100.0	3

18.6 高被引机构分析

皮肤病学与性病学领域总被引频次 Top 20 医院和总被引频次 Top 10 高等院校/科研院所的发文和被引情况分别见表 18-5 和表 18-6。

表 18-5 皮肤病学与性病学领域高被引医院 Top 20

序号	第一作者单位	发文量/篇	总被引频次/次	篇均被引频次/次	序号	第一作者单位	发文量/篇	总被引频次/次	篇均被引频次/次
1	昆明医科大学第一附属医院	184	444	2.41	11	北京大学第三医院	66	208	3.15
2	上海市皮肤病医院	101	260	2.57	12	第三军医大学西南医院	80	197	2.46
3	第四军医大学西京皮肤病医院	138	254	1.84	13	北京大学第一医院	67	189	2.82
4	四川大学华西医院	139	231	1.66	14	北京军区总医院	55	179	3.25
5	北京协和医院	184	230	1.25	15	中国医学科学院皮肤病医院	102	161	1.58
6	广东省皮肤病医院	116	229	1.97	16	新疆维吾尔自治区人民医院	86	161	1.87
7	南京医科大学第一附属医院	131	217	1.66	17	武汉市第一医院	127	153	1.20
8	复旦大学附属华山医院	71	214	3.01	18	中山大学附属第一医院	54	142	2.63
9	天津市中医药研究院附属医院	124	209	1.69	19	首都医科大学附属北京儿童医院	55	129	2.35
10	北京大学第三医院	66	208	3.15	20	北京大学深圳医院	52	127	2.44

表18-6 皮肤病学与性病学领域高被引高等院校/科研院所 Top 10

序号	第一作者单位	发义量/篇	总被引频次/次	篇均被引频次/次	序号	第一作者单位	发义量/篇	总被引频次/次	篇均被引频次/次
1	中国医学科学院皮肤病研究所	350	852	2.43	6	北京市疾病预防控制中心	13	160	12.31
2	广州市皮肤病防治所	149	410	2.75	7	云南省疾病预防控制中心	71	139	1.96
3	中国疾病预防控制中心	89	400	4.49	8	中国医学科学院北京协和医学院	63	135	2.14
4	广西壮族自治区疾病预防控制中心	29	207	7.14	9	天津中医药大学	49	119	2.43
5	中国疾病预防控制中心性病艾滋病预防控制中心	60	204	3.40	10	天津医科大学	29	116	4.00

18.7 高被引国外期刊分析

皮肤病学与性病学领域 2018 年被引频次 Top 10 的国外期刊见表 18-7，排名前 3 位的国外期刊分别是 *Journal of the American Academy of Dermatology*、*PLOS ONE* 和 *British Journal of Dermatology*。

表18-7 皮肤病学与性病学领域高被引国外期刊 Top 10

序号	期刊名称	2018 年被引频次/次
1	Journal of the American Academy of Dermatology	272
2	PLOS ONE	238
3	British Journal of Dermatology	233
4	Journal of the European Academy of Dermatology and Venereology	207
5	Journal of Investigative Dermatology	186
6	International Journal of Dermatology	132
7	Journal of Dermatology	118
8	New England Journal of Medicine	81
9	Acta Dermato-Venereologica	81
10	Journal of Dermatological Science	76

第19章 五官科学领域高被引分析

19.1 领域论文概况

2013—2017 年，五官科学领域的 53 种期刊上共发表学术论文 49218 篇，由来自 5714 所机构的 33334 位学者作为第一作者发表。上述论文中，有 30997 篇获得过引用，整体被引率为 63.0%，总被引频次为 117094 次，篇均被引 2.38 次；其中，高被引论文有 478 篇，高被引论文篇均被引 29.38 次（表 19-1），另外，2018 年本领域共发表论文 10071 篇，其中有 1093 篇在当年获得过引用，总共被引 1432 次。

表 19-1　五官科学领域论文分布情况

年份	论文数量/篇	总被引频次/次	被引率/%	高被引论文数量/篇	高被引论文被引频次/次
2013	9792	33910	72.9	104	4549
2014	9871	28128	68.2	91	3173
2015	10147	26285	67.4	104	3067
2016	10491	19567	58.4	104	2250
2017	8917	9204	46.6	75	1004
合计	49218	117094	63.0	478	14043

19.2 高被引论文分析

在五官科学领域，2013—2017 年发表的总被引频次 Top 10 论文（表 19-2）的平均被引频次为 65.2 次，是全部 478 篇高被引论文篇均被引频次的 2.22 倍。从论文分布来看，刊载高被引论文数量居前 3 位的期刊分别是《中华耳鼻咽喉头颈外科杂志》（54 篇）、《国际眼科杂志》（54 篇）和《中华眼科杂志》（30 篇）；发表高被引论文数量居前 3 位的学者分别是首都医科大学附属北京同仁医院的张茉莉（3 篇）、山西医科大学汾阳学院的刘院斌（2 篇）和浙江大学医学院附属第二医院的姚克（2 篇）；产出高被引论文数量居前 3 位的机构分别是北京大学口腔医学院（18 篇）、首都医科大学附属北京同仁医院（15 篇）和四川大学华西口腔医院（9 篇）。

表 19-2　五官科学领域高被引论文 Top 10

序号	论文题名	第一作者	期刊名称	发表年份	被引频次/次 总频次	被引频次/次 2018 年
1	玻璃纤维桩核与铸造金属桩核修复残根残冠及无桩修复牙体的临床效果评价	马洪学	华西口腔医学杂志	2013	82	6
2	玻璃体腔注射康柏西普联合视网膜激光光凝治疗视网膜分支静脉阻塞继发黄斑水肿疗效观察	张菁	中华眼底病杂志	2015	78	27

序号	论文题名	第一作者	期刊名称	发表年份	被引频次/次	
					总频次	2018年
3	耳内镜下鼓膜置管或穿刺治疗慢性分泌性中耳炎的临床效果对比	徐隽彦	中国耳鼻咽喉头颈外科	2015	74	27
4	眩晕残障程度评定量表（中文版）的评价	丁雷	中华耳科学杂志	2013	65	21
5	变应性鼻炎的发病机制及诊治进展	李华斌	中华耳鼻咽喉头颈外科杂志	2014	65	20
6	青光眼白内障联合手术需重视的若干问题	姚克	中华眼科杂志	2013	62	6
7	飞秒激光角膜微小切口基质透镜取出术矫正近视及近视散光的早期临床研究	王雁	中华眼科杂志	2013	61	9
8	玻璃体腔注射康柏西普治疗渗出型老年性黄斑变性的疗效观察	余岚	中华眼底病杂志	2015	56	18
9	耳鸣临床应用指南	贺璐	听力学及言语疾病杂志	2015	55	24
10	牙周组织再生术-正畸联合治疗牙周炎患者的初步研究	曹甜	中华口腔正畸学杂志	2013	54	8

19.3　研究主题关联分析

在五官科学领域，478篇高被引论文共被引用了14043次。通过分析施引文献关键词的词频及关键词之间的共现关系，获得五官科学领域的热点主题和主题关联，如图19-1所示。由图可知："白内障""疗效""糖尿病视网膜病变""突发性耳聋"等关键词的文档词频较高，是五官科学领域的研究热点；本领域主要形成4个研究主题簇，分别以"白内障""青光眼"为核心，以"糖尿病视网膜病变""雷珠单抗"为核心，以"突发性耳聋""疗效"为核心，以"临床疗效""变应性鼻炎""鼻窦炎"为核心。

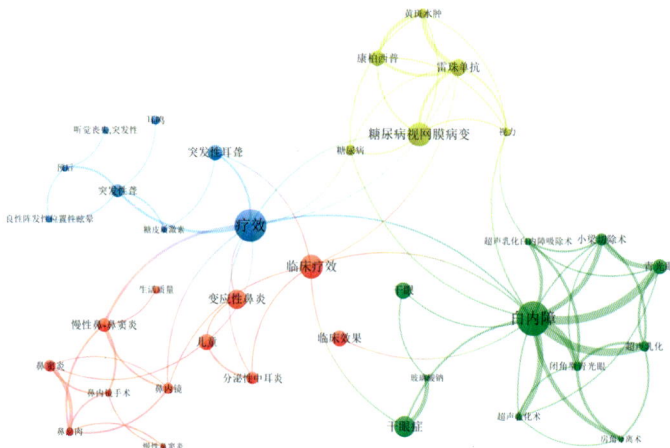

图19-1　五官科学领域热点论文主题关联

19.4　高被引期刊分析

在五官科学领域，5 年影响因子 Top 10 期刊见表 19-3，总被引频次最高的期刊是《国际眼科杂志》（11205 次），5 年影响因子最高的期刊是《中华耳鼻咽喉头颈外科杂志》。

表 19-3　五官科学领域高被引期刊基本指标

序号	期刊名称	5 年载文量/篇	总被引频次/次	5 年影响因子	高被引论文数量/篇	h 指数
1	中华耳鼻咽喉头颈外科杂志	1321	6727	1.610	54	26
2	中华耳科学杂志	897	3316	1.510	24	18
3	中华眼科杂志	1282	5129	1.230	30	22
4	华西口腔医学杂志	793	2755	1.100	24	19
5	中国耳鼻咽喉头颈外科	1112	3261	1.060	16	17
6	实用口腔医学杂志	1146	3550	1.030	18	18
7	国际眼科杂志	3579	11205	1.020	54	22
8	中国实用口腔科杂志	1021	3074	1.020	11	17
9	听力学及言语疾病杂志	960	3055	1.020	19	19
10	中华口腔医学杂志	986	3075	0.980	16	17

19.5　高被引作者分析

2013—2017 年论文总被引频次 Top 10 的作者见表 19-4。其中，发文总被引频次居前 3 位的作者分别是四川省医学科学院·四川省人民医院的古庆家（179 次）、浙江大学医学院附属第二医院的姚克（111 次）和中国人民解放军总医院的刘洪臣（103 次）。5 年发文量居前 3 位的作者分别是复旦大学附属眼耳鼻喉科医院的王正敏（34 篇）、复旦大学附属眼耳鼻喉科医院的田国红（32 篇）和长春爱尔眼科医院的吕刚（23 篇）。

表 19-4　五官科学领域高被引作者 Top 10

序号	作者	作者单位	发文量/篇	总被引频次/次	篇均被引频次/次	被引率/%	h 指数
1	古庆家	四川省医学科学院·四川省人民医院	22	179	8.14	95.5	8
2	姚克	浙江大学医学院附属第二医院	6	111	18.50	100.0	4
3	刘洪臣	中国人民解放军总医院	20	103	5.15	85.0	6
4	程雷	南京医科大学第一附属医院	15	97	6.47	73.3	7
5	王明婕	首都医科大学附属北京同仁医院	6	94	15.67	100.0	5
6	冯晓华	广州军区广州总医院	4	90	22.50	100.0	4

序号	作者	作者单位	发文量/篇	总被引频次/次	篇均被引频次/次	被引率/%	h指数
7	郑家伟	上海交通大学医学院附属第九人民医院	8	82	10.25	100.0	6
8	马洪学	聊城市人民医院	1	82	82.00	100.0	1
9	李华斌	上海交通大学医学院附属新华医院	4	81	20.25	100.0	2
10	梁庆丰	首都医科大学附属北京同仁医院	21	80	3.81	76.2	5

19.6 高被引机构分析

五官科学领域总被引频次 Top 20 医院和总被引频次 Top 10 高等院校/科研院所的发文和被引情况分别见表 19-5 和表 19-6。

表 19-5 五官科学领域高被引医院 Top 20

序号	第一作者单位	发文量/篇	总被引频次/次	篇均被引频次/次	序号	第一作者单位	发文量/篇	总被引频次/次	篇均被引频次/次
1	首都医科大学附属北京同仁医院	1208	3210	2.66	11	中山大学光华口腔医学院附属口腔医院	381	729	1.91
2	上海交通大学医学院附属第九人民医院	970	2432	2.51	12	南京大学医学院附属口腔医院	221	705	3.19
3	中国人民解放军总医院	681	2377	3.49	13	北京协和医院	269	693	2.58
4	北京大学口腔医学院	461	1763	3.82	14	武汉大学人民医院	267	686	2.57
5	四川大学华西口腔医学院	524	1447	2.76	15	北京大学人民医院	140	572	4.09
6	复旦大学附属眼耳鼻喉科医院	510	1041	2.04	16	中国医科大学附属口腔医院	197	569	2.89
7	郑州大学第一附属医院	378	945	2.50	17	首都医科大学口腔医学院	254	532	2.09
8	中国医科大学口腔医学院	285	934	3.28	18	青岛大学附属医院	234	530	2.26
9	第四军医大学口腔医学院	369	883	2.39	19	天津市眼科医院	196	530	2.70
10	温州医科大学附属眼视光医院	254	731	2.88	20	北京大学第三医院	185	523	2.83

表 19-6　五官科学领域高被引高等院校/科研院所 Top 10

序号	第一作者单位	发文量/篇	总被引频次/次	篇均被引频次/次	序号	第一作者单位	发文量/篇	总被引频次/次	篇均被引频次/次
1	第四军医大学口腔医学院	288	913	3.17	6	暨南大学第二临床医学院	68	281	4.13
2	中山大学中山眼科中心	196	567	2.89	7	山东省眼科研究所	37	231	6.24
3	武汉大学口腔医学院	187	524	2.80	8	上海市口腔病防治院	76	219	2.88
4	南京医科大学	219	479	2.19	9	山西医科大学	142	209	1.47
5	四川大学华西口腔医学院	132	293	2.22	10	天津医科大学	61	200	3.28

19.7　高被引国外期刊分析

五官科学领域 2018 年被引频次 Top 10 的国外期刊见表 19-7，排名前 3 位的国外期刊分别是 *PLOS ONE*、*Investigative Ophthalmology & Visual Science* 和 *Ophthalmology*。

表 19-7　五官科学领域高被引国外期刊 Top 10

序号	期刊名称	2018 年被引频次/次
1	PLOS ONE	1143
2	Investigative Ophthalmology & Visual Science	815
3	Ophthalmology	753
4	Journal of Endodontics	577
5	American Journal of Ophthalmology	529
6	Retina	455
7	Laryngoscope	392
8	British Journal of Ophthalmology	363
9	European Archives of Oto-Rhino-Laryngology	323
10	Clinical Oral Implants Research	314

第20章 特种医学领域高被引分析

20.1 领域论文概况

2013—2017 年，特种医学领域的 57 种期刊上共发表学术论文 86033 篇，由来自 9474 所机构的 61780 位学者作为第一作者发表。上述论文中，有 57744 篇获得过引用，整体被引率为 67.1%，总被引频次为 237985 次，篇均被引 2.77 次；其中，高被引论文有 821 篇，高被引论文篇均被引 28.92 次（表 20-1），另外，2018 年本领域共发表论文 16031 篇，其中有 1579 篇在当年获得过引用，总共被引 2073 次。

表 20-1　特种医学领域论文分布情况

年份	论文数量/篇	总被引频次/次	被引率/%	高被引论文数量/篇	高被引论文被引频次/次
2013	17159	65128	74.6	166	6603
2014	17865	57515	71.3	171	6046
2015	17625	53829	71.2	165	5011
2016	17149	41566	66.5	171	4115
2017	16235	19947	50.7	148	1966
合计	86033	237985	67.1	821	23741

20.2 高被引论文分析

在特种医学领域，2013—2017 年发表的总被引频次 Top 10 论文（表 20-2）的平均被引频次为 88.7 次，是全部 821 篇高被引论文篇均被引频次的 3.07 倍。从论文分布来看，刊载高被引论文数量居前 3 位的期刊分别是《中国 CT 和 MRI 杂志》（98 篇）、《医学影像学杂志》（64 篇）和《中国超声医学杂志》（59 篇），《解放军医学杂志》刊载了高被引论文 Top 10 中的 2 篇；发表高被引论文数量居前 3 位的学者分别是杭州市第一人民医院的韩志江（2 篇）、安阳市人民医院的崔保刚（2 篇）和空军航空医学研究所附属医院的程春（2 篇）；产出高被引论文数量居前 3 位的机构分别是中国人民解放军总医院（23 篇）、中国医科大学附属盛京医院（13 篇）和第三军医大学西南医院（9 篇）。

表 20-2　特种医学领域高被引论文 Top 10

序号	论文题名	第一作者	期刊名称	发表年份	被引频次/次 总频次	被引频次/次 2018 年
1	经阴道彩色多普勒超声在剖宫产术后子宫瘢痕妊娠诊治的应用	段丽芬	中国临床医学影像杂志	2014	134	30
2	老年股骨粗隆间骨折的手术治疗：应用DHS与PFNA的疗效比较	屈波	军事医学	2014	96	16
3	2014年晚期非小细胞肺癌内科治疗进展	宋勇	解放军医学杂志	2015	93	33

序号	论文题名	第一作者	期刊名称	发表年份	被引频次/次	
					总频次	2018 年
4	对比分析X线、CT和MRI在早期强直性脊柱炎骶髂关节病变诊断中应用的价值	梁佐堂	中国CT和MRI杂志	2015	92	46
5	品管圈在护理管理中的应用现状	王申	武警后勤学院学报（医学版）	2013	83	12
6	传统甲状腺切除术与改良小切口甲状腺切除术治疗甲状腺结节的临床疗效比较	高峰	标记免疫分析与临床	2016	80	40
7	动态心电图检查老年冠心病心肌缺血和心律失常临床价值分析	夏国宏	医学影像学杂志	2016	79	52
8	国内外移动互联网医疗应用现状及未来发展趋势探讨	汪鹏	中国数字医学	2014	79	16
9	咳嗽变异性哮喘的诊断及治疗进展	胡红	解放军医学杂志	2014	76	21
10	抑郁症治疗研究新进展	瞿伟	第三军医大学学报	2014	75	21

20.3　研究主题关联分析

在特种医学领域，821 篇高被引论文共被引用了 23741 次。通过分析施引文献关键词的词频及关键词之间的共现关系，获得特种医学领域的热点主题和主题关联，如图 20-1 所示。由图可知："磁共振成像""CT""诊断价值""超声检查"等关键词的文档词频较高，是特种医学领域的研究热点；本领域主要形成 4 个研究主题簇，分别以"磁共振成像""CT"为核心，以"诊断价值""超声"为核心，以"超声检查""甲状腺结节"为核心，以"冠心病""原发性肝癌"为核心。

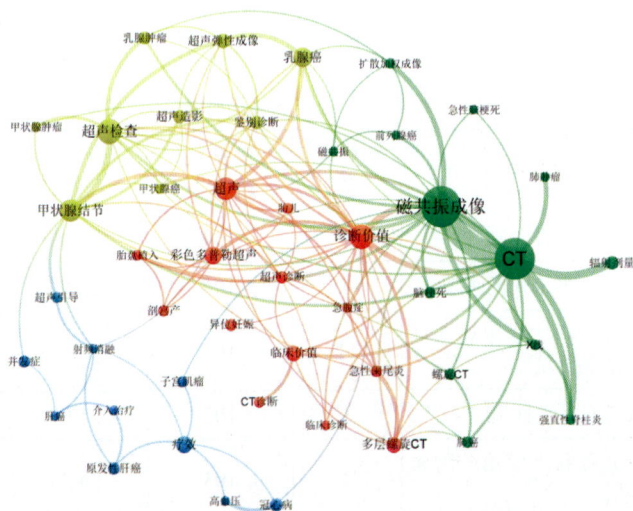

图 20-1　特种医学领域热点论文主题关联

20.4　高被引期刊分析

在特种医学领域，5年影响因子 Top 10 期刊见表 20-3，总被引频次最高的期刊是《医学影像学杂志》（13429 次），5 年影响因子最高的期刊是《中国 CT 和 MRI 杂志》。

表 20-3　特种医学领域高被引期刊基本指标

序号	期刊名称	5 年载文量/篇	总被引频次/次	5 年影响因子	高被引论文数量/篇	h 指数
1	中国CT和MRI杂志	2087	11928	2.330	98	29
2	介入放射学杂志	1425	7491	1.720	48	28
3	解放军医学杂志	1101	5598	1.660	34	24
4	解放军医药杂志	1902	8979	1.580	51	24
5	标记免疫分析与临床	1558	5561	1.570	25	20
6	中华放射学杂志	1492	7107	1.480	51	29
7	中国医学影像学杂志	1363	5968	1.430	26	23
8	中国超声医学杂志	2135	9493	1.420	59	30
9	医学影像学杂志	3624	13429	1.390	64	27
10	中华医学超声杂志（电子版）	1102	4875	1.270	27	24

20.5　高被引作者分析

2013—2017 年论文总被引频次 Top 10 的作者见表 20-4。其中，发文总被引频次居前 3 位的作者分别是北京四季青医院的段丽芬（134 次）、杭州市第一人民医院的韩志江（106 次）、南方医科大学附属深圳妇幼保健院的李胜利（105 次）和成都军区总医院的屈波（105 次）。5 年发文量居前 3 位的作者分别是中国人民解放军第 252 医院的田锦林（25 篇）、中国人民解放军第三〇五医院的庞浩龙（23 篇）和南京医科大学第一附属医院的丁重阳（21 篇）。

表 20-4　特种医学领域高被引作者 Top 10

序号	作者	作者单位	发文量/篇	总被引频次/次	篇均被引频次/次	被引率/%	h 指数
1	段丽芬	北京四季青医院	1	134	134.00	100.0	1
2	韩志江	杭州市第一人民医院	4	106	26.50	100.0	4
3	李胜利	南方医科大学附属深圳妇幼保健院	11	105	9.55	100.0	7
4	屈波	成都军区总医院	3	105	35.00	100.0	2
5	陈圆圆	广西医科大学第一附属医院	3	103	34.33	100.0	2
6	章建全	第二军医大学长征医院	6	101	16.83	83.3	5

续表

序号	作者	作者单位	发文量/篇	总被引频次/次	篇均被引频次/次	被引率/%	h指数
7	郝少云	中山大学孙逸仙纪念医院	4	99	24.75	75.0	3
8	宋勇	中国人民解放军南京军区南京总医院	2	95	47.50	100.0	2
9	郑红伟	郑州人民医院	17	93	5.47	82.4	7
10	梁佐堂	麻城市人民医院	2	93	46.50	100.0	1

20.6　高被引机构分析

特种医学领域总被引频次 Top 20 医院和总被引频次 Top 10 高等院校/科研院所的发文和被引情况分别见表 20-5 和表 20-6。

表 20-5　特种医学领域高被引医院 Top 20

序号	第一作者单位	发文量/篇	总被引频次/次	篇均被引频次/次	序号	第一作者单位	发文量/篇	总被引频次/次	篇均被引频次/次
1	中国人民解放军总医院	1851	6174	3.34	11	北京军区总医院	332	1325	3.99
2	第三军医大学西南医院	614	2218	3.61	12	华中科技大学同济医学院附属同济医院	333	1301	3.91
3	中国医科大学附属盛京医院	483	1873	3.88	13	第三军医大学新桥医院	429	1297	3.02
4	郑州大学第一附属医院	711	1803	2.54	14	中国人民解放军海军总医院	525	1209	2.30
5	第二军医大学附属长海医院	596	1632	2.74	15	上海交通大学医学院附属瑞金医院	188	1207	6.42
6	第三军医大学大坪医院&野战外科研究所	399	1549	3.88	16	第二军医大学长征医院	325	1171	3.60
7	空军总医院	613	1477	2.41	17	武警总医院	549	1165	2.12
8	重庆医科大学附属第一医院	453	1425	3.15	18	中国人民解放军白求恩国际和平医院	251	1155	4.60
9	成都军区总医院	590	1380	2.34	19	兰州军区兰州总医院	701	1083	1.54
10	中国人民解放军南京军区南京总医院	383	1332	3.48	20	青岛大学附属医院	279	1035	3.71

表 20-6　特种医学领域高被引高等院校/科研院所 Top 10

序号	第一作者单位	发文量/篇	总被引频次/次	篇均被引频次/次	序号	第一作者单位	发文量/篇	总被引频次/次	篇均被引频次/次
1	第三军医大学	449	1379	3.07	6	宁夏医科大学	85	428	5.04
2	重庆医科大学	407	1067	2.62	7	武警后勤学院	226	362	1.60
3	第二军医大学	295	536	1.82	8	中国人民解放军医学院	101	345	3.42
4	南方医科大学	178	503	2.83	9	暨南大学第二临床医学院	86	333	3.87
5	军事医学科学院	285	455	1.60	10	上海体育学院	93	320	3.44

20.7　高被引国外期刊分析

特种医学领域 2018 年被引频次 Top 10 的国外期刊见表 20-7，排名前 3 位的国外期刊分别是 *PLOS ONE*、*Radiology* 和 *European Radiology*。

表 20-7　特种医学领域高被引国外期刊 Top 10

序号	期刊名称	2018 年被引频次/次
1	PLOS ONE	1428
2	Radiology	989
3	European Radiology	917
4	European Journal of Radiology	586
5	Oncotarget	563
6	Journal of Magnetic Resonance Imaging	512
7	World Journal of Gastroenterology	338
8	New England Journal of Medicine	311
9	Stroke	303
10	American Journal of Roentgenology	298

第21章 药学领域高被引分析

21.1 领域论文概况

2013—2017 年，药学领域的 71 种期刊上共发表学术论文 180264 篇，由来自 20397 所机构的 132901 位学者作为第一作者发表。上述论文中，有 123947 篇获得过引用，整体被引率为 68.8%，总被引频次为 480567 次，篇均被引 2.67 次；其中，高被引论文有 1750 篇，高被引论文篇均被引 29.82 次（表 21-1），另外，2018 年本领域共发表论文 31654 篇，其中有 4434 篇在当年获得过引用，总共被引 6372 次。

表 21-1 药学领域论文分布情况

年份	论文数量/篇	总被引频次/次	被引率/%	高被引论文数量/篇	高被引论文被引频次/次
2013	35651	121140	74.4	338	13289
2014	38453	111604	71.0	364	12661
2015	37600	109703	72.6	387	11732
2016	35263	91635	69.5	364	10002
2017	33297	46485	55.0	297	4504
合计	180264	480567	68.8	1750	52188

21.2 高被引论文分析

在药学领域，2013—2017 年发表的总被引频次 Top 10 论文（表 21-2）的平均被引频次为 169.9 次，是全部 1750 篇高被引论文篇均被引频次的 5.70 倍。从论文分布来看，刊载高被引论文数量居前 3 位的期刊分别是《中国临床药理学杂志》（223 篇）、《中国药房》（181 篇）和《中国现代药物应用》（180 篇），其中，《中国临床药理学杂志》刊载了高被引论文 Top 10 中的 4 篇；发表高被引论文数量居前 3 位的学者分别是上海美优制药有限公司的张明发（10 篇）、玉林市第一人民医院的蒙光义（3 篇）和首都医科大学附属北京世纪坛医院的金锐（3 篇）；产出高被引论文数量居前 3 位的机构分别是中国药科大学（18 篇）、南阳市中心医院（16 篇）和中国食品药品检定研究院（12 篇）。

表 21-2 药学领域高被引论文 Top 10

序号	论文题名	第一作者	期刊名称	发表年份	被引频次/次 总频次	被引频次/次 2018 年
1	瑞舒伐他汀与阿托伐他汀对早发冠心病急性心肌梗死患者的近期疗效	陈翀昊	中国临床药理学杂志	2013	297	58
2	黄芩素和黄芩苷的药理作用及机制研究进展	辛文好	中国新药杂志	2013	232	46
3	丹参的药理作用研究新进展	马丙祥	中国药房	2014	207	52

序号	论文题名	第一作者	期刊名称	发表年份	被引频次/次	
					总频次	2018 年
4	美托洛尔联合曲美他嗪治疗冠心病心力衰竭的临床疗效观察	孙小军	中国医院用药评价与分析	2015	166	62
5	红霉素与阿奇霉素治疗小儿肺炎支原体肺炎的临床研究	陈嘉慧	中国临床药理学杂志	2015	158	71
6	活血化瘀中药的药理作用研究进展	高冲	药物评价研究	2013	131	27
7	盐酸氨溴索雾化吸入疗法治疗老年慢性支气管炎临床疗效的研究	孙丹	中国临床药理学杂志	2015	129	48
8	曲美他嗪联合阿托伐他汀钙治疗冠心病心绞痛伴血脂异常的临床研究	陈慧敏	中国临床药理学杂志	2016	127	80
9	糖尿病肾病发病机制研究进展	林子桐	中国药理学与毒理学杂志	2014	126	39
10	中西医结合治疗60例冠心病心绞痛的疗效观察	许继艳	中国生化药物杂志	2014	126	25

21.3　研究主题关联分析

在药学领域，1750 篇高被引论文共被引用了 52188 次。通过分析施引文献关键词的词频及关键词之间的共现关系，获得药学领域的热点主题和主题关联，如图 21-1 所示。由图可知："临床疗效""疗效""临床效果""冠心病"等关键词的文档词频较高，是药学领域的研究热点；本领域主要形成 3 个研究主题簇，分别以"临床疗效""2 型糖尿病"为核心，以"不良反应""合理用药""阿奇霉素"为核心，以"冠心病""高血压""阿托伐他汀"为核心。

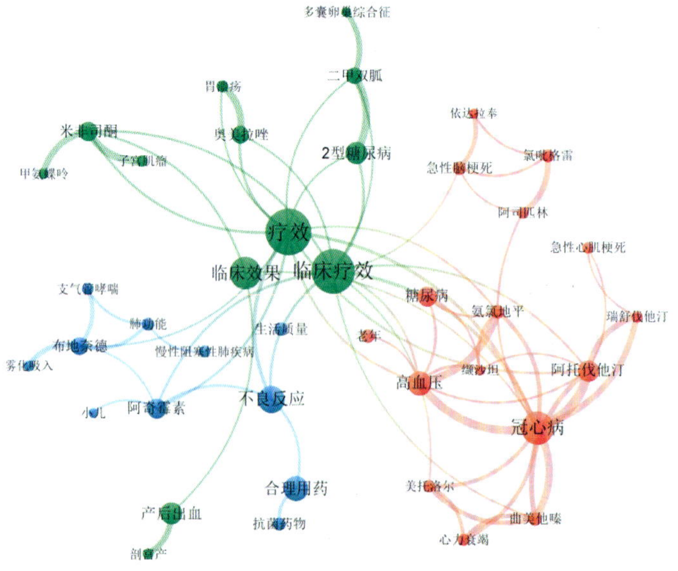

图 21-1　药学领域热点论文主题关联

21.4 高被引期刊分析

在药学领域，5 年影响因子 Top 10 期刊见表 21-3，总被引频次最高的期刊是《中国现代药物应用》（63097 次），5 年影响因子最高的期刊是《中国临床药理学杂志》。

表 21-3 药学领域高被引期刊基本指标

序号	期刊名称	5 年载文量/篇	总被引频次/次	5 年影响因子	高被引论文数量/篇	h 指数
1	中国临床药理学杂志	2834	17887	2.600	223	44
2	现代药物与临床	1957	9392	2.200	55	26
3	药物评价研究	963	4314	1.930	41	24
4	中国生化药物杂志	3651	13953	1.700	115	31
5	中国药房	8129	30954	1.510	181	32
6	中国药理学通报	1937	8786	1.440	51	28
7	中国医院药学杂志	3160	13451	1.430	88	32
8	实用药物与临床	2288	11170	1.330	78	31
9	中国医院用药评价与分析	2700	9401	1.240	48	26
10	临床药物治疗杂志	784	2176	1.240	5	15

21.5 高被引作者分析

2013—2017 年论文总被引频次 Top 10 的作者见表 21-4。其中，发文总被引频次居前 3 位的作者分别是上海美优制药有限公司的张明发（556 次）、无锡市第三人民医院的陈翀昊（297 次）和北京大学第一医院的李耘（260 次）。5 年发文量居前 3 位的作者分别是上海中医药大学的李晓锋（54 篇）、第二军医大学附属长海医院的王忠壮（52 篇）和第二军医大学附属长海医院的张家庆（50 篇）。

表 21-4 药学领域高被引作者 Top 10

序号	作者	作者单位	发文量/篇	总被引频次/次	篇均被引频次/次	被引率/%	h 指数
1	张明发	上海美优制药有限公司	45	556	12.36	93.3	14
2	陈翀昊	无锡市第三人民医院	1	297	297.00	100.0	1
3	李耘	北京大学第一医院	12	260	21.67	83.3	5
4	辛文妤	中国医学科学院北京协和医学院	1	232	232.00	100.0	1
5	马丙祥	河南中医学院第一附属医院	1	207	207.00	100.0	1
6	陈慧敏	浙江省中医院	2	179	89.50	100.0	2

序号	作者	作者单位	发文量/篇	总被引频次/次	篇均被引频次/次	被引率/%	h指数
7	孙小军	文山州人民医院	1	166	166.00	100.0	1
8	陈嘉慧	广州市妇女儿童医疗中心	1	158	158.00	100.0	1
9	蒙光义	玉林市第一人民医院	13	156	12.00	100.0	7
10	金锐	首都医科大学附属北京世纪坛医院	17	153	9.00	100.0	7

21.6　高被引机构分析

药学领域总被引频次 Top 20 医院和总被引频次 Top 10 高等院校/科研院所的发文和被引情况分别见表 21-5 和表 21-6。

表 21-5　药学领域高被引医院 Top 20

序号	第一作者单位	发文量/篇	总被引频次/次	篇均被引频次/次	序号	第一作者单位	发文量/篇	总被引频次/次	篇均被引频次/次
1	中国医科大学附属盛京医院	521	2291	4.40	11	丽水市人民医院	147	955	6.50
2	南阳市中心医院	479	2147	4.48	12	重庆医科大学附属第一医院	186	911	4.90
3	中国人民解放军总医院	488	1944	3.98	13	北京医院	268	902	3.37
4	南阳医学高等专科学校第一附属医院	427	1632	3.82	14	北京大学第三医院	235	881	3.75
5	北京大学第一医院	289	1367	4.73	15	首都医科大学宣武医院	258	869	3.37
6	华中科技大学同济医学院附属同济医院	382	1224	3.20	16	四川大学华西医院	259	789	3.05
7	山西省人民医院	407	1162	2.86	17	四川省医学科学院·四川省人民医院	208	787	3.78
8	佛山市第一人民医院	479	1015	2.12	18	皖南医学院弋矶山医院	178	771	4.33
9	福建省立医院	579	998	1.72	19	厦门大学附属第一医院	331	736	2.22
10	牡丹江医学院附属红旗医院	437	959	2.19	20	北京协和医院	217	728	3.35

表 21-6　药学领域高被引高等院校/科研院所 Top 10

序号	第一作者单位	发文量/篇	总被引频次/次	篇均被引频次/次	序号	第一作者单位	发文量/篇	总被引频次/次	篇均被引频次/次
1	中国药科大学	2416	6142	2.54	6	北京中医药大学	482	1511	3.13
2	沈阳药科大学	1613	3339	2.07	7	天津中医药大学	413	1511	3.66
3	中国食品药品检定研究院	895	2795	3.12	8	北京大学	453	1382	3.05
4	南京中医药大学	557	1986	3.57	9	中国医学科学院药物研究所	416	1205	2.90
5	广东药学院	554	1687	3.05	10	国家食品药品监督管理总局	405	1082	2.67

21.7　高被引国外期刊分析

药学领域 2018 年被引频次 Top 10 的国外期刊见表 21-7，排名前 3 位的国外期刊分别是 *PLOS ONE*、*Oncotarget* 和 *New England Journal of Medicine*。

表 21-7　药学领域高被引国外期刊 Top 10

序号	期刊名称	2018 年被引频次/次
1	PLOS ONE	1571
2	Oncotarget	738
3	New England Journal of Medicine	608
4	International Journal of Pharmaceutics	541
5	Journal of Ethnopharmacology	413
6	Sci Rep	403
7	Journal of Controlled Release	399
8	Antimicrobial Agents and Chemotherapy	393
9	Journal of Medicinal Chemistry	361
10	Scientific Reports	355

第 22 章　农业科学与工程领域高被引分析

22.1　领域论文概况

2013—2017 年，农业科学与工程领域的 193 种期刊上共发表学术论文 481834 篇，由来自 82819 所机构的 307808 位学者作为第一作者发表。上述论文中，有 194505 篇获得过引用，整体被引率为 40.4%，总被引频次为 574443 次，篇均被引 1.19 次；其中，高被引论文有 4862 篇，高被引论文篇均被引 19.05 次（表 22-1），另外，2018 年本领域共发表论文 99699 篇，其中有 7752 篇在当年获得过引用，总共被引 10568 次。

表 22-1　农业科学与工程领域论文分布情况

年份	论文数量/篇	总被引频次/次	被引率/%	高被引论文数量/篇	高被引论文被引频次/次
2013	89697	167924	49.3	858	27076
2014	94695	139848	45.2	911	21881
2015	95065	124143	44.3	957	19344
2016	100916	89227	36.8	1143	15049
2017	101461	53301	27.9	993	9292
合计	481834	574443	40.4	4862	92642

22.2　高被引论文分析

在农业科学与工程领域，2013—2017 年发表的总被引频次 Top 10 论文（表 22-2）的平均被引频次为 179.0 次，是全部 4862 篇高被引论文篇均被引频次的 9.40 倍。从论文分布来看，刊载高被引论文数量居前 3 位的期刊分别是《农业工程学报》（889 篇）、《中国农业科学》（358 篇）和《农业机械学报》（348 篇）；发表高被引论文数量居前 3 位的学者分别是安徽省潜山县林业局的张国庆（8 篇）、中国土地勘测规划院的冯广京（8 篇）和东北农业大学的王金武（7 篇）；产出高被引论文数量居前 3 位的机构分别是中国农业大学（257 篇）、西北农林科技大学（211 篇）和南京农业大学（120 篇）。

表 22-2　农业科学与工程领域高被引论文 Top 10

序号	论文题名	第一作者	期刊名称	发表年份	被引频次/次 总频次	被引频次/次 2018 年
1	中国耕地土壤重金属污染概况	宋伟	水土保持研究	2013	279	69
2	保障我国粮食安全的肥料问题	朱兆良	植物营养与肥料学报	2013	259	71
3	凌河流域水资源现状及保护措施	李学森	水土保持应用技术	2015	176	54
4	秸秆还田对土壤有机质和氮素有效性影响及机制研究进展	潘剑玲	中国生态农业学报	2013	175	43

序号	论文题名	第一作者	期刊名称	发表年份	被引频次/次	
					总频次	2018年
5	农用生物炭研究进展与前景	陈温福	中国农业科学	2013	166	51
6	中国农田重金属问题的若干思考	曾希柏	土壤学报	2013	160	41
7	我国农业面源污染治理技术研究进展	杨林章	中国生态农业学报	2013	147	43
8	农业物联网研究与应用现状及发展对策研究	葛文杰	农业机械学报	2014	145	29
9	中国水稻种植机械化高产农艺研究现状及发展探讨	张洪程	中国农业科学	2014	142	36
10	基于主成分与聚类分析的苹果加工品质评价	公丽艳	农业工程学报	2014	141	55

22.3 研究主题关联分析

在农业科学与工程领域，4862篇高被引论文共被引用了92642次。通过分析施引文献关键词的词频及关键词之间的共现关系，获得农业科学与工程领域的热点主题和主题关联，如图22-1所示。由图可知："产量""玉米""水稻""土壤"等关键词的文档词频较高，是农业科学与工程领域的研究热点；本领域主要形成4个研究主题簇，分别以"产量""品质"为核心，以"土壤""生物炭"为核心，以"玉米""水稻"为核心，以"土地利用""土地整治"为核心。

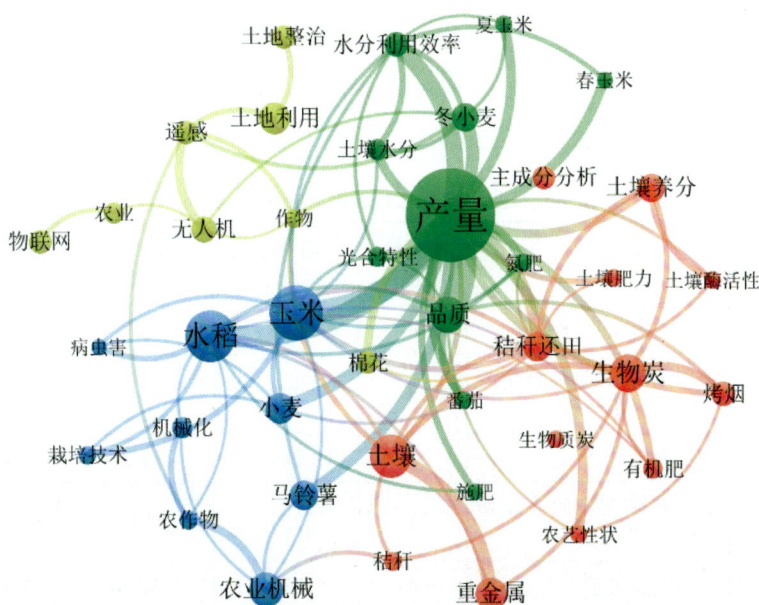

图22-1 农业科学与工程领域热点论文主题关联

22.4　高被引期刊分析

在农业科学与工程领域，5 年影响因子 Top 10 期刊见表 22-3，总被引频次最高的期刊是《农业工程学报》（39111 次），5 年影响因子最高的期刊是《植物营养与肥料学报》。

表 22-3　农业科学与工程领域高被引期刊基本指标

序号	期刊名称	5 年载文量/篇	总被引频次/次	5 年影响因子	高被引论文数量/篇	h 指数
1	植物营养与肥料学科	959	7983	3.045	191	31
2	土壤科学	779	5941	2.659	140	27
3	农业工程学报	5129	39111	2.628	889	48
4	中国土地科学	749	5640	2.587	125	26
5	中国农业科学	2407	16802	2.505	358	40
6	中国生态农业学报	1073	6504	2.091	134	27
7	农业机械学报	3374	19581	1.978	348	33
8	中国农业气象	504	2490	1.595	31	18
9	土壤	924	3870	1.564	51	18
10	水土保持学报	1717	7594	1.557	96	22

22.5　高被引作者分析

2013—2017 年论文总被引频次 Top 10 的作者见表 22-4。其中，发文总被引频次居前 3 位的作者分别是安徽省潜山县林业局的张国庆（358 次）、中国科学院地理科学与资源研究所的宋伟（296 次）和扬州大学的张洪程（289 次）。5 年发文量居前 3 位的作者分别是湖北省十堰农校的陈茂春（153 篇）、湖南省沅江市农村工作办公室的曹涤环（122 篇）和湖南省益阳市赫山区蔬菜局的王迪轩（122 篇）。

表 22-4　农业科学与工程领域高被引作者 Top 10

序号	作者	作者单位	发文量/篇	总被引频次/次	篇均被引频次/次	被引率/%	h 指数
1	张国庆	安徽省潜山县林业局	8	358	44.75	100.0	8
2	宋伟	中国科学院地理科学与资源研究所	3	296	98.67	100.0	3
3	张洪程	扬州大学	4	289	72.25	100.0	4
4	朱兆良	中国科学院南京土壤研究所	1	259	259.00	100.0	1
5	巨晓棠	中国农业大学	4	230	57.50	100.0	4
6	施卫东	江苏大学	24	208	8.67	100.0	10

续表

序号	作者	作者单位	发文量/篇	总被引频次/次	篇均被引频次/次	被引率/%	h指数
7	王金武	东北农业大学	20	192	9.60	100.0	7
8	潘剑玲	兰州大学	2	176	88.00	100.0	1
9	李学森	辽宁省凌河保护区管理局	1	176	176.00	100.0	1
10	陈晓华	农业部	14	167	11.93	71.4	5

22.6 高被引机构分析

农业科学与工程领域总被引频次 Top 20 高等院校和总被引频次 Top 10 科研院所的发文和被引情况分别见表 22-5 和表 22-6。

表 22-5 农业科学与工程领域高被引高等院校 Top 20

序号	第一作者单位	发文量/篇	总被引频次/次	篇均被引频次/次	序号	第一作者单位	发文量/篇	总被引频次/次	篇均被引频次/次
1	西北农林科技大学	4370	15029	3.44	11	山东农业大学	1725	5019	2.91
2	中国农业大学	3117	14236	4.57	12	河南农业大学	1917	4944	2.58
3	南京农业大学	2926	9270	3.17	13	石河子大学	2470	4712	1.91
4	华南农业大学	2073	6543	3.16	14	河北农业大学	2277	4662	2.05
5	东北农业大学	2354	6235	2.65	15	新疆农业大学	2561	4547	1.78
6	华中农业大学	1594	5561	3.49	16	吉林农业大学	1759	3915	2.23
7	甘肃农业大学	2244	5440	2.42	17	北京林业大学	1303	3849	2.95
8	湖南农业大学	2603	5262	2.02	18	西南大学	1149	3692	3.21
9	沈阳农业大学	2029	5234	2.58	19	内蒙古农业大学	1620	3572	2.20
10	江苏大学	1199	5021	4.19	20	山西农业大学	1668	3449	2.07

表 22-6 农业科学与工程领域高被引科研院所 Top 10

序号	第一作者单位	发文量/篇	总被引频次/次	篇均被引频次/次	序号	第一作者单位	发文量/篇	总被引频次/次	篇均被引频次/次
1	江苏省农业科学院	1673	4715	2.82	3	中国科学院南京土壤研究所	485	2770	5.71
2	中国农业科学院	805	3108	3.86	4	山西省农业科学院	1374	2620	1.91

序号	第一作者单位	发文量/篇	总被引频次/次	篇均被引频次/次	序号	第一作者单位	发文量/篇	总被引频次/次	篇均被引频次/次
5	中国农业科学院农业资源与农业区划研究所	327	2370	7.25	8	广东省农业科学院	683	1762	2.58
6	福建省农业科学院	1213	2326	1.92	9	甘肃省农业科学院	649	1690	2.60
7	广西农业科学院	843	2206	2.62	10	山东省农业科学院	870	1669	1.92

22.7　高被引国外期刊分析

农业科学与工程领域 2018 年被引频次 Top 10 的国外期刊见表 22-7，排名前 3 位的国外期刊分别是 *PLOS ONE*、*Scientific Reports* 和 *Food Chemistry*。

表 22-7　农业科学与工程领域高被引国外期刊 Top 10

序号	期刊名称	2018 年被引频次/次
1	PLOS ONE	1607
2	Scientific Reports	758
3	Food Chemistry	633
4	Field Crops Research	626
5	Frontiers in Plant Science	610
6	Science of the Total Environment	571
7	Bioresource Technology	507
8	Agricultural Water Management	476
9	Journal of Experimental Botany	432
10	Geoderma	429

第23章　植物保护学领域高被引分析

23.1　领域论文概况

2013—2017 年，植物保护学领域的 16 种期刊上共发表学术论文 11985 篇，由来自 2242 所机构的 8274 位学者作为第一作者发表。上述论文中，有 7364 篇获得过引用，整体被引率为 61.4%，总被引频次为 24588 次，篇均被引 2.05 次；其中，高被引论文有 112 篇，高被引论文篇均被引 21.12 次（表 23-1），另外，2018 年本领域共发表论文 2327 篇，其中有 192 篇在当年获得过引用，总共被引 242 次。

表 23-1　植物保护学领域论文分布情况

年份	论文数量/篇	总被引频次/次	被引率/%	高被引论文数量/篇	高被引论文被引频次/次
2013	2379	7810	73.4	23	792
2014	2474	6155	68.9	23	543
2015	2479	5260	64.1	25	546
2016	2376	3632	58.7	22	324
2017	2277	1731	41.9	19	160
合计	11985	24588	61.4	112	2365

23.2　高被引论文分析

在植物保护学领域，2013—2017 年发表的总被引频次 Top 10 论文（表 23-2）的平均被引频次为 50.3 次，是全部 112 篇高被引论文篇均被引频次的 2.38 倍。从论文分布来看，刊载高被引论文数量居前 3 位的期刊分别是《植物保护》（28 篇）、《中国植保导刊》（24 篇）和《中国生物防治学报》（17 篇），其中，《植物保护》刊载了高被引论文 Top 10 中的 5 篇；发表高被引论文数量居前 3 位的学者分别是全国农业技术推广服务中心的曾娟（3 篇）、中国农业科学院植物保护研究所的邱德文（2 篇）和江苏嘉隆化工有限公司的仇是胜（2 篇）；产出高被引论文数量居前 3 位的机构分别是全国农业技术推广服务中心（16 篇）、中国农业科学院植物保护研究所（11 篇）和山东农业大学（6 篇）。

表 23-2　植物保护学领域高被引论文 Top 10

序号	论文题名	第一作者	期刊名称	发表年份	被引频次/次	
					总频次	2018 年
1	植物源农药研究进展	张兴	中国生物防治学报	2015	81	31
2	我国苹果主要病害研究进展与病害防治中的问题	李保华	植物保护	2013	60	14
3	小麦赤霉病的防治技术研究进展	张洁	中国植保导刊	2014	52	16
4	生物农药研究进展与未来展望	邱德文	植物保护	2013	48	9

序号	论文题名	第一作者	期刊名称	发表年份	被引频次/次	
					总频次	2018 年
5	我国小麦田除草剂应用及杂草抗药性现状	吴明荣	农药	2013	46	12
6	小麦重大病虫害综合防治技术体系	陈万权	植物保护	2013	46	4
7	小型无人机低空喷洒在玉米田的雾滴沉积分布及对玉米螟的防治效果初探	高圆圆	植物保护	2013	44	19
8	农药残留研究进展与展望	郑永权	植物保护	2013	44	11
9	中国农药使用现状及对策建议	陈晓明	农药科学与管理	2016	43	27
10	2012年我国小麦赤霉病暴发原因分析及持续监控与治理对策	曾娟	中国植保导刊	2013	39	10

23.3　研究主题关联分析

在植物保护学领域，112 篇高被引论文共被引用了 2365 次。通过分析施引文献关键词的词频及关键词之间的共现关系，获得植物保护学领域的热点主题和主题关联，如图 23-1 所示。由图可知："防治效果""小麦""水稻""病虫害"等关键词的文档词频较高，是植物保护学领域的研究热点；本领域主要形成 3 个研究主题簇，分别以"防治效果""杀虫剂"为核心，以"水稻""农药"为核心，以"病虫害""小麦"为核心。

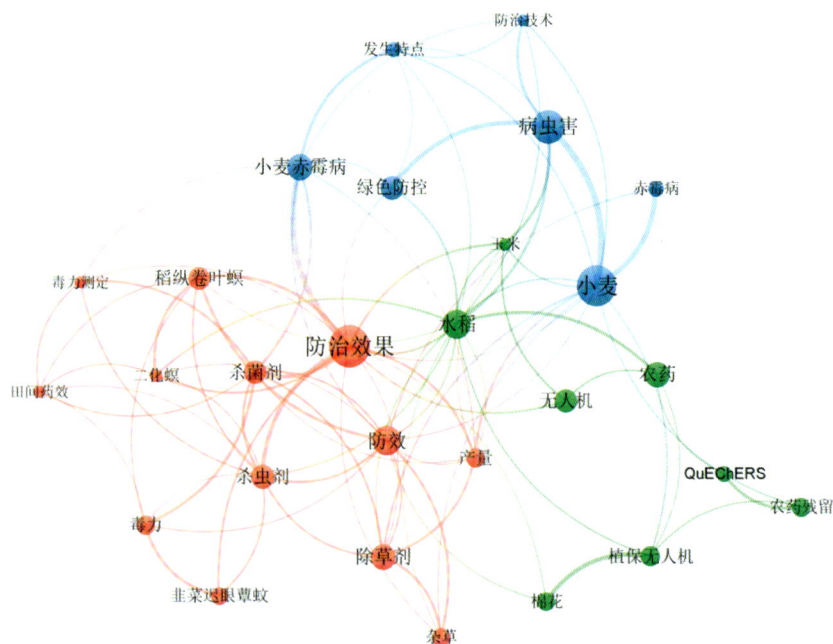

图 23-1　植物保护学领域热点论文主题关联

23.4　高被引期刊分析

在植物保护学领域，5 年影响因子 Top 10 期刊见表 23-3，总被引频次最高的期刊是《植物保护》（3957 次），5 年影响因子最高的期刊是《中国生物防治学报》。

表 23-3　植物保护学领域高被引期刊基本指标

序号	期刊名称	5 年载文量/篇	总被引频次/次	5 年影响因子	高被引论文数量/篇	h 指数
1	中国生物防治学报	591	2024	1.222	17	16
2	植物保护学报	720	2391	1.156	12	15
3	植物保护	1300	3957	1.077	28	18
4	农药学学报	592	1744	1.052	8	13
5	植物病理学报	510	1170	0.810	2	12
6	中国植保导刊	1333	2996	0.722	24	15
7	环境昆虫学报	864	1589	0.713	2	12
8	农药	1422	2974	0.681	7	13
9	杂草科学	316	716	0.636	1	9
10	现代农药	543	806	0.479	3	9

23.5　高被引作者分析

2013—2017 年论文总被引频次 Top 10 的作者见表 23-4。其中，发文总被引频次居前 3 位的作者分别是全国农业技术推广服务中心的曾娟（121 次）、深圳诺普信农化股份有限公司的华乃震（99 次）和全国农业技术推广服务中心的张帅（96 次）。5 年发文量居前 3 位的作者分别是上海市农药研究所有限公司的张一宾（38 篇）、上海市农药研究所有限公司的叶萱（26 篇）和上海市农药研究所有限公司的筱禾（20 篇）。

表 23-4　植物保护学领域高被引作者 Top 10

序号	作者	作者单位	发文量/篇	总被引频次/次	篇均被引频次/次	被引率/%	h 指数
1	曾娟	全国农业技术推广服务中心	10	121	12.10	90.0	5
2	华乃震	深圳诺普信农化股份有限公司	16	99	6.19	100.0	6
3	张帅	全国农业技术推广服务中心	11	96	8.73	100.0	6
4	张兴	西北农林科技大学	2	93	46.50	100.0	2
5	杨普云	全国农业技术推广服务中心	7	91	13.00	100.0	3

序号	作者	作者单位	发文量/篇	总被引频次/次	篇均被引频次/次	被引率/%	h指数
6	邱德文	中国农业科学院植物保护研究所	3	90	30.00	100.0	3
7	张一宾	上海市农药研究所有限公司	38	69	1.82	68.0	4
8	刘万才	全国农业技术推广服务中心	10	68	6.80	100.0	5
9	顾林玲	江苏省农药研究所股份有限公司	10	63	6.30	100.0	5
10	黄冲	全国农业技术推广服务中心	9	60	6.67	88.9	4

23.6　高被引机构分析

植物保护学领域总被引频次 Top 20 高等院校和总被引频次 Top 10 科研院所的发文和被引情况分别见表 23-5 和表 23-6。

表 23-5　植物保护学领域高被引高等院校 Top 20

序号	第一作者单位	发文量/篇	总被引频次/次	篇均被引频次/次	序号	第一作者单位	发文量/篇	总被引频次/次	篇均被引频次/次
1	山东农业大学	183	691	3.78	11	吉林农业大学	92	245	2.66
2	中国农业大学	177	611	3.45	12	江西农业大学	99	236	2.38
3	西北农林科技大学	160	525	3.28	13	云南农业大学	89	233	2.62
4	华南农业大学	181	470	2.60	14	东北农业大学	91	218	2.40
5	南京农业大学	120	382	3.18	15	甘肃农业大学	74	215	2.91
6	沈阳农业大学	134	359	2.68	16	海南大学	76	213	2.80
7	河北农业大学	132	357	2.70	17	浙江大学	79	212	2.68
8	湖南农业大学	110	335	3.05	18	广西大学	105	172	1.64
9	青岛农业大学	102	297	2.91	19	华中农业大学	72	142	1.97
10	贵州大学	109	274	2.51	20	河南农业大学	51	130	2.55

表 23-6 植物保护学领域高被引科研院所 Top 10

序号	第一作者单位	发文量/篇	总被引频次/次	篇均被引频次/次	序号	第一作者单位	发文量/篇	总被引频次/次	篇均被引频次/次
1	中国农业科学院植物保护研究所	275	1015	3.69	6	北京市农林科学院	73	276	3.78
2	全国农业技术推广服务中心	139	878	6.32	7	江苏省农业科学院	67	247	3.69
3	中国农业科学院	125	378	3.02	8	河北省农林科学院	76	233	3.07
4	农业部农药检定所	233	345	1.48	9	中国热带农业科学院环境与植物保护研究所	71	189	2.66
5	广东省农业科学院	100	304	3.04	10	山东省农业科学院	54	167	3.09

23.7 高被引国外期刊分析

植物保护学领域 2018 年被引频次 Top 10 的国外期刊见表 23-7，排名前 3 位的国外期刊分别是 *PLOS ONE*、*Plant Disease* 和 *Scientific Reports*。

表 23-7 植物保护学领域高被引国外期刊 Top 10

序号	期刊名称	2018 年被引频次/次
1	PLOS ONE	190
2	Plant Disease	172
3	Scientific Reports	116
4	Pest Management Science	101
5	Biological Control	80
6	Journal of Economic Entomology	73
7	Crop Protection	72
8	Pesticide Biochemistry and Physiology	57
9	Journal of Agricultural and Food Chemistry	51
10	Food Chemistry	48

第24章 农作物领域高被引分析

24.1 领域论文概况

2013—2017 年，农作物领域的 42 种期刊上共发表学术论文 41161 篇，由来自 7844 所机构的 28249 位学者作为第一作者发表。上述论文中，有 21749 篇获得过引用，整体被引率为 52.8%，总被引频次为 73252 次，篇均被引 1.78 次；其中，高被引论文有 399 篇，高被引论文篇均被引 20.31 次（表 24-1），另外，2018 年本领域共发表论文 8542 篇，其中有 867 篇在当年获得过引用，总共被引 1146 次。

表 24-1　农作物领域论文分布情况

年份	论文数量/篇	总被引频次/次	被引率/%	高被引论文数量/篇	高被引论文被引频次/次
2013	8263	22759	60.4	85	2632
2014	8110	18727	60.0	75	2046
2015	8179	15221	56.6	90	1690
2016	8157	10308	49.2	84	1135
2017	8452	6237	38.5	65	601
合计	41161	73252	52.8	399	8104

24.2 高被引论文分析

在农作物领域，2013—2017 年发表的总被引频次 Top 10 论文（表 24-2）的平均被引频次为 65.7 次，是全部 399 篇高被引论文篇均被引频次的 3.23 倍。从论文分布来看，刊载高被引论文数量居前 3 位的期刊分别是《作物学报》（99 篇）、《核农学报》（52 篇）和《植物遗传资源学报》（30 篇），其中，《作物学报》刊载了高被引论文 Top 10 中的 3 篇；发表高被引论文数量居前 3 位的学者分别是吉林省农业科学院的方向前（3 篇）、中国农业科学院作物科学研究所的王兰芬（2 篇）和扬州大学的景立权（2 篇）；产出高被引论文数量居前 3 位的机构分别是扬州大学（23 篇）、中国农业科学院作物科学研究所（17 篇）和湖南农业大学（15 篇）。

表 24-2　农作物领域高被引论文 Top 10

序号	论文题名	第一作者	期刊名称	发表年份	被引频次/次	
					总频次	2018 年
1	生物炭对水稻根系形态与生理特性及产量的影响	张伟明	作物学报	2013	123	42
2	土壤pH对植物生长发育影响的研究进展	唐琨	作物研究	2013	70	19
3	我国双季稻生产机械化制约因子与发展对策	朱德峰	中国稻米	2013	65	17

续表

序号	论文题名	第一作者	期刊名称	发表年份	被引频次/次	
					总频次	2018年
4	影响玉米机械收粒质量因素的分析	柳枫贺	作物杂志	2013	64	29
5	长期稻-稻-绿肥轮作对水稻产量及土壤肥力的影响	高菊生	作物学报	2013	60	8
6	黄淮海夏玉米子粒机械收获研究初报	谢瑞芝	作物杂志	2014	59	30
7	吉林省湿润冷凉区玉米优质高产高效生产制约因素及对策	方向前	中国种业	2013	58	5
8	特色植物辣木的应用价值及发展前景分析	刘子记	热带作物学报	2014	53	16
9	钵苗机插密度对不同类型水稻产量及光合物质生产特性的影响	朱聪聪	作物学报	2014	53	10
10	论烟叶精益生产	冰火	中国烟草学报	2014	52	9

24.3 研究主题关联分析

在农作物领域，399篇高被引论文共被引用了8104次。通过分析施引文献关键词的词频及关键词之间的共现关系，获得农作物领域的热点主题和主题关联，如图24-1所示。由图可知："产量""玉米""水稻""农艺性状"等关键词的文档词频较高，是农作物领域的研究热点；本领域主要形成4个研究主题簇，分别以"产量""干物质积累"为核心，以"玉米""小麦"为核心，以"农艺性状""主成分分析"为核心，以"水稻""烤烟"为核心。

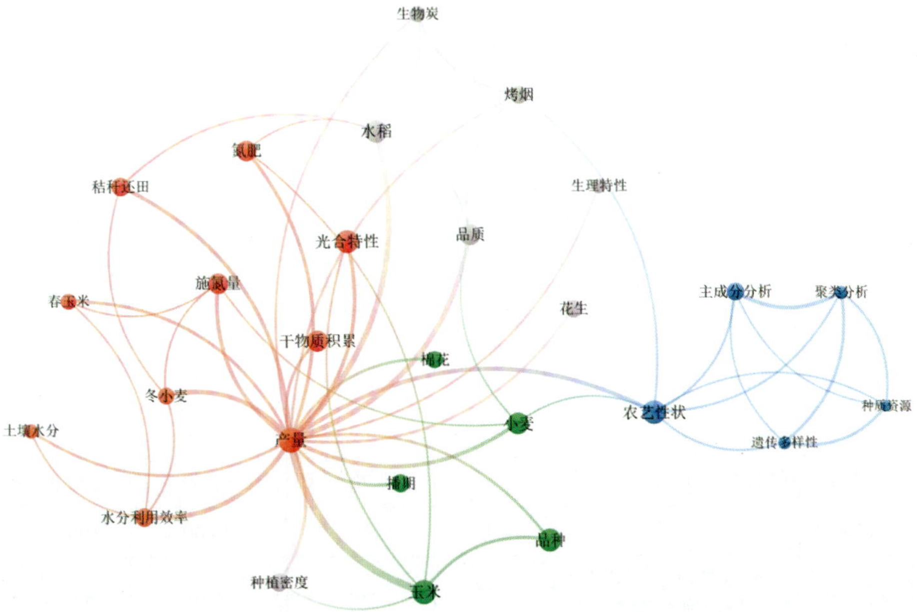

图24-1 农作物领域热点论文主题关联

24.4 高被引期刊分析

在农作物领域，5 年影响因子 Top 10 期刊见表 24-3，总被引频次最高的期刊是《核农学报》（6689 次），5 年影响因子最高的期刊是《作物学报》。

表 24-3 农作物领域高被引期刊基本指标

序号	期刊名称	5 年载文量/篇	总被引频次/次	5 年影响因子	高被引论文数量/篇	h 指数
1	作物学报	1185	6632	1.680	99	26
2	核农学报	1539	6689	1.473	52	20
3	植物遗传资源学报	900	3949	1.413	30	20
4	中国水稻科学	424	1758	1.255	13	16
5	茶叶科学	471	1747	1.253	10	15
6	中国油料作物学报	627	2057	1.113	9	14
7	作物杂志	1050	3132	1.067	22	16
8	中国烟草科学	654	2381	1.066	11	15
9	玉米科学	843	2719	1.058	20	16
10	中国烟草学报	655	2022	1.026	9	14

24.5 高被引作者分析

2013—2017 年论文总被引频次 Top 10 的作者见表 24-4。其中，发文总被引频次居前 3 位的作者分别是沈阳农业大学的张伟明（142 次）、吉林省农业科学院的方向前（123 次）和扬州大学的韦还和（89 次）。5 年发文量居前 3 位的作者分别是军事医学科学院长春离职干部休养所的郭文场（51 篇）、山东省贵和律师事务所的武合讲（46 篇）和中国农业科学院特产研究所的周淑荣（42 篇）。

表 24-4 农作物领域高被引作者 Top 10

序号	作者	作者单位	发文量/篇	总被引频次/次	篇均被引频次/次	被引率/%	h 指数
1	张伟明	沈阳农业大学	2	142	71.00	100.0	2
2	方向前	吉林省农业科学院	9	123	13.67	88.9	4
3	韦还和	扬州大学	11	89	8.09	81.8	5
4	邓小华	湖南农业大学	4	70	17.50	100.0	3
5	唐琨	湖南农业大学	1	70	70.00	100.0	1
6	刘子记	中国热带农业科学院热带作物品种资源研究所	7	69	9.86	85.7	3

续表

序号	作者	作者单位	发文量/篇	总被引频次/次	篇均被引频次/次	被引率/%	h 指数
7	滑金杰	中国农业科学院茶叶研究所	5	67	13.40	100.0	4
8	徐云姬	扬州大学	5	65	13.00	100.0	3
9	姜元华	扬州大学	3	65	21.67	100.0	3
10	冰火	国家烟草专卖局（公司）	2	65	32.50	100.0	2

24.6　高被引机构分析

农作物领域总被引频次 Top 20 高等院校和总被引频次 Top 10 科研院所的发文和被引情况分别见表 24-5 和表 24-6。

表 24-5　农作物领域高被引高等院校 Top 20

序号	第一作者单位	发文量/篇	总被引频次/次	篇均被引频次/次	序号	第一作者单位	发文量/篇	总被引频次/次	篇均被引频次/次
1	湖南农业大学	828	2284	2.76	11	山东农业大学	197	916	4.65
2	扬州大学	339	1546	4.56	12	中国农业大学	247	863	3.49
3	河南农业大学	367	1379	3.76	13	甘肃农业大学	163	705	4.33
4	东北农业大学	506	1294	2.56	14	浙江大学	194	633	3.26
5	福建农林大学	462	1230	2.66	15	石河子大学	175	621	3.55
6	南京农业大学	404	1207	2.99	16	河北农业大学	216	595	2.75
7	西北农林科技大学	382	1205	3.15	17	华中农业大学	168	521	3.10
8	沈阳农业大学	316	1192	3.77	18	内蒙古农业大学	187	470	2.51
9	四川农业大学	292	1096	3.75	19	吉林农业大学	187	443	2.37
10	海南大学	492	987	2.01	20	云南农业大学	193	426	2.21

表 24-6　农作物领域高被引科研院所 Top 10

序号	第一作者单位	发文量/篇	总被引频次/次	篇均被引频次/次	序号	第一作者单位	发文量/篇	总被引频次/次	篇均被引频次/次
1	中国农业科学院作物科学研究所	312	1249	4.00	3	中国农业科学院烟草研究所	217	843	3.88
2	中国农业科学院棉花研究所	325	875	2.69	4	中国农业科学院	240	796	3.32

序号	第一作者单位	发文量/篇	总被引频次/次	篇均被引频次/次	序号	第一作者单位	发文量/篇	总被引频次/次	篇均被引频次/次
5	江苏省农业科学院	220	724	3.29	8	中国农业科学院油料作物研究所	170	628	3.69
6	中国水稻研究所	209	693	3.32	9	中国农业科学院茶叶研究所	102	513	5.03
7	吉林省农业科学院	208	628	3.02	10	广东省农业科学院	191	510	2.67

24.7 高被引国外期刊分析

农作物领域 2018 年被引频次 Top 10 的国外期刊见表 24-7，排名前 3 位的国外期刊分别是 *PLOS ONE*、*Frontiers in Plant Science* 和 *Plant Physiology*。

表 24-7 农作物领域高被引国外期刊 Top 10

序号	期刊名称	2018 年被引频次/次
1	PLOS ONE	746
2	Frontiers in Plant Science	395
3	Plant Physiology	319
4	Journal of Experimental Botany	318
5	Food Chemistry	265
6	Theoretical and Applied Genetics	258
7	BMC Plant Biology	235
8	BMC Genetics	230
9	Scientific Reports	220
10	Field Crops Research	197

第 25 章　园艺学领域高被引分析

25.1　领域论文概况

2013—2017 年，园艺学领域的 36 种期刊上共发表学术论文 67902 篇，由来自 17793 所机构的 46531 位学者作为第一作者发表。上述论文中，有 28806 篇获得过引用，整体被引率为 42.4%，总被引频次为 75930 次，篇均被引 1.12 次；其中，高被引论文有 642 篇，高被引论文篇均被引 17.19 次（表 25-1），另外，2018 年本领域共发表论文 14069 篇，其中有 1369 篇在当年获得过引用，总共被引 1892 次。

表 25-1　园艺学领域论文分布情况

年份	论文数量/篇	总被引频次/次	被引率/%	高被引论文数量/篇	高被引论文被引频次/次
2013	13034	21874	52.0	125	2927
2014	13475	18418	47.4	127	2782
2015	13634	15818	44.1	132	2408
2016	13888	12425	39.4	142	1925
2017	13871	7395	29.9	116	993
合计	67902	75930	42.4	642	11035

25.2　高被引论文分析

在园艺学领域，2013—2017 年发表的总被引频次 Top 10 论文（表 25-2）的平均被引频次为 62.8 次，是全部 642 篇高被引论文篇均被引频次的 3.65 倍。从论文分布来看，刊载高被引论文数量居前 3 位的期刊分别是《现代园艺》（337 篇）、《园艺学报》（79 篇）和《果树学报》（53 篇），其中，《现代园艺》刊载了高被引论文 Top 10 中的 6 篇；发表高被引论文数量居前 3 位的学者分别是山东农业大学的陈学森（3 篇）、常熟市景秀园艺绿化工程有限公司的黄丽英（2 篇）和中国农业科学院郑州果树研究所的刘文革（2 篇）；产出高被引论文数量居前 3 位的机构分别是西北农林科技大学（13 篇）、山东农业大学（12 篇）和浙江大学（10 篇）。

表 25-2　园艺学领域高被引论文 Top 10

序号	论文题名	第一作者	期刊名称	发表年份	被引频次/次 总频次	被引频次/次 2018 年
1	城市园林绿化养护管理存在问题及对策	蔡力伟	园艺与种苗	2014	94	23
2	园林施工中节能型技术的应用探析	王宗兴	现代园艺	2014	74	15
3	玉米高产栽培技术探讨	孟庆平	园艺与种苗	2013	67	4
4	刍议园林工程中园林施工新工艺的应用	张露	现代园艺	2014	63	8

序号	论文题名	第一作者	期刊名称	发表年份	被引频次/次	
					总频次	2018 年
5	点睛之笔——色彩景观在园林设计中的应用研究	马莉娜	现代园艺	2013	58	12
6	刺梨转录组SSR信息分析及其分子标记开发	鄢秀芹	园艺学报	2015	56	25
7	低碳理念在城市园林植物景观设计中的应用探讨	苏志国	现代园艺	2015	56	24
8	南方红豆杉转录组SSR挖掘及分子标记的研究	李炎林	园艺学报	2014	54	21
9	人性化理念在风景园林设计中的应用	邓梅芬	现代园艺	2015	54	13
10	园林施工新工艺的管理与技术难点分析	王文佳	现代园艺	2013	52	4

25.3　研究主题关联分析

在园艺学领域，642 篇高被引论文共被引用了 11035 次。通过分析施引文献关键词的词频及关键词之间的共现关系，获得园艺学领域的热点主题和主题关联，如图 25-1 所示。由图可知："园林工程""园林施工""园林绿化""施工"等关键词的文档词频较高，是园艺学领域的研究热点；本领域主要形成 4 个研究主题簇，分别以"园林绿化""养护管理"为核心，以"园林工程""施工管理"为核心，以"园林施工""新工艺"为核心，以"园林景观""植物配置"为核心。

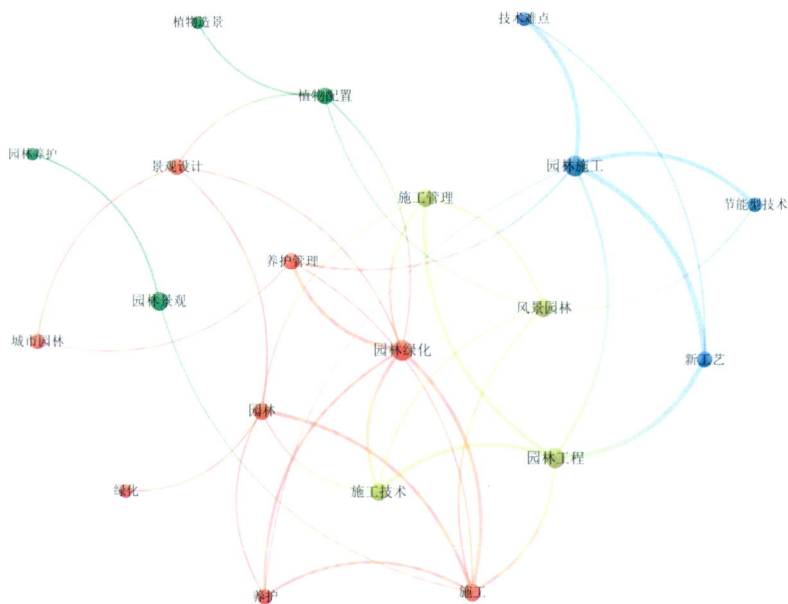

图 25-1　园艺学领域热点论文主题关联

25.4　高被引期刊分析

在园艺学领域，5 年影响因子 Top 10 期刊见表 25-3，总被引频次最高的期刊是《现代园艺》（22248 次），5 年影响因子最高的期刊是《果树学报》。

表 25-3　园艺学领域高被引期刊基本指标

序号	期刊名称	5 年载文量/篇	总被引频次/次	5 年影响因子	高被引论文数量/篇	h 指数
1	果树学报	987	3881	1.333	53	17
2	园艺学报	1679	5944	1.235	79	21
3	花生学报	273	580	0.875	2	9
4	中国马铃薯	477	1073	0.855	6	10
5	食用菌学报	353	677	0.612	3	9
6	中国果树	877	1496	0.605	5	11
7	中国南方果树	1352	2226	0.549	8	11
8	北方园艺	6676	10795	0.517	41	16
9	中国蔬菜	2121	3612	0.516	33	16
10	中国瓜菜	1000	1378	0.495	6	10

25.5　高被引作者分析

2013—2017 年论文总被引频次 Top 10 的作者见表 25-4。其中，发文总被引频次居前 3 位的作者分别是北京市通州区西海子公园管理处的蔡力伟（94 次）、甘肃省静宁县林业局的王田利（89 次）和天津市环投绿化工程有限公司的王宗兴（74 次）。5 年发文量居前 3 位的作者分别是甘肃省静宁县林业局的王田利（156 篇）、北京市新发地农产品股份有限公司的张玉玺（49 篇）和山西省临汾市农业委员会的王秋萍（47 篇）。

表 25-4　园艺学领域高被引作者 Top 10

序号	作者	作者单位	发文量/篇	总被引频次/次	篇均被引频次/次	被引率/%	h 指数
1	蔡力伟	北京市通州区西海子公园管理处	1	94	94.00	100.0	1
2	王田利	甘肃省静宁县林业局	156	89	0.57	30.1	4
3	王宗兴	天津市环投绿化工程有限公司	1	74	74.00	100.0	1
4	孟庆平	辽宁省黑山县农业技术推广中心	2	73	36.50	100.0	2
5	张玉玺	北京市新发地农产品股份有限公司	49	71	1.45	85.7	3

序号	作者	作者单位	发文量/篇	总被引频次/次	篇均被引频次/次	被引率/%	h指数
6	刘文革	中国农业科学院郑州果树研究所	7	69	9.86	100.0	4
7	张露	杭州市园林工程有限公司	1	63	63.00	100.0	1
8	陈学森	山东农业大学	10	61	6.10	100.0	5
9	田景花	河北农业大学	5	61	12.20	100.0	5
10	曾凡逵	中国科学院兰州化学物理研究所	4	58	14.50	75.0	3

25.6　高被引机构分析

园艺学领域总被引频次 Top 20 高等院校和总被引频次 Top 10 科研院所的发文和被引情况分别见表 25-5 和表 25-6。

表 25-5　园艺学领域高被引高等院校 Top 20

序号	第一作者单位	发文量/篇	总被引频次/次	篇均被引频次/次	序号	第一作者单位	发文量/篇	总被引频次/次	篇均被引频次/次
1	西北农林科技大学	582	1352	2.32	11	湖南农业大学	198	398	2.01
2	河北农业大学	546	983	1.80	12	新疆农业大学	227	385	1.70
3	山东农业大学	286	935	3.27	13	华南农业大学	190	368	1.94
4	西南大学	321	782	2.44	14	宁夏大学	226	365	1.62
5	南京农业大学	211	749	3.55	15	浙江大学	113	359	3.18
6	中国农业大学	242	647	2.67	16	青岛农业大学	182	346	1.90
7	吉林农业大学	314	585	1.86	17	福建农林大学	222	337	1.52
8	华中农业大学	204	532	2.61	18	北京林业大学	268	296	1.10
9	东北农业大学	225	464	2.06	19	贵州大学	95	279	2.94
10	沈阳农业大学	247	424	1.72	20	河南农业大学	115	277	2.41

表 25-6　园艺学领域高被引科研院所 Top 10

序号	第一作者单位	发文量/篇	总被引频次/次	篇均被引频次/次	序号	第一作者单位	发文量/篇	总被引频次/次	篇均被引频次/次
1	中国农业科学院果树研究所	238	732	3.08	6	江苏省农业科学院	165	392	2.38
2	中国农业科学院郑州果树研究所	251	654	2.61	7	中国农业科学院	125	377	3.02
3	中国农业科学院蔬菜花卉研究所	249	603	2.42	8	广西农业科学院	214	361	1.69
4	北京市农林科学院	249	500	2.01	9	山东省果树研究所	276	342	1.24
5	福建省农业科学院	284	429	1.51	10	辽宁省果树科学研究所	175	304	1.74

25.7　高被引国外期刊分析

园艺学领域 2018 年被引频次 Top 10 的国外期刊见表 25-7，排名前 3 位的国外期刊分别是 *PLOS ONE*、*Scientia Horticulturae* 和 *Frontiers in Plant Science*。

表 25-7　园艺学领域高被引国外期刊 Top 10

序号	期刊名称	2018 年被引频次/次
1	PLOS ONE	212
2	Scientia Horticulturae	159
3	Frontiers in Plant Science	121
4	Food Chemistry	120
5	Scientific Reports	87
6	Journal of Experimental Botany	87
7	Plant Physiology	79
8	BMC Genetics	73
9	Postharvest Biology and Technology	64
10	BMC Plant Biology	58

第 26 章 林业领域高被引分析

26.1 领域论文概况

2013—2017 年，林业领域的 68 种期刊上共发表学术论文 64614 篇，由来自 12626 所机构的 43879 位学者作为第一作者发表。上述论文中，有 31816 篇获得过引用，整体被引率为 49.2%，总被引频次为 92169 次，篇均被引 1.43 次；其中，高被引论文有 642 篇，高被引论文篇均被引 17.59 次（表 26-1），另外，2018 年本领域共发表论文 12795 篇，其中有 1070 篇在当年获得过引用，总共被引 1361 次。

表 26-1 林业领域论文分布情况

年份	论文数量/篇	总被引频次/次	被引率/%	高被引论文数量/篇	高被引论文被引频次/次
2013	12910	28390	59.2	135	3472
2014	13175	22534	54.9	127	2694
2015	12853	19390	52.2	128	2398
2016	12999	14070	45.2	143	1914
2017	12677	7785	34.4	109	817
合计	64614	92169	49.2	642	11295

26.2 高被引论文分析

在林业领域，2013—2017 年发表的总被引频次 Top 10 论文（表 26-2）的平均被引频次为 69.1 次，是全部 642 篇高被引论文篇均被引频次的 3.93 倍。从论文分布来看，刊载高被引论文数量居前 3 位的期刊分别是《中南林业科技大学学报》（89 篇）、《林业科学》（85 篇）和《绿色科技》（68 篇），其中，《绿色科技》刊载了高被引论文 Top 10 中的 4 篇；发表高被引论文数量居前 3 位的学者分别是明溪县林业局的欧建德（7 篇）、沙县林业局的洪宜聪（4 篇）和中国林业科学研究院林业研究所的惠刚盈（3 篇）；产出高被引论文数量居前 3 位的机构分别是东北林业大学（50 篇）、中南林业科技大学（42 篇）和北京林业大学（39 篇）。

表 26-2 林业领域高被引论文 Top 10

序号	论文题名	第一作者	期刊名称	发表年份	被引频次/次	
					总频次	2018 年
1	园林绿化施工与养护管理技术	熊中芝	绿色科技	2013	102	20
2	沈阳地区水资源短缺原因分析及对策研究	徐飞	水资源开发与管理	2015	90	18
3	基于杜仲转录组序列的SSR分子标记的开发	黄海燕	林业科学	2013	70	17

续表

序号	论文题名	第一作者	期刊名称	发表年份	被引频次/次	
					总频次	2018 年
4	藜麦特性及开发利用研究进展	王晨静	浙江农林大学学报	2014	69	25
5	浅析园林绿化施工与养护管理	朱玉峰	绿色科技	2014	66	17
6	油用牡丹研究进展	陈慧玲	湖北林业科技	2013	64	16
7	市政给排水设计中常见的问题与对策探究	徐鹏飞	林业科技情报	2016	63	33
8	我国油用牡丹开发利用现状及产业化发展对策	周琳	世界林业研究	2014	61	20
9	市政园林绿化工程质量管理与控制研究	张成传	绿色科技	2015	54	13
10	园林工程施工中树木栽植实践探究	李龙辉	绿色科技	2013	52	2

26.3　研究主题关联分析

在林业领域，642 篇高被引论文共被引用了 11295 次。通过分析施引文献关键词的词频及关键词之间的共现关系，获得林业领域的热点主题和主题关联，如图 26-1 所示。由图可知："油茶""林下经济""园林绿化""光合特性"等关键词的文档词频较高，是林业领域的研究热点；本领域主要形成 3 个研究主题簇，分别以"油茶""光合特性"为核心，以"林下经济""杉木"为核心，以"园林绿化""园林工程"为核心。

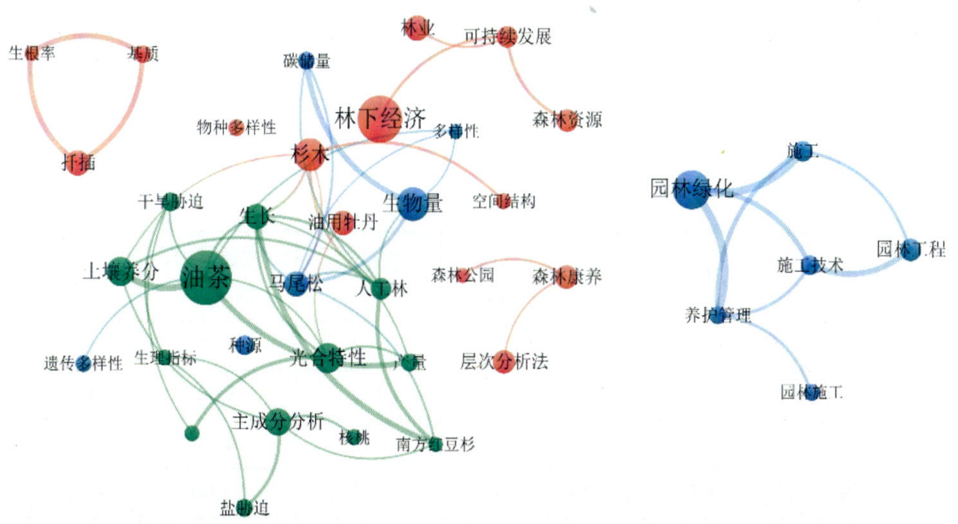

图 26-1　林业领域热点论文主题关联

26.4　高被引期刊分析

在林业领域，5 年影响因子 Top 10 期刊见表 26-3，总被引频次最高的期刊是《绿色科技》（9428 次），5 年影响因子最高的期刊是《林业科学》。

表 26-3　林业领域高被引期刊基本指标

序号	期刊名称	5 年载文量/篇	总被引频次/次	5 年影响因子	高被引论文数量/篇	h 指数
1	林业科学	1363	5687	1.415	85	22
2	经济林研究	693	2928	1.326	35	17
3	中南林业科技大学学报	1556	6492	1.251	89	21
4	北京林业大学学报	868	2820	1.176	26	15
5	西北林学院学报	1586	5370	1.065	47	18
6	世界林业研究	529	1549	1.064	19	16
7	林业科学研究	690	2084	1.045	14	15
8	南京林业大学学报（自然科学版）	1020	3250	1.023	28	17
9	森林与环境学报	376	1086	0.976	14	11
10	浙江农林大学学报	739	2085	0.907	14	14

26.5　高被引作者分析

2013—2017 年论文总被引频次 Top 10 的作者见表 26-4。其中，发文总被引频次居前 3 位的作者分别是明溪县林业局的欧建德（138 次）、沙县林业局的洪宜聪（119 次）、甘肃省林业科学研究院的王俊杰（117 次）和湖北省林业科学研究院的陈慧玲（117 次）。5 年发文量居前 3 位的作者分别是广西林业信息宣传中心的熊晓庆（38 篇）、广西民族大学的李启军（36 篇）和南宁九三工学院的陆小鸿（36 篇）。

表 26-4　林业领域高被引作者 Top 10

序号	作者	作者单位	发文量/篇	总被引频次/次	篇均被引频次/次	被引率/%	h 指数
1	欧建德	明溪县林业局	21	138	6.57	90.5	8
2	洪宜聪	沙县林业局	14	119	8.50	100.0	7
3	王俊杰	甘肃省林业科学研究院	29	117	4.03	82.8	6
4	陈慧玲	湖北省林业科学研究院	9	117	13.00	88.9	4
5	熊中芝	棕榈园林股份有限公司上海分公司	1	102	102.00	100.0	1
6	徐飞	辽宁省沈阳市水文局	1	90	90.00	100.0	1
7	王瑞	湖南省林业科学院	8	87	10.88	87.5	4

续表

序号	作者	作者单位	发文量/篇	总被引频次/次	篇均被引频次/次	被引率/%	h 指数
8	黄海燕	中国林业科学研究院经济林研究开发中心	2	79	39.50	100.0	2
9	曾伟生	国家林业局调查规划设计院	13	78	6.00	84.6	7
10	惠刚盈	中国林业科学研究院林业研究所	6	75	12.50	100.0	4

26.6 高被引机构分析

林业领域总被引频次 Top 20 高等院校和总被引频次 Top 10 科研院所的发文和被引情况分别见表 26-5 和表 26-6。

表 26-5 林业领域高被引高等院校 Top 20

序号	第一作者单位	发文量/篇	总被引频次/次	篇均被引频次/次	序号	第一作者单位	发文量/篇	总被引频次/次	篇均被引频次/次
1	东北林业大学	2341	6073	2.59	11	贵州大学	191	476	2.49
2	北京林业大学	1639	4863	2.97	12	广西大学	191	435	2.28
3	南京林业大学	1564	4315	2.76	13	河北农业大学	219	429	1.96
4	中南林业科技大学	1041	3506	3.37	14	新疆农业大学	152	377	2.48
5	浙江农林大学	830	2195	2.64	15	内蒙古农业大学	262	340	1.30
6	西南林业大学	1138	2104	1.85	16	沈阳农业大学	112	316	2.82
7	西北农林科技大学	642	2024	3.15	17	同济大学	113	288	2.55
8	福建农林大学	614	1496	2.44	18	四川农业大学	134	274	2.04
9	华南农业大学	349	1053	3.02	19	山东农业大学	133	228	1.71
10	江西农业大学	173	614	3.55	20	河南农业大学	113	200	1.77

表 26-6 林业领域高被引科研院所 Top 10

序号	第一作者单位	发文量/篇	总被引频次/次	篇均被引频次/次	序号	第一作者单位	发文量/篇	总被引频次/次	篇均被引频次/次
1	广西壮族自治区林业科学研究院	486	1050	2.16	3	黑龙江省林业设计研究院	400	815	2.04
2	中国林业科学研究院林业研究所	288	1037	3.60	4	中国林业科学研究院亚热带林业研究所	166	719	4.33

序号	第一作者单位	发文量/篇	总被引频次/次	篇均被引频次/次	序号	第一作者单位	发文量/篇	总被引频次/次	篇均被引频次/次
5	湖南省林业科学院	263	701	2.67	8	国家林业局调查规划设计院	206	596	2.89
6	中国林业科学研究院森林生态环境与保护研究所	136	640	4.71	9	中国林业科学研究院热带林业研究所	158	525	3.32
7	中国林业科学研究院	315	626	1.99	10	云南省林业科学院	223	445	2.00

26.7　高被引国外期刊分析

林业领域 2018 年被引频次 Top 10 的国外期刊见表 26-7，排名前 3 位的国外期刊分别是 *PLOS ONE*、*Forest Ecology and Management* 和 *Scientific Reports*。

表 26-7　林业领域高被引国外期刊 Top 10

序号	期刊名称	2018 年被引频次/次
1	PLOS ONE	270
2	Forest Ecology and Management	249
3	Scientific Reports	96
4	New Phytologist	92
5	Forests	92
6	Frontiers in Plant Science	87
7	BioResources	86
8	Industrial Crops and Products	71
9	Plant and Soil	70
10	Science of the Total Environment	66

第 27 章　畜牧兽医领域高被引分析

27.1　领域论文概况

2013—2017 年，畜牧兽医领域的 104 种期刊上共发表学术论文 211552 篇，由来自 33998 所机构的 109297 位学者作为第一作者发表。上述论文中，有 69049 篇获得过引用，整体被引率为 32.6%，总被引频次为 166164 次，篇均被引 0.79 次；其中，高被引论文有 2093 篇，高被引论文篇均被引 12.97 次（表 27-1），另外，2018 年本领域共发表论文 42697 篇，其中有 2900 篇在当年获得过引用，总共被引 3551 次。

表 27-1　畜牧兽医领域论文分布情况

年份	论文数量/篇	总被引频次/次	被引率/%	高被引论文数量/篇	高被引论文被引频次/次
2013	39119	44221	37.9	389	7585
2014	41434	39726	35.4	425	6740
2015	41019	35556	35.4	458	6063
2016	44779	28143	30.6	443	4320
2017	45201	18518	25.1	378	2431
合计	211552	166164	32.6	2093	27139

27.2　高被引论文分析

在畜牧兽医领域，2013—2017 年发表的总被引频次 Top 10 论文（表 27-2）的平均被引频次为 60.7 次，是全部 2093 篇高被引论文篇均被引频次的 4.68 倍。从论文分布来看，刊载高被引论文数量居前 3 位的期刊分别是《草业学报》（303 篇）、《动物营养学报》（258 篇）和《草业科学》（178 篇）；发表高被引论文数量居前 3 位的学者分别是江苏省如东县蚕桑指导站的韩益飞（9 篇）、中国动物卫生与流行病学中心的蒋文明（4 篇）和中国农业科学院草原研究所的孙启忠（4 篇）；产出高被引论文数量居前 3 位的机构分别是甘肃农业大学（98 篇）、中国农业大学（56 篇）和兰州大学（53 篇）。

表 27-2　畜牧兽医领域高被引论文 Top 10

序号	论文题名	第一作者	期刊名称	发表年份	被引频次/次 总频次	被引频次/次 2018 年
1	猪伪狂犬病病毒新流行株的分离鉴定及抗原差异性分析	彭金美	中国预防兽医学报	2013	133	17
2	免疫后发病仔猪中伪狂犬病毒的分离和鉴定	童武	中国动物传染病学报	2013	68	12
3	抗菌肽的研究进展及其应用	李冠楠	动物营养学报	2014	67	15
4	我国传统农业结构不改变不行了——粮食九连增后的隐忧	任继周	草业学报	2013	58	11

序号	论文题名	第一作者	期刊名称	发表年份	被引频次/次	
					总频次	2018 年
5	植物多糖的免疫调节作用及其机制研究进展	尚庆辉	动物营养学报	2015	50	22
6	猪伪狂犬病病毒变异株的分离鉴定及其gE基因的分子特征	赵鸿远	中国预防兽医学报	2014	50	9
7	我国的食源性寄生虫病及其相关研究进展	刘明远	中国兽医学报	2014	47	6
8	无抗发酵饲料对断奶仔猪生长性能、肠道菌群、血液生化指标和免疫性能的影响	胡新旭	动物营养学报	2013	46	20
9	干旱胁迫及复水对玉簪生长和光合作用的影响	张金政	草业学报	2014	44	13
10	不同种植年限紫花苜蓿人工草地土壤有机碳及土壤酶活性垂直分布特征	吴旭东	草业学报	2013	44	8

27.3　研究主题关联分析

在畜牧兽医领域，2093 篇高被引论文共被引用了 27139 次。通过分析施引文献关键词的词频及关键词之间的共现关系，获得畜牧兽医领域的热点主题和主题关联，如图 27-1 所示。由图可知："生长性能""生产性能""断奶仔猪""肉品质"等关键词的文档词频较高，是畜牧兽医领域的研究热点；本领域主要形成 4 个研究主题簇，分别以"生长性能""生产性能"为核心，以"乳酸菌""营养成分"为核心，以"品质""紫花苜蓿"为核心，以"分离鉴定""大肠杆菌"为核心。

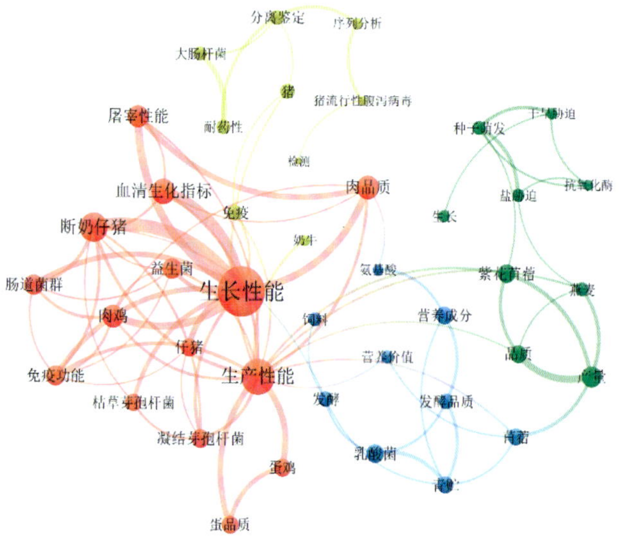

图 27-1　畜牧兽医领域热点论文主题关联

27.4 高被引期刊分析

在畜牧兽医领域，5 年影响因子 Top 10 期刊见表 27-3，总被引频次最高的期刊是《动物营养学报》（9306 次），5 年影响因子最高的期刊是《草业学报》。

表 27-3 畜牧兽医领域高被引期刊基本指标

序号	期刊名称	5年载文量/篇	总被引频次/次	5年影响因子	高被引论文数量/篇	h指数
1	草业学报	1404	8649	1.887	303	29
2	动物营养学报	2357	9306	1.365	258	24
3	草业科学	1637	6151	1.268	178	19
4	中国草地学报	595	2297	1.082	53	15
5	草地学报	1055	3373	1.032	72	17
6	畜牧兽医学报	1459	3388	0.781	55	16
7	中国畜牧兽医	2808	6938	0.754	118	18
8	中国兽医学报	2005	4042	0.697	55	15
9	中国畜牧杂志	2210	4450	0.679	66	16
10	家畜生态学报	1230	2435	0.668	25	12

27.5 高被引作者分析

2013—2017 年论文总被引频次 Top 10 的作者见表 27-4。其中，发文总被引频次居前 3 位的作者分别是江苏省如东县蚕桑指导站的韩益飞（185 次）、中国农业科学院哈尔滨兽医研究所的彭金美（134 次）和浙江大学的李建琴（101 次）。5 年发文量居前 3 位的作者分别是国家统计局盐城调查队的虞华（246 篇）、山西省阳城县畜牧兽医局的刘国信（215 篇）和山西省汾阳市动物疫病预防控制中心的费强（113 篇）。

表 27-4 畜牧兽医领域高被引作者 Top 10

序号	作者	作者单位	发文量/篇	总被引频次/次	篇均被引频次/次	被引率/%	h指数
1	韩益飞	江苏省如东县蚕桑指导站	28	185	6.61	92.9	8
2	彭金美	中国农业科学院哈尔滨兽医研究所	2	134	67.00	100.0	1
3	李建琴	浙江大学	14	101	7.21	92.9	7
4	童武	中国农业科学院上海兽医研究所	5	100	20.00	80.0	2
5	王帅	塔里木大学	18	89	4.94	94.4	6
6	王洪荣	扬州大学	7	85	12.14	85.7	3

序号	作者	作者单位	发文量/篇	总被引频次/次	篇均被引频次/次	被引率/%	h 指数
7	李瑞	湖南农业大学	9	84	9.33	88.9	5
8	张志	中国动物卫生与流行病学中心	12	83	6.92	100.0	6
9	杨汉春	中国农业大学	13	82	6.31	76.9	5
10	李胜利	中国农业大学	10	81	8.10	100.0	5

27.6 高被引机构分析

畜牧兽医领域总被引频次 Top 20 高等院校和总被引频次 Top 10 科研院所的发文和被引情况分别见表 27-5 和表 27-6。

表 27-5   畜牧兽医领域高被引高等院校 Top 20

序号	第一作者单位	发文量/篇	总被引频次/次	篇均被引频次/次	序号	第一作者单位	发文量/篇	总被引频次/次	篇均被引频次/次
1	甘肃农业大学	1279	3698	2.89	11	山东农业大学	852	1733	2.03
2	中国农业大学	1441	2781	1.93	12	南京农业大学	844	1590	1.88
3	扬州大学	1275	2477	1.94	13	华南农业大学	996	1588	1.59
4	四川农业大学	889	2459	2.77	14	河北农业大学	1185	1578	1.33
5	内蒙古农业大学	1183	2352	1.99	15	新疆农业大学	898	1559	1.74
6	西北农林科技大学	1144	2239	1.96	16	青岛农业大学	824	1427	1.73
7	兰州大学	537	2164	4.03	17	西南大学	585	1182	2.02
8	东北农业大学	1513	1986	1.31	18	石河子大学	618	1118	1.81
9	湖南农业大学	1221	1845	1.51	19	贵州大学	581	1096	1.89
10	吉林农业大学	1334	1784	1.34	20	广西大学	640	1058	1.65

表 27-6   畜牧兽医领域高被引科研院所 Top 10

序号	第一作者单位	发文量/篇	总被引频次/次	篇均被引频次/次	序号	第一作者单位	发文量/篇	总被引频次/次	篇均被引频次/次
1	中国农业科学院北京畜牧兽医研究所	595	1529	2.57	3	中国农业科学院兰州畜牧与兽药研究所	407	837	2.06
2	中国农业科学院饲料研究所	293	1074	3.67	4	中国动物卫生与流行病学中心	314	817	2.60

序号	第一作者单位	发文量/篇	总被引频次/次	篇均被引频次/次	序号	第一作者单位	发文量/篇	总被引频次/次	篇均被引频次/次
5	中国农业科学院哈尔滨兽医研究所	371	749	2.02	8	中国农业科学院草原研究所	141	556	3.94
6	广东省农业科学院	330	653	1.98	9	江苏省农业科学院	223	538	2.41
7	中国农业科学院	299	572	1.91	10	新疆畜牧科学院	356	507	1.42

27.7　高被引国外期刊分析

畜牧兽医领域 2018 年被引频次 Top 10 的国外期刊见表 27-7，排名前 3 位的国外期刊分别是 *PLOS ONE*、*Journal of Dairy Science* 和 *Journal of Animal Science*。

表 27-7　畜牧兽医领域高被引国外期刊 Top 10

序号	期刊名称	2018 年被引频次/次
1	PLOS ONE	1357
2	Journal of Dairy Science	623
3	Journal of Animal Science	558
4	Veterinary Microbiology	509
5	Poultry Science	473
6	Scientific reports	356
7	Journal of Virology	296
8	Archives of Virology	254
9	Vaccine	222
10	BMC Genetics	218

第28章 水产、渔业领域高被引分析

28.1 领域论文概况

2013—2017 年，水产、渔业领域的 30 种期刊上共发表学术论文 27344 篇，由来自 3690 所机构的 14149 位学者作为第一作者发表。上述论文中，有 9612 篇获得过引用，整体被引率为 35.2%，总被引频次为 27656 次，篇均被引 1.01 次；其中，高被引论文有 254 篇，高被引论文篇均被引 12.89 次（表 28-1），另外，2018 年本领域共发表论文 5059 篇，其中有 224 篇在当年获得过引用，总共被引 261 次。

表 28-1 水产、渔业领域论文分布情况

年份	论文数量/篇	总被引频次/次	被引率/%	高被引论文数量/篇	高被引论文被引频次/次
2013	5549	9250	44.0	51	1063
2014	5522	7153	40.4	54	867
2015	5467	5613	37.4	52	616
2016	5427	3752	32.2	59	516
2017	5379	1888	21.3	38	212
合计	27344	27656	35.2	254	3274

28.2 高被引论文分析

在水产、渔业领域，2013—2017 年发表的总被引频次 Top 10 论文（表 28-2）的平均被引频次为 30.1 次，是全部 254 篇高被引论文篇均被引频次的 2.34 倍。从论文分布来看，刊载高被引论文数量居前 3 位的期刊分别是《水产学报》（55 篇）、《南方水产科学》（43 篇）和《中国水产科学》（32 篇），其中，《水产学报》刊载了高被引论文 Top 10 中的 4 篇；发表高被引论文数量居前 3 位的学者分别是大连海洋大学的曹善茂（4 篇）、中国水产科学研究院南海水产研究所的张俊（3 篇）和中国水产科学研究院南海水产研究所的张鹏（3 篇）；产出高被引论文数量居前 3 位的机构分别是中国水产科学研究院南海水产研究所（39 篇）、上海海洋大学（29 篇）和大连海洋大学（19 篇）。

表 28-2 水产、渔业领域高被引论文 Top 10

序号	论文题名	第一作者	期刊名称	发表年份	被引频次/次	
					总频次	2018 年
1	饲料脂肪水平对梭鱼脂肪沉积、脂肪代谢酶及抗氧化酶活性的影响	张春暖	中国水产科学	2013	36	9
2	国内外工厂化循环水养殖研究进展	王峰	中国水产科学	2013	36	9
3	咸鱼品质的质构与感官相关性分析	张婷	水产学报	2013	35	8

续表

序号	论文题名	第一作者	期刊名称	发表年份	被引频次/次	
					总频次	2018年
4	长吻鮠含肉率及肌肉营养成分分析	张升利	大连海洋大学学报	2013	33	3
5	我国鲍鱼养殖产业现状与展望	柯才焕	中国水产	2013	32	4
6	南海区大型灯光罩网渔场渔期和渔获组成分析	张鹏	南方水产科学	2013	27	3
7	我国海洋牧场建设回顾与展望	杨红生	水产学报	2016	26	18
8	饲料糖水平对吉富罗非鱼幼鱼生长和肝代谢功能的影响	蒋利和	水产学报	2013	26	4
9	养殖鱼类脂肪肝成因及相关思考	杜震宇	水产学报	2014	25	7
10	大亚湾杨梅坑人工鱼礁区渔业资源变动初步研究	陈丕茂	南方水产科学	2013	25	7

28.3　研究主题关联分析

在水产、渔业领域，254篇高被引论文共被引用了3274次。通过分析施引文献关键词的词频及关键词之间的共现关系，获得水产、渔业领域的热点主题和主题关联，如图28-1所示。由图可知："生长""生长性能""营养成分""通径分析"等关键词的文档词频较高，是水产、渔业领域的研究热点；本领域主要形成4个研究主题簇，分别以"生长""生长性能"为核心，以"通径分析""形态性状"为核心，以"营养成分""氨基酸"为核心，以"群落结构""渔业资源"为核心。

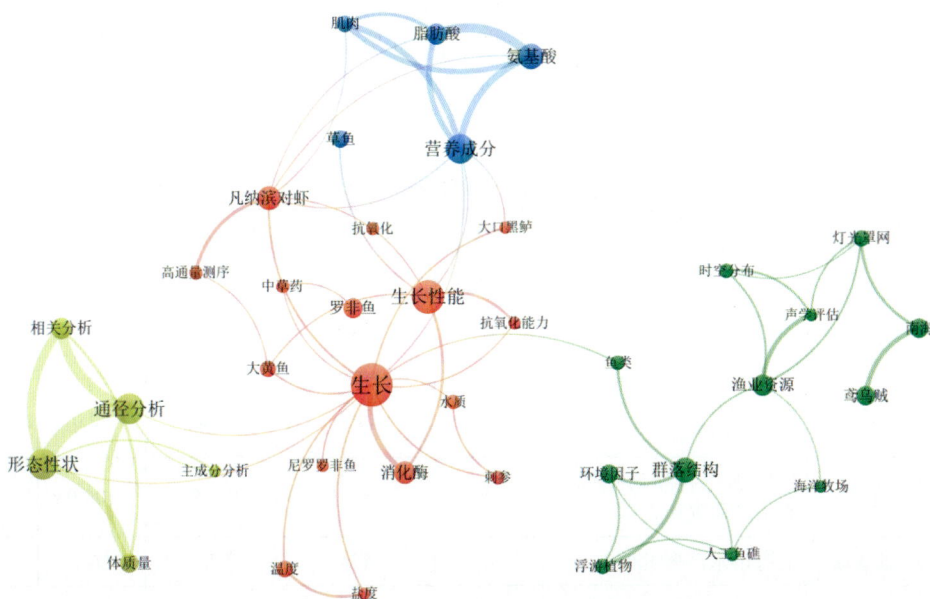

图28-1　水产、渔业领域热点论文主题关联

28.4 高被引期刊分析

在水产、渔业领域，5 年影响因子 Top 10 期刊见表 28-3，总被引频次最高的期刊是《水产学报》（3694 次），5 年影响因子最高的期刊是《南方水产科学》。

表 28-3 水产、渔业领域高被引期刊基本指标

序号	期刊名称	5 年载文量/篇	总被引频次/次	5 年影响因子	高被引论文数量/篇	h 指数
1	南方水产科学	479	1920	1.376	43	14
2	水产学报	1073	3694	1.123	55	18
3	中国水产科学	727	2370	1.039	32	16
4	海洋渔业	385	1077	0.940	7	11
5	水生态学杂志	462	1091	0.874	8	10
6	大连海洋大学学报	608	1605	0.849	21	12
7	渔业科学进展	639	1486	0.814	11	10
8	中国渔业质量与标准	315	691	0.727	5	11
9	上海海洋大学学报	641	1489	0.725	15	11
10	水产科学	729	1589	0.687	13	12

28.5 高被引作者分析

2013—2017 年论文总被引频次 Top 10 的作者见表 28-4。其中，发文总被引频次居前 3 位的作者分别是中国水产科学研究院南海水产研究所的张俊（59 次）、中国水产科学研究院南海水产研究所的区又君（58 次）和中国水产科学研究院南海水产研究所的张鹏（51 次）。5 年发文量居前 3 位的作者分别是佛山市奇美兴贸易有限公司的韦震（104 篇）、华中农业大学的陈昌福（59 篇）和新乡市康大消毒剂有限公司的孟思好（52 篇）。

表 28-4 水产、渔业领域高被引作者 Top 10

序号	作者	作者单位	发文量/篇	总被引频次/次	篇均被引频次/次	被引率/%	h 指数
1	张俊	中国水产科学研究院南海水产研究所	8	59	7.38	87.5	4
2	区又君	中国水产科学研究院南海水产研究所	10	58	5.80	90.0	4
3	张鹏	中国水产科学研究院南海水产研究所	4	51	12.75	100.0	4
4	施永海	上海市水产研究所	6	47	7.83	66.7	3
5	晏磊	中国水产科学研究院南海水产研究所	8	46	5.75	100.0	4

续表

序号	作者	作者单位	发文量/篇	总被引频次/次	篇均被引频次/次	被引率/%	h指数
6	吴燕燕	中国水产科学研究院南海水产研究所	7	44	6.29	100.0	4
7	张波	中国水产科学研究院黄海水产研究所	6	43	7.17	100.0	5
8	黄伟卿	宁德市富发水产有限公司	5	38	7.60	100.0	4
9	岳冬冬	中国水产科学研究院东海水产研究所	10	36	3.60	90.0	4
10	张升利	北京市水产科学研究所	2	36	18.00	100.0	2

28.6　高被引机构分析

水产、渔业领域总被引频次 Top 20 高等院校和总被引频次 Top 10 科研院所的发文和被引情况分别见表 28-5 和表 28-6。

表 28-5　水产、渔业领域高被引高等院校 Top 20

序号	第一作者单位	发文量/篇	总被引频次/次	篇均被引频次/次	序号	第一作者单位	发文量/篇	总被引频次/次	篇均被引频次/次
1	上海海洋大学	1320	3035	2.30	11	西南大学	118	201	1.70
2	大连海洋大学	668	1486	2.22	12	海南大学	103	182	1.77
3	中国海洋大学	419	1074	2.56	13	河南师范大学	139	174	1.25
4	广东海洋大学	558	962	1.72	14	天津农学院	98	170	1.73
5	浙江海洋学院	303	453	1.50	15	广西大学	52	158	3.04
6	华中农业大学	222	431	1.94	16	湖南农业大学	76	146	1.92
7	琼州学院	178	283	1.59	17	贵州大学	49	140	2.86
8	集美大学	130	270	2.08	18	华东师范大学	20	121	6.05
9	南京农业大学无锡渔业学院	70	218	3.11	19	淮海工学院	60	112	1.87
10	宁波大学	92	205	2.23	20	中国农业大学	43	109	2.53

表 28-6　水产、渔业领域高被引科研院所 Top 10

序号	第一作者单位	发文量/篇	总被引频次/次	篇均被引频次/次	序号	第一作者单位	发文量/篇	总被引频次/次	篇均被引频次/次
1	中国水产科学研究院南海水产研究所	399	1487	3.73	6	中国水产科学研究院长江水产研究所	121	279	2.31
2	中国水产科学研究院黄海水产研究所	466	1254	2.69	7	福建省水产研究所	141	275	1.95
3	中国水产科学研究院东海水产研究所	374	1074	2.87	8	中国水产科学研究院渔业机械仪器研究所	133	255	1.92
4	中国水产科学研究院珠江水产研究所	160	502	3.14	9	中国水产科学研究院淡水渔业研究中心	120	234	1.95
5	中国水产科学研究院黑龙江水产研究所	230	439	1.91	10	上海市水产研究所	108	231	2.14

28.7　高被引国外期刊分析

水产、渔业领域 2018 年被引频次 Top 10 的国外期刊见表 28-7，排名前 3 位的国外期刊分别是 *Aquaculture*、*PLOS ONE* 和 *Fish and Shellfish Immunology*。

表 28-7　水产、渔业领域高被引国外期刊 Top 10

序号	期刊名称	2018 年被引频次/次
1	Aquaculture	266
2	PLOS ONE	208
3	Fish and Shellfish Immunology	172
4	Aquaculture Research	118
5	Fisheries Research	75
6	Food Chemistry	68
7	Scientific Reports	65
8	Marine Pollution Bulletin	62
9	Aquaculture International	55
10	Journal of Fish Biology	43

第 29 章　工程技术总论领域高被引分析

29.1　领域论文概况

2013—2017 年，工程技术总论领域的 173 种期刊上共发表学术论文 466991 篇，由来自 79033 所机构的 370591 位学者作为第一作者发表。上述论文中，有 195546 篇获得过引用，整体被引率为 41.9%，总被引频次为 561534 次，篇均被引 1.20 次；其中，高被引论文有 4910 篇，高被引论文篇均被引 21.93 次（表 29-1），另外，2018 年本领域共发表论文 62886 篇，其中有 5523 篇在当年获得过引用，总共被引 7694 次。

表 29-1　工程技术总论领域论文分布情况

年份	论文数量/篇	总被引频次/次	被引率/%	高被引论文数量/篇	高被引论文被引频次/次
2013	98476	156890	47.1	1009	32423
2014	101924	148934	45.4	1001	29671
2015	93654	121742	45.0	1000	22809
2016	89460	85958	40.0	897	13991
2017	83477	48010	30.0	1003	8805
合计	466991	561534	41.9	4910	107699

29.2　高被引论文分析

在工程技术总论领域，2013—2017 年发表的总被引频次 Top 10 论文（表 29-2）的平均被引频次为 252.9 次，是全部 4910 篇高被引论文篇均被引频次的 11.53 倍。从论文分布来看，刊载高被引论文数量居前 3 位的期刊分别是《黑龙江科技信息》（1106 篇）、《科技展望》（451 篇）和《通讯世界》（364 篇），其中，《黑龙江科技信息》刊载了高被引论文 Top 10 中的 3 篇；发表高被引论文数量居前 3 位的学者分别是北京科技大学的吴爱祥（4 篇）、黑龙江城熹建筑工程有限公司的张万库（3 篇）和黑龙江省嫩江县建设工程造价管理站的王巍（3 篇）；产出高被引论文数量居前 3 位的机构分别是同济大学（29 篇）、大庆建筑安装集团有限责任公司（28 篇）和哈尔滨工业大学（27 篇）。

表 29-2　工程技术总论领域高被引论文 Top 10

序号	论文题名	第一作者	期刊名称	发表年份	被引频次/次 总频次	被引频次/次 2018 年
1	浅谈建筑工程中的深基坑支护施工技术	宋玉峰	黑龙江科技信息	2013	432	33
2	关于影响建筑工程管理的主要因素及对策分析	李世凯	黑龙江科技信息	2013	321	55
3	我国机械设计制造及其自动化发展方向研究	刘超	河南科技	2013	256	34

序号	论文题名	第一作者	期刊名称	发表年份	被引频次/次	
					总频次	2018年
4	大数据技术研究综述	刘智慧	浙江大学学报（工学版）	2014	248	63
5	建筑工程施工技术及其现场施工管理探讨	常记周	河南科技	2013	244	31
6	建筑工程管理中创新模式的应用及发展分析	陈曦	黑龙江科技信息	2013	240	75
7	浅析园林施工新工艺在园林工程中的应用	陆志华	民营科技	2013	213	31
8	初探智能化技术在电气工程自动化控制中的应用	刘次福	通讯世界	2013	205	50
9	建筑施工中防水防渗施工技术探析	臧丽薇	民营科技	2014	188	17
10	BIM技术在建筑施工中的应用研究	周春波	青岛理工大学学报	2013	182	42

29.3　研究主题关联分析

在工程技术总论领域，4910篇高被引论文共被引用了107699次。通过分析施引文献关键词的词频及关键词之间的共现关系，获得工程技术总论领域的热点主题和主题关联，如图29-1所示。由图可知："施工技术""建筑工程""质量控制""施工管理"等关键词的文档词频较高，是工程技术总论领域的研究热点；本领域主要形成4个研究主题簇，分别以"施工技术""质量控制"为核心，以"施工""施工管理"为核心，以"建筑工程""土木工程"为核心，以"电气工程""自动化"为核心。

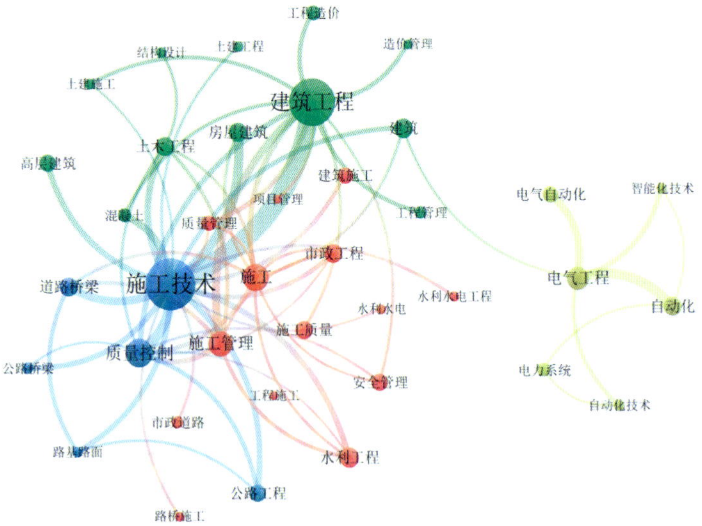

图29-1　工程技术总论领域热点论文主题关联

29.4　高被引期刊分析

在工程技术总论领域，5 年影响因子 Top 10 期刊见表 29-3，总被引频次最高的期刊是《黑龙江科技信息》（78888 次），5 年影响因子最高的期刊是《中南大学学报（自然科学版）》。

表 29-3　工程技术总论领域高被引期刊基本指标

序号	期刊名称	5 年载文量/篇	总被引频次/次	5 年影响因子	高被引论文数量/篇	h 指数
1	中南大学学报（自然科学版）	3024	8036	0.874	39	19
2	同济大学学报（自然科学版）	1536	3981	0.857	28	17
3	四川大学学报（工程科学版）	934	2264	0.854	19	14
4	湖南大学学报（自然科学版）	1236	2687	0.767	8	13
5	浙江工业大学学报	713	1477	0.762	2	10
6	吉林大学学报（工学版）	1437	3297	0.759	22	16
7	浙江大学学报（工学版）	1647	3538	0.744	10	12
8	江苏大学学报（自然科学版）	640	1425	0.733	5	11
9	东南大学学报（自然科学版）	1275	2870	0.730	15	15
10	哈尔滨工业大学学报	1526	2861	0.729	9	13

29.5　高被引作者分析

2013—2017 年论文总被引频次 Top 10 的作者见表 29-4。其中，发文总被引频次居前 3 位的作者分别是黑龙江省城乡建设开发公司的宋玉峰（435 次）、黑龙江城熹建筑工程有限公司的张万库（402 次）和哈尔滨城市建设投资集团有限公司的李世凯（321 次）。5 年发文量居前 3 位的作者分别是新乡医学院的王艳文（39 篇）、北方工业大学的王建省（36 篇）和河北联合大学的许晓峰（25 篇）。

表 29-4　工程技术总论领域高被引作者 Top 10

序号	作者	作者单位	发文量/篇	总被引频次/次	篇均被引频次/次	被引率/%	h 指数
1	宋玉峰	黑龙江省城乡建设开发公司	2	435	217.50	100.0	2
2	张万库	黑龙江城熹建筑工程有限公司	3	402	134.00	100.0	3
3	李世凯	哈尔滨城市建设投资集团有限公司	1	321	321.00	100.0	1
4	刘超	辽宁地质工程职业学院	1	256	256.00	100.0	1
5	刘智慧	浙江大学	1	248	248.00	100.0	1

序号	作者	作者单位	发文量/篇	总被引频次/次	篇均被引频次/次	被引率/%	h 指数
6	常记周	河南省建设集团有限公司	1	244	244.00	100.0	1
7	陈曦	黑龙江省大庆市萨尔图区城市建设管理站	1	240	240.00	100.0	1
8	陆志华	浙江立昂市政园林建设有限公司	1	213	213.00	100.0	1
9	刘次福	桂林市机电工程学校	1	205	205.00	100.0	1
10	臧丽薇	黑龙江省农垦建工集团	1	188	188.00	100.0	1

29.6 高被引机构分析

工程技术总论领域总被引频次 Top 20 高等院校和总被引频次 Top 10 科研院所的发文和被引情况分别见表 29-5 和表 29-6。

表 29-5　工程技术总论领域高被引高等院校 Top 20

序号	第一作者单位	发文量/篇	总被引频次/次	篇均被引频次/次	序号	第一作者单位	发文量/篇	总被引频次/次	篇均被引频次/次
1	同济大学	2204	4915	2.23	11	天津大学	1483	2288	1.54
2	中南大学	1747	4047	2.32	12	武汉大学	1330	2109	1.59
3	北京科技大学	1455	3160	2.17	13	华南理工大学	1273	1982	1.56
4	东南大学	1631	3017	1.85	14	湖南大学	940	1892	2.01
5	浙江大学	1419	2951	2.08	15	长安大学	1047	1890	1.81
6	东北大学	1936	2947	1.52	16	中国海洋大学	1174	1843	1.57
7	哈尔滨工业大学	1368	2869	2.10	17	合肥工业大学	1287	1819	1.41
8	吉林大学	1586	2769	1.75	18	重庆大学	967	1799	1.86
9	清华大学	1320	2598	1.97	19	西北工业大学	1230	1740	1.41
10	北京工业大学	1296	2321	1.79	20	中国矿业大学	1079	1616	1.50

表 29-6　工程技术总论领域高被引科研院所 Top 10

序号	第一作者单位	发文量/篇	总被引频次/次	篇均被引频次/次	序号	第一作者单位	发文量/篇	总被引频次/次	篇均被引频次/次
1	黑龙江省齐齐哈尔矿产勘查开发总院	244	860	3.52	3	上海飞机设计研究院	1140	359	0.31
2	国家新闻出版广电总局	405	419	1.03	4	黑龙江省科学院	415	312	0.75

序号	第一作者单位	发文量/篇	总被引频次/次	篇均被引频次/次	序号	第一作者单位	发文量/篇	总被引频次/次	篇均被引频次/次
5	内蒙古城市规划市政设计研究院	32	302	9.44	8	黑龙江省第二水文地质工程地质勘察院	39	277	7.10
6	黑龙江省水利水电勘测设计研究院	90	290	3.22	9	黑龙江农垦勘测设计研究院	69	260	3.77
7	黑龙江省林业设计研究院	94	289	3.07	10	河南省科学院	110	245	2.23

29.7　高被引国外期刊分析

工程技术总论领域 2018 年被引频次 Top 10 的国外期刊见表 29-7，排名前 3 位的国外期刊分别是 *Construction and Building Materials*、*Journal of Central South University* 和 *Neurocomputing*。

表 29-7　工程技术总论领域高被引国外期刊 Top 10

序号	期刊名称	2018 年被引频次/次
1	Construction and Building Materials	348
2	Journal of Central South University	285
3	Neurocomputing	281
4	RSC Advances	259
5	Bioresource Technology	241
6	Journal of Alloys and Compounds	236
7	IEEE Transactions on Industrial Electronics	225
8	Information Sciences	209
9	Scientific Reports	202
10	Applied Energy	194

第 30 章　通用工业技术领域高被引分析

30.1　领域论文概况

2013—2017 年，通用工业技术领域的 105 种期刊上共发表学术论文 136388 篇，由来自 17636 所机构的 92719 位学者作为第一作者发表。上述论文中，有 50935 篇获得过引用，整体被引率为 37.3%，总被引频次为 131127 次，篇均被引 0.96 次；其中，高被引论文有 1300 篇，高被引论文篇均被引 14.13 次（表 30-1），另外，2018 年本领域共发表论文 31513 篇，其中有 2049 篇在当年获得过引用，总共被引 3060 次。

表 30-1　通用工业技术领域论文分布情况

年份	论文数量/篇	总被引频次/次	被引率/%	高被引论文数量/篇	高被引论文被引频次/次
2013	23973	36502	48.4	254	5120
2014	24500	31275	44.2	214	4111
2015	24448	27658	42.9	258	3803
2016	29517	22263	34.4	233	2974
2017	33950	13429	23.2	341	2359
合计	136388	131127	37.3	1300	18367

30.2　高被引论文分析

在通用工业技术领域，2013—2017 年发表的总被引频次 Top 10 论文（表 30-2）的平均被引频次为 103.5 次，是全部 1300 篇高被引论文篇均被引频次的 7.32 倍。从论文分布来看，刊载高被引论文数量居前 3 位的期刊分别是《包装工程》（234 篇）、《中国标准化》（116 篇）和《材料导报》（73 篇），《中国工程科学》刊载了高被引论文 Top 10 中的 2 篇；发表高被引论文数量居前 3 位的学者分别是重庆工商大学的戴宏民（5 篇）、中国人民解放军装备学院的罗小明（5 篇）和陕西科技大学的吕生华（3 篇）；产出高被引论文数量居前 3 位的机构分别是上海交通大学（18 篇）、陕西科技大学（17 篇）和国防科技大学（16 篇）。

表 30-2　通用工业技术领域高被引论文 Top 10

序号	论文题名	第一作者	期刊名称	发表年份	被引频次/次 总频次	被引频次/次 2018 年
1	大数据的概念、特征及其应用	马建光	国防科技	2013	253	49
2	建筑工程施工技术及其现场施工管理研究	唐雷	福建质量管理	2016	169	97
3	3D打印技术研究现状和关键技术	张学军	材料工程	2016	126	73
4	试论中国传统文化元素在现代环境艺术设计中的运用	陈冲	包装世界	2014	85	22

序号	论文题名	第一作者	期刊名称	发表年份	被引频次/次	
					总频次	2018 年
5	传统文化设计元素提取模型研究与应用	王伟伟	包装工程	2014	84	21
6	城市智能交通系统的发展现状与趋势	陆化普	工程研究——跨学科视野中的工程	2014	75	19
7	我国棉花生产现状与发展趋势	喻树迅	中国工程科学	2013	68	13
8	全桥型MMC-MTDC直流故障穿越能力分析	赵成勇	中国科学（技术科学）	2013	59	8
9	中国油用牡丹工程的战略思考	李育材	中国工程科学	2014	58	18
10	房屋建筑结构设计中优化技术应用探讨	王璇	工业设计	2015	58	16

30.3　研究主题关联分析

在通用工业技术领域，1300 篇高被引论文共被引用了 18367 次。通过分析施引文献关键词的词频及关键词之间的共现关系，获得通用工业技术领域的热点主题和主题关联，如图 30-1 所示。由图可知："复合材料""力学性能""石墨烯""碳纤维"等关键词的文档词频较高，是通用工业技术领域的研究热点；本领域主要形成 4 个研究主题簇，分别以"石墨烯""复合材料"，以"力学性能""微观结构"为核心，以"建筑工程""施工技术"为核心，以"性能""碳纤维"为核心。

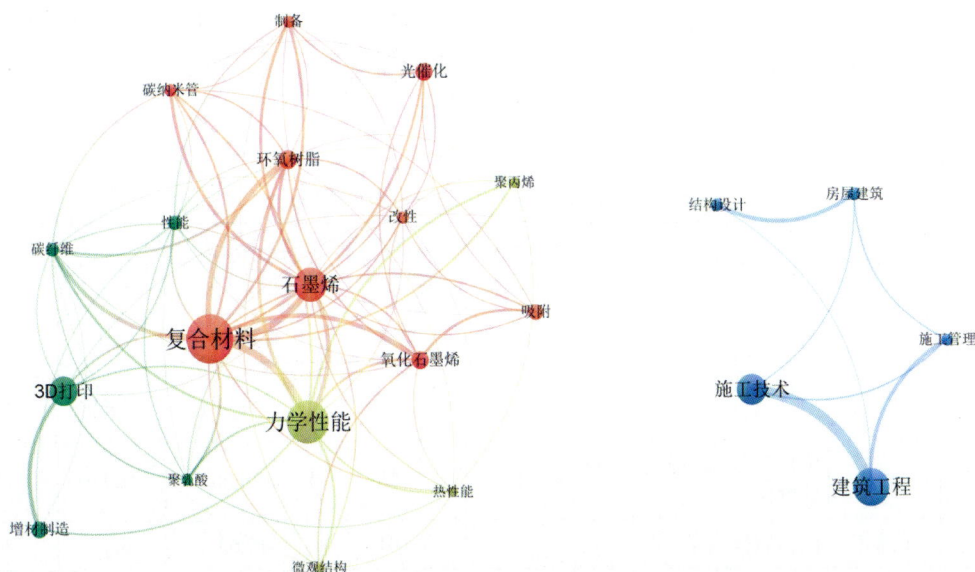

图 30-1　通用工业技术领域热点论文主题关联

30.4　高被引期刊分析

在通用工业技术领域，5 年影响因子 Top 10 期刊见表 30-3，总被引频次最高的期刊是《包装工程》（12756 次），5 年影响因子最高的期刊是《中国工程科学》。

表 30-3　通用工业技术领域高被引期刊基本指标

序号	期刊名称	5 年载文量/篇	总被引频次/次	5 年影响因子	高被引论文数量/篇	h 指数
1	中国工程科学	825	2651	1.162	66	16
2	复合材料学报	1447	4158	1.119	66	17
3	制冷学报	551	1545	1.062	24	13
4	材料工程	1111	2949	0.924	31	13
5	应用基础与工程科学学报	617	1591	0.859	21	13
6	兵工学报	1520	3612	0.858	42	14
7	中国科学（技术科学）	753	1787	0.803	29	15
8	包装工程	4592	12756	0.799	234	23
9	新型工业化	783	1752	0.729	31	13
10	工程研究——跨学科视野中的工程	313	616	0.661	11	9

30.5　高被引作者分析

2013—2017 年论文总被引频次 Top 10 的作者见表 30-4。其中，发文总被引频次居前 3 位的作者分别是国防科技大学的马建光（253 次）、九冶建设有限公司第五工程公司的唐雷（169 次）和中国航发北京航空材料研究院的张学军（126 次）。5 年发文量居前 3 位的作者分别是中国兵器工业标准化研究所的麦绿波（47 篇）、复旦大学附属华东医院的陈霞飞（45 篇）和上海市质量技术监督局的黄培东（38 篇）。

表 30-4　通用工业技术领域高被引作者 Top 10

序号	作者	作者单位	发文量/篇	总被引频次/次	篇均被引频次/次	被引率/%	h 指数
1	马建光	国防科技大学	2	253	126.50	50.0	1
2	唐雷	九冶建设有限公司第五工程公司	1	169	169.00	100.0	1
3	张学军	中国航发北京航空材料研究院	1	126	126.00	100.0	1
4	王伟伟	陕西科技大学	8	101	12.63	62.5	3
5	戴宏民	重庆工商大学	11	91	8.27	90.9	8
6	陈冲	重庆大学	1	85	85.00	100.0	1

续表

序号	作者	作者单位	发文量/篇	总被引频次/次	篇均被引频次/次	被引率/%	h指数
7	喻树迅	中国农业科学院棉花研究所	2	82	41.00	100.0	2
8	吕生华	陕西科技大学	14	78	5.57	71.4	5
9	尚建丽	西安建筑科技大学	15	76	5.07	80.0	5
10	陆化普	清华大学	1	75	75.00	100.0	1

30.6　高被引机构分析

通用工业技术领域总被引频次 Top 20 高等院校和总被引频次 Top 10 科研院所的发文和被引情况分别见表 30-5 和表 30-6。

表 30-5　通用工业技术领域高被引高等院校 Top 20

序号	第一作者单位	发文量/篇	总被引频次/次	篇均被引频次/次	序号	第一作者单位	发文量/篇	总被引频次/次	篇均被引频次/次
1	南京理工大学	997	1603	1.61	11	中南大学	677	1040	1.54
2	西北工业大学	808	1520	1.88	12	陕西科技大学	427	1037	2.43
3	江南大学	842	1514	1.80	13	中北大学	818	1019	1.25
4	上海交通大学	619	1249	2.02	14	重庆大学	509	1016	2.00
5	国防科技大学	572	1238	2.16	15	中国人民解放军后勤工程学院	687	1001	1.46
6	上海理工大学	603	1209	2.00	16	清华大学	445	998	2.24
7	中国人民解放军装甲兵工程学院	873	1167	1.34	17	北京科技大学	469	974	2.08
8	北京理工大学	565	1166	2.06	18	中国人民解放军装备学院	697	964	1.38
9	昆明理工大学	712	1105	1.55	19	中国人民解放军军械工程学院	938	961	1.02
10	北京航空航天大学	523	1076	2.06	20	华南理工大学	525	948	1.81

表 30-6   通用工业技术领域高被引科研院所 Top 10

序号	第一作者单位	发文量/篇	总被引频次/次	篇均被引频次/次	序号	第一作者单位	发文量/篇	总被引频次/次	篇均被引频次/次
1	中国航发北京航空材料研究院	153	621	4.06	6	中国科学院金属研究所	167	240	1.44
2	中国标准化研究院	498	586	1.18	7	中国空间技术研究院	102	236	2.31
3	中国计量科学研究院	539	350	0.65	8	中国科学院上海硅酸盐研究所	132	222	1.68
4	中国船舶重工集团公司第七二五研究所	260	260	1.00	9	中国工程物理研究院	194	214	1.10
5	中国兵器工业第五八研究所	141	254	1.80	10	中国空空导弹研究院	176	199	1.13

30.7   高被引国外期刊分析

通用工业技术领域 2018 年被引频次 Top 10 的国外期刊见表 30-7，排名前 3 位的国外期刊分别是 *Advanced Materials*、*ACS Nano* 和 *ACS Applied Materials & Interfaces*。

表 30-7   通用工业技术领域高被引国外期刊 Top 10

序号	期刊名称	2018 年被引频次/次
1	Advanced Materials	1491
2	ACS Nano	1183
3	ACS Applied Materials & Interfaces	1083
4	Journal of Alloys and Compounds	991
5	Nanoscale	970
6	RSC Advances	952
7	Journal of Materials Chemistry A	905
8	Journal of the American Chemical Society	875
9	Nano Letters	845
10	Journal of Power Sources	808

第 31 章　测绘科学技术领域高被引分析

31.1　领域论文概况

2013—2017 年,测绘科学技术领域的 27 种期刊上共发表学术论文 26838 篇,由来自 3233 所机构的 18379 位学者作为第一作者发表。上述论文中,有 15988 篇获得过引用,整体被引率为 59.6%,总被引频次为 57652 次,篇均被引 2.15 次;其中,高被引论文有 269 篇,高被引论文篇均被引 28.36 次(表 31-1),另外,2018 年本领域共发表论文 5093 篇,其中有 496 篇在当年获得过引用,总共被引 637 次。

表 31-1　测绘科学技术领域论文分布情况

年份	论文数量/篇	总被引频次/次	被引率/%	高被引论文数量/篇	高被引论文被引频次/次
2013	5308	15991	68.1	52	1863
2014	5343	16019	68.3	49	2265
2015	5398	12272	63.9	50	1540
2016	5402	9034	57.1	58	1354
2017	5387	4336	40.6	60	607
合计	26838	57652	59.6	269	7629

31.2　高被引论文分析

在测绘科学技术领域,2013—2017 年发表的总被引频次 Top 10 论文(表 31-2)的平均被引频次为 119.4 次,是全部 269 篇高被引论文篇均被引频次的 4.21 倍。从论文分布来看,刊载高被引论文数量居前 3 位的期刊分别是《测绘学报》(47 篇)、《测绘通报》(43 篇)和《武汉大学学报(信息科学版)》(36 篇),其中,《武汉大学学报(信息科学版)》刊载了高被引论文 Top 10 中的 4 篇;发表高被引论文数量居前 3 位的学者分别是武汉大学的李德仁(12 篇)、武汉市测绘研究院的肖建华(3 篇)和国家基础地理信息中心的毕凯(3 篇);产出高被引论文数量居前 3 位的机构分别是武汉大学(49 篇)、中国测绘科学研究院(9 篇)和中国科学院遥感与数字地球研究所(7 篇)。

表 31-2　测绘科学技术领域高被引论文 Top 10

序号	论文题名	第一作者	期刊名称	发表年份	被引频次/次 总频次	被引频次/次 2018 年
1	无人机遥感系统的研究进展与应用前景	李德仁	武汉大学学报(信息科学版)	2014	284	97
2	智慧城市中的大数据	李德仁	武汉大学学报(信息科学版)	2014	204	50
3	倾斜摄影测量技术应用及展望	杨国东	测绘与空间地理信息	2016	100	60

续表

序号	论文题名	第一作者	期刊名称	发表年份	被引频次/次	
					总频次	2018 年
4	遥感大数据自动分析与数据挖掘	李德仁	测绘学报	2014	100	33
5	基于倾斜摄影测量技术的三维数字城市建模	孙宏伟	现代测绘	2014	100	33
6	轻小型无人机航摄技术现状及发展趋势	毕凯	测绘通报	2015	98	34
7	大数据GIS	李清泉	武汉大学学报（信息科学版）	2014	89	31
8	无人机低空摄影测量在城市测绘保障中的应用前景	土洛飞	测绘与空间地理信息	2014	78	14
9	位置大数据的分析处理研究进展	刘经南	武汉大学学报（信息科学版）	2014	75	17
10	全球导航卫星系统发展综述	宁津生	导航定位学报	2013	66	15

31.3 研究主题关联分析

在测绘科学技术领域，269 篇高被引论文共被引用了 7629 次。通过分析施引文献关键词的词频及关键词之间的共现关系，获得测绘科学技术领域的热点主题和主题关联，如图 31-1 所示。由图可知："无人机""倾斜摄影""遥感""地理国情普查"等关键词的文档词频较高，是测绘科学技术领域的研究热点；本领域主要形成 3 个研究主题簇，分别以"无人机""倾斜摄影"为核心，以"遥感""智慧城市"为核心，以"地理国情普查""测绘"为核心。

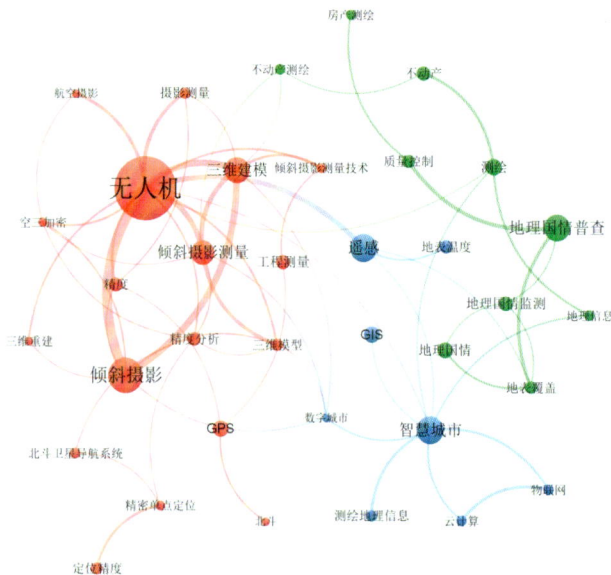

图 31-1 测绘科学技术领域热点论文主题关联

31.4　高被引期刊分析

在测绘科学技术领域，5 年影响因子 Top 10 期刊见表 31-3，总被引频次最高的期刊是《测绘与空间地理信息》（7699 次），5 年影响因子最高的期刊是《遥感学报》。

表 31-3　测绘科学技术领域高被引期刊基本指标

序号	期刊名称	5 年载文量/篇	总被引频次/次	5 年影响因子	高被引论文数量/篇	h 指数
1	遥感学报	540	2328	1.844	20	19
2	测绘学报	1127	5204	1.706	47	24
3	武汉大学学报（信息科学版）	1428	5788	1.386	36	23
4	国土资源遥感	672	2393	1.272	14	17
5	测绘通报	2248	7203	1.140	43	22
6	遥感技术与应用	752	2241	1.025	6	15
7	测绘科学	2104	5059	0.870	18	18
8	测绘工程	984	2913	0.824	8	15
9	导航定位与授时	344	367	0.741	3	6
10	遥感信息	691	1439	0.705	3	14

31.5　高被引作者分析

2013—2017 年论文总被引频次 Top 10 的作者见表 31-4。其中，发文总被引频次居前 3 位的作者分别是武汉大学的李德仁（908 次）、武汉大学的张小红（168 次）和武汉大学的刘经南（151 次）。5 年发文量居前 3 位的作者分别是武汉大学的闫利（35 篇）、东华理工大学的王乐洋（22 篇）和武汉大学的姚宜斌（21 篇）。

表 31-4　测绘科学技术领域高被引作者 Top 10

序号	作者	作者单位	发文量/篇	总被引频次/次	篇均被引频次/次	被引率/%	h 指数
1	李德仁	武汉大学	19	908	47.79	94.7	12
2	张小红	武汉大学	16	168	10.50	93.8	7
3	刘经南	武汉大学	6	151	25.17	100.0	5
4	毕凯	国家基础地理信息中心	6	147	24.50	83.3	4
5	宁津生	武汉大学	9	140	15.56	100.0	6
6	姚宜斌	武汉大学	21	120	5.71	81.0	7
7	闫利	武汉大学	35	114	3.26	82.9	6
8	杨国东	吉林大学	2	107	53.50	100.0	2

序号	作者	作者单位	发文量/篇	总被引频次/次	篇均被引频次/次	被引率/%	h指数
9	李清泉	深圳大学	5	103	20.60	100.0	3
10	龚健雅	武汉大学	9	101	11.22	100.0	5

31.6 高被引机构分析

测绘科学技术领域总被引频次 Top 20 高等院校和总被引频次 Top 10 科研院所的发文和被引情况分别见表 31-5 和表 31-6。

表 31-5　测绘科学技术领域高被引高等院校 Top 20

序号	第一作者单位	发文量/篇	总被引频次/次	篇均被引频次/次	序号	第一作者单位	发文量/篇	总被引频次/次	篇均被引频次/次
1	武汉大学	1745	6764	3.88	11	北京师范大学	107	418	3.91
2	中国人民解放军信息工程大学	1449	3037	2.10	12	长安大学	194	405	2.09
3	中南大学	339	957	2.82	13	南京大学	118	394	3.34
4	中国地质大学	366	938	2.56	14	同济大学	160	393	2.46
5	河海大学	377	927	2.46	15	南京信息工程大学	123	350	2.85
6	中国矿业大学	328	845	2.58	16	成都理工大学	183	342	1.87
7	山东科技大学	492	832	1.69	17	南京师范大学	104	308	2.96
8	辽宁工程技术大学	360	828	2.30	18	福州大学	79	308	3.90
9	河南理工大学	216	610	2.82	19	北京大学	92	307	3.34
10	西南交通大学	227	569	2.51	20	首都师范大学	87	301	3.46

表 31-6　测绘科学技术领域高被引科研院所 Top 10

序号	第一作者单位	发文量/篇	总被引频次/次	篇均被引频次/次	序号	第一作者单位	发文量/篇	总被引频次/次	篇均被引频次/次
1	中国科学院遥感与数字地球研究所	364	1362	3.74	4	北京市测绘设计研究院	159	449	2.82
2	中国测绘科学研究院	246	742	3.02	5	国家测绘地理信息局	165	419	2.54
3	国家基础地理信息中心	88	552	6.27	6	中国人民解放军海军海洋测绘研究所	106	393	3.71

续表

序号	第一作者单位	发文量/篇	总被引频次/次	篇均被引频次/次	序号	第一作者单位	发文量/篇	总被引频次/次	篇均被引频次/次
7	中国地震局地震研究所	193	314	1.63	9	辽宁省基础测绘院	175	284	1.62
8	国家测绘地理信息局第一航测遥感院	184	301	1.64	10	中国国土资源航空物探遥感中心	74	283	3.82

31.7 高被引国外期刊分析

测绘科学技术领域 2018 年被引频次 Top 10 的国外期刊见表 31-7,排名前 3 位的国外期刊分别是 *Remote Sensing*、*Remote Sensing of Environment* 和 *IEEE Transactions on Geoscience and Remote Sensing*。

表 31-7 测绘科学技术领域高被引国外期刊 Top 10

序号	期刊名称	2018 年被引频次/次
1	Remote Sensing	320
2	Remote Sensing of Environment	299
3	IEEE Transactions on Geoscience and Remote Sensing	270
4	GPS Solutions	244
5	ISPRS Journal of Photogrammetry and Remote Sensing	217
6	Journal of Geodesy	217
7	Sensors	145
8	IEEE Geoscience and Remote Sensing Letters	137
9	Advances in Space Research	130
10	International Journal of Remote Sensing	119

第 32 章　矿业工程领域高被引分析

32.1　领域论文概况

2013—2017 年，矿业工程领域的 45 种期刊上共发表学术论文 59766 篇，由来自 8884 所机构的 43336 位学者作为第一作者发表。上述论文中，有 32141 篇获得过引用，整体被引率为 53.8%，总被引频次为 92837 次，篇均被引 1.55 次；其中，高被引论文有 602 篇，高被引论文篇均被引 18.48 次（表 32-1），另外，2018 年本领域共发表论文 11104 篇，其中有 915 篇在当年获得过引用，总共被引 1205 次。

表 32-1　矿业工程领域论文分布情况

年份	论文数量/篇	总被引频次/次	被引率/%	高被引论文数量/篇	高被引论文被引频次/次
2013	12599	29306	63.1	131	3632
2014	12398	23539	59.5	126	2740
2015	12293	19537	56.8	114	2266
2016	11420	13292	50.8	129	1605
2017	11056	7163	36.4	102	882
合计	59766	92837	53.8	602	11125

32.2　高被引论文分析

在矿业工程领域，2013—2017 年发表的总被引频次 Top 10 论文（表 32-2）的平均被引频次为 70.4 次，是全部 602 篇高被引论文篇均被引频次的 3.81 倍。从论文分布来看，刊载高被引论文数量居前 3 位的期刊分别是《采矿与安全工程学报》（109 篇）、《中国矿业大学学报》（96 篇）和《煤矿安全》（41 篇），其中，《中国矿业大学学报》刊载了高被引论文 Top 10 中的 4 篇；发表高被引论文数量居前 3 位的学者分别是中国矿业大学的孙继平（12 篇）、中国矿业大学的孟庆彬（5 篇）和中煤科工集团西安研究院有限公司的石智军（3 篇）；产出高被引论文数量居前 3 位的机构分别是中国矿业大学（144 篇）、中煤科工集团西安研究院有限公司（18 篇）和西安科技大学（17 篇）。

表 32-2　矿业工程领域高被引论文 Top 10

序号	论文题名	第一作者	期刊名称	发表年份	被引频次/次 总频次	被引频次/次 2018 年
1	煤矿巷道围岩注浆加固技术的现状与发展趋势	康红普	煤矿开采	2013	103	23
2	采动影响下断层活化规律的数值模拟研究	姜耀东	中国矿业大学学报	2013	95	23
3	物联网、大数据及云计算技术在煤矿安全生产中的应用研究	马小平	工矿自动化	2014	88	27

续表

序号	论文题名	第一作者	期刊名称	发表年份	被引频次/次	
					总频次	2018年
4	我国煤矿巷道锚杆支护技术发展60年及展望	康红普	中国矿业大学学报	2016	74	50
5	建筑工程施工质量管理问题的分析与对策	郭磊	煤矿现代化	2017	63	51
6	煤矿监控新技术与新装备	孙继平	工矿自动化	2015	60	15
7	煤粒瓦斯解吸扩散规律实验	聂百胜	中国矿业大学学报	2013	58	19
8	孤岛工作面窄煤柱沿空掘巷围岩变形控制	张炜	中国矿业大学学报	2014	55	17
9	大煤柱内沿空掘巷窄煤柱合理宽度的确定	张科学	采矿与安全工程学报	2014	54	18
10	深部巷道注浆加固浆液扩散机理与应用研究	刘泉声	采矿与安全工程学报	2014	54	14

32.3　研究主题关联分析

在矿业工程领域，602篇高被引论文共被引用了11125次。通过分析施引文献关键词的词频及关键词之间的共现关系，获得矿业工程领域的热点主题和主题关联，如图32-1所示。由图可知："数值模拟""瓦斯抽采""煤矿""煤层气"等关键词的文档词频较高，是矿业工程领域的研究热点；本领域主要形成4个研究主题簇，分别以"数值模拟""采空区"为核心，以"瓦斯抽采""煤矿"为核心，以"沿空掘巷""沿空留巷"为核心，以"巷道支护""锚杆支护"为核心。

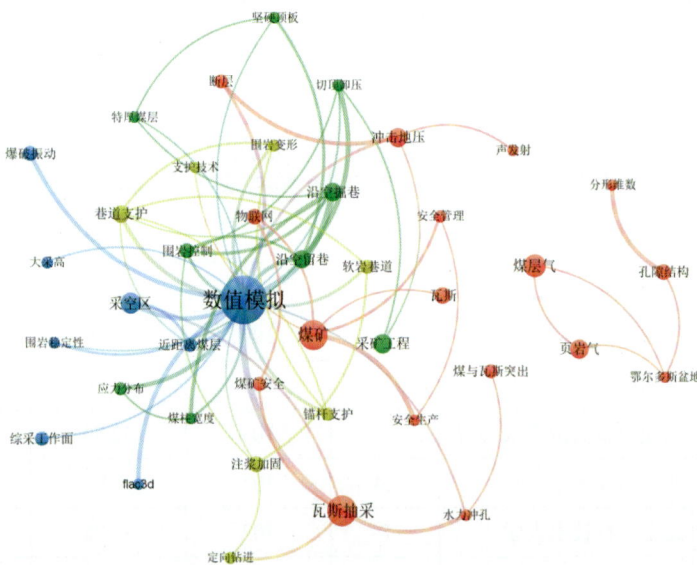

图 32-1　矿业工程领域热点论文主题关联

32.4　高被引期刊分析

在矿业工程领域，5 年影响因子 Top 10 期刊见表 32-3，总被引频次最高的期刊是《煤矿安全》（8073 次），5 年影响因子最高的期刊是《采矿与安全工程学报》。

表 32-3　矿业工程领域高被引期刊基本指标

序号	期刊名称	5 年载文量/篇	总被引频次/次	5 年影响因子	高被引论文数量/篇	h 指数
1	采矿与安全工程学报	851	5438	2.231	109	26
2	中国矿业大学学报	836	4926	1.959	96	23
3	煤田地质与勘探	792	2464	1.187	31	16
4	矿业安全与环保	949	2866	1.033	25	15
5	工矿自动化	1537	4226	0.856	40	19
6	矿产保护与利用	488	949	0.807	8	9
7	金属矿山	2471	6370	0.788	33	16
8	爆破	648	1654	0.758	10	13
9	西安科技大学学报	714	1776	0.752	10	13
10	矿物学报	428	989	0.713	1	11

32.5　高被引作者分析

2013—2017 年论文总被引频次 Top 10 的作者见表 32-4。其中，发文总被引频次居前 3 位的作者分别是中国矿业大学的孙继平（457 次）、中国矿业大学的聂百胜（110 次）和西安科技大学的田水承（109 次）。5 年发文量居前 3 位的作者分别是中国矿业大学的孙继平（31 篇）、兖州矿业集团设计研究院的李剑峰（28 篇）和兖矿集团有限公司的李剑峰（25 篇）。

表 32-4　矿业工程领域高被引作者 Top 10

序号	作者	作者单位	发文量/篇	总被引频次/次	篇均被引频次/次	被引率/%	h 指数
1	孙继平	中国矿业大学	31	457	14.74	96.8	13
2	聂百胜	中国矿业大学	7	110	15.71	71.4	3
3	田水承	西安科技大学	16	109	6.81	81.3	5
4	姜耀东	中国矿业大学	2	107	53.50	100.0	2
5	康红普	天地科技股份有限公司	2	105	52.50	100.0	2
6	李树刚	西安科技大学	24	103	4.29	83.3	6
7	梁冰	辽宁工程技术大学	8	102	12.75	100.0	4
8	孟庆彬	中国矿业大学	6	102	17.00	100.0	6

序号	作者	作者单位	发文量/篇	总被引频次/次	篇均被引频次/次	被引率/%	h指数
9	张科学	中国矿业大学	2	95	47.50	100.0	2
10	马小平	中国矿业大学	2	94	47.00	100.0	2

32.6　高被引机构分析

矿业工程领域总被引频次 Top 20 高等院校和总被引频次 Top 10 科研院所的发文和被引情况分别见表 32-5 和表 32-6。

表 32-5　矿业工程领域高被引高等院校 Top 20

序号	第一作者单位	发文量/篇	总被引频次/次	篇均被引频次/次	序号	第一作者单位	发文量/篇	总被引频次/次	篇均被引频次/次
1	中国矿业大学	3401	11295	3.32	11	江西理工大学	425	1018	2.40
2	西安科技大学	980	2349	2.40	12	昆明理工大学	421	943	2.24
3	安徽理工大学	1165	2059	1.77	13	辽宁工程技术大学	342	937	2.74
4	北京科技大学	754	1951	2.59	14	武汉理工大学	326	716	2.20
5	中国地质大学	905	1885	2.08	15	武汉科技大学	370	703	1.90
6	河南理工大学	723	1782	2.46	16	中国石油大学	147	568	3.86
7	太原理工大学	909	1699	1.87	17	河北联合大学	204	491	2.41
8	山东科技大学	762	1562	2.05	18	内蒙古科技大学	275	422	1.53
9	中南大学	428	1110	2.59	19	西南科技大学	222	419	1.89
10	东北大学	406	1050	2.59	20	成都理工大学	259	404	1.56

表 32-6　矿业工程领域高被引科研院所 Top 10

序号	第一作者单位	发文量/篇	总被引频次/次	篇均被引频次/次	序号	第一作者单位	发文量/篇	总被引频次/次	篇均被引频次/次
1	北京矿冶研究总院	562	993	1.77	5	中国国土资源经济研究院	133	249	1.87
2	中国地质科学院郑州矿产综合利用研究所	204	414	2.03	6	中国地质调查局发展研究中心	113	213	1.88
3	中国地质调查局	126	340	2.70	7	中国地质科学院勘探技术研究所	76	186	2.45
4	煤炭科学研究总院	137	297	2.17	8	中国地质科学院矿产综合利用研究所	102	184	1.80

序号	第一作者单位	发文量/篇	总被引频次/次	篇均被引频次/次	序号	第一作者单位	发文量/篇	总被引频次/次	篇均被引频次/次
9	中国科学院地球化学研究所	61	160	2.62	10	西北矿冶研究院	71	149	2.10

32.7　高被引国外期刊分析

矿业工程领域 2018 年被引频次 Top 10 的国外期刊见表 32-7，排名前 3 位的国外期刊分别是 *International Journal of Mining Science and Technology*、*Minerals Engineering* 和 *Blasting*。

表 32-7　矿业工程领域高被引国外期刊 Top 10

序号	期刊名称	2018 年被引频次/次
1	International Journal of Mining Science and Technology	194
2	Minerals Engineering	154
3	Blasting	114
4	International Journal of Rock Mechanics and Mining Sciences	109
5	Fuel	104
6	Rock Mechanics and Rock Engineering	73
7	International Journal of Mineral Processing	70
8	Int J Min Sci Technol	66
9	Journal of Natural Gas Science and Engineering	58
10	Ore Geology Reviews	58

第 33 章　石油、天然气工业领域高被引分析

33.1　领域论文概况

2013—2017 年，石油、天然气工业领域的 100 种期刊上共发表学术论文 101788 篇，由来自 9630 所机构的 71004 位学者作为第一作者发表。上述论文中，有 48783 篇获得过引用，整体被引率为 47.9%，总被引频次为 176009 次，篇均被引 1.73 次；其中，高被引论文有 1018 篇，高被引论文篇均被引 27.11 次（表 33-1），另外，2018 年本领域共发表论文 19244 篇，其中有 1475 篇在当年获得过引用，总共被引 1998 次。

表 33-1　石油、天然气工业领域论文分布情况

年份	论文数量/篇	总被引频次/次	被引率/%	高被引论文数量/篇	高被引论文被引频次/次
2013	23009	57639	55.4	222	9587
2014	21453	44908	50.5	206	7631
2015	18681	34470	51.8	174	4722
2016	19400	25292	45.9	197	3524
2017	19245	13700	34.5	219	2131
合计	101788	176009	47.9	1018	27595

33.2　高被引论文分析

在石油、天然气工业领域，2013—2017 年发表的总被引频次 Top 10 论文（表 33-2）的平均被引频次为 195.5 次，是全部 1018 篇高被引论文篇均被引频次的 7.21 倍。从论文分布来看，刊载高被引论文数量居前 3 位的期刊分别是《石油勘探与开发》（143 篇）、《天然气工业》（141 篇）和《石油学报》（124 篇），其中，《石油勘探与开发》刊载了高被引论文 Top 10 中的 7 篇；发表高被引论文数量居前 3 位的学者分别是中国石油勘探开发研究院的邹才能（11 篇）、中国石油勘探开发研究院廊坊分院的魏国齐（9 篇）和中国石油天然气股份有限公司勘探与生产分公司的杜金虎（7 篇）；产出高被引论文数量居前 3 位的机构分别是中国石油大学（141 篇）、中国石油勘探开发研究院（95 篇，和中国地质大学（51 篇）。

表 33-2　石油、天然气工业领域高被引论文 Top 10

序号	论文题名	第一作者	期刊名称	发表年份	被引频次/次 总频次	被引频次/次 2018 年
1	四川盆地焦石坝页岩气田形成与富集高产模式	郭彤楼	石油勘探与开发	2014	309	68
2	鄂尔多斯盆地致密油、页岩油特征及资源潜力	杨华	石油学报	2013	260	36
3	页岩储层微观孔隙结构特征	杨峰	石油学报	2013	220	46
4	鄂尔多斯盆地延长组致密油特征	姚泾利	石油勘探与开发	2013	210	32

序号	论文题名	第一作者	期刊名称	发表年份	被引频次/次	
					总频次	2018 年
5	非常规油气概念、特征、潜力及技术——兼论非常规油气地质学	邹才能	石油勘探与开发	2013	206	48
6	页岩油形成机制、地质特征及发展对策	邹才能	石油勘探与开发	2013	193	32
7	四川盆地震旦系-寒武系特大型气田形成分布、资源潜力及勘探发现	邹才能	石油勘探与开发	2014	165	49
8	复杂构造区高演化程度海相页岩气勘探突破的启示——以四川盆地东部盆缘JY1井为例	郭彤楼	天然气地球科学	2013	143	33
9	川中古隆起龙王庙组特大型气田战略发现与理论技术创新	杜金虎	石油勘探与开发	2014	127	34
10	中国页岩气特征、挑战及前景（一）	邹才能	石油勘探与开发	2015	122	43

33.3　研究主题关联分析

在石油、天然气工业领域，1018 篇高被引论文共被引用了 27595 次。通过分析施引文献关键词的词频及关键词之间的共现关系，获得石油、天然气工业领域的热点主题和主题关联，如图 33-1 所示。由图可知："页岩气""四川盆地""鄂尔多斯盆地""孔隙结构"等关键词的文档词频较高，是石油、天然气工业领域的研究热点；本领域主要形成 4 个研究主题簇，分别以"页岩气""水平井"为核心，以"四川盆地""塔里木盆地"为核心，以"页岩""孔隙结构"为核心，以"鄂尔多斯盆地""致密油"为核心。

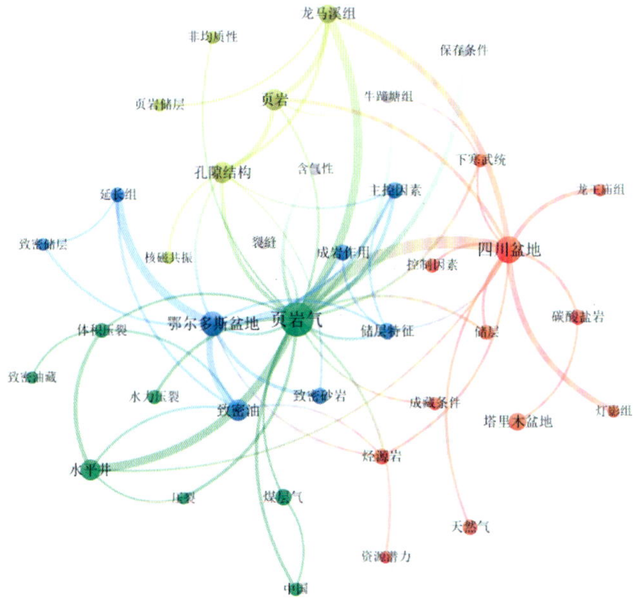

图 33-1　石油、天然气工业领域热点论文主题关联

33.4 高被引期刊分析

在石油、天然气工业领域，5年影响因子 Top 10 期刊见表 33-3，总被引频次最高的期刊是《中国石油和化工标准与质量》（11592次），5年影响因子最高的期刊是《石油勘探与开发》。

表 33-3 石油、天然气工业领域高被引期刊基本指标

序号	期刊名称	5年载文量/篇	总被引频次/次	5年影响因子	高被引论文数量/篇	h指数
1	石油勘探与开发	584	7915	4.526	143	38
2	石油学报	931	8258	3.097	124	33
3	中国石油勘探	383	2901	2.642	48	21
4	天然气工业	1262	9881	2.441	141	35
5	石油与天然气地质	638	4859	2.252	58	26
6	天然气地球科学	1167	6470	1.755	59	26
7	岩性油气藏	656	3395	1.706	18	20
8	油气地质与采收率	753	4489	1.648	43	20
9	石油实验地质	637	3626	1.582	34	22
10	石油地球物理勘探	974	3753	1.466	17	17

33.5 高被引作者分析

2013—2017年论文总被引频次 Top 10 的作者见表 33-4。其中，发文总被引频次居前 3 位的作者分别是中国石油勘探开发研究院的邹才能（1089次）、中国石油化工股份有限公司勘探南方分公司的郭彤楼（492次）和中国石油大学的杨峰（465次）。5年发文量居前 3 位的作者分别是中国石油经济技术研究院的周向彤（45篇）、中国石油勘探开发研究院的陈元千（35篇）和胜利油田孤东采油厂的朱益飞（35篇）。

表 33-4 石油、天然气工业领域高被引作者 Top 10

序号	作者	作者单位	发文量/篇	总被引频次/次	篇均被引频次/次	被引率/%	h指数
1	邹才能	中国石油勘探开发研究院	11	1089	99.00	100.0	10
2	郭彤楼	中国石油化工股份有限公司勘探南方分公司	4	492	123.00	100.0	4
3	杨峰	中国石油大学	5	465	93.00	100.0	5
4	杨华	中国石油长庆油田公司	12	454	37.83	91.7	9
5	杜金虎	中国石油天然气股份有限公司勘探与生产分公司	10	424	42.40	100.0	9

序号	作者	作者单位	发文量/篇	总被引频次/次	篇均被引频次/次	被引率/%	h指数
6	魏国齐	中国石油勘探开发研究院廊坊分院	13	335	25.77	100.0	10
7	姚泾利	长庆油田勘探开发研究院	10	313	31.30	90.0	7
8	张功成	中海油研究总院	17	242	14.24	94.1	9
9	赵金洲	西南石油大学	22	235	10.68	90.9	8
10	陈元千	中国石油勘探开发研究院	35	233	6.66	100.0	10

33.6　高被引机构分析

石油、天然气工业领域总被引频次 Top 20 高等院校和总被引频次 Top 10 科研院所的发文和被引情况分别见表 33-5 和表 33-6。

表 33-5　石油、天然气工业领域高被引高等院校 Top 20

序号	第一作者单位	发文量/篇	总被引频次/次	篇均被引频次/次	序号	第一作者单位	发文量/篇	总被引频次/次	篇均被引频次/次
1	中国石油大学	6262	21754	3.47	11	北京大学	106	560	5.28
2	西南石油大学	2470	7386	2.99	12	吉林大学	163	486	2.98
3	中国地质大学	949	4833	5.09	13	长江大学武汉校区	217	470	2.17
4	成都理工大学	870	3002	3.45	14	广东石油化工学院	466	380	0.82
5	东北石油大学	1077	2827	2.62	15	华东理工大学	214	350	1.64
6	西安石油大学	2432	2776	1.14	16	同济大学	95	346	3.64
7	长江大学	1284	2287	1.78	17	重庆科技学院	115	298	2.59
8	辽宁石油化工大学	827	1240	1.50	18	北京石油化工学院	195	269	1.38
9	中国矿业大学	193	857	4.44	19	北京化工大学	157	230	1.46
10	西北大学	227	849	3.74	20	长安大学	65	225	3.46

表33-6　石油、天然气工业领域高被引科研院所 Top 10

序号	第一作者单位	发文量/篇	总被引频次/次	篇均被引频次/次	序号	第一作者单位	发文量/篇	总被引频次/次	篇均被引频次/次
1	中国石油勘探开发研究院	1053	7627	7.24	6	大庆油田勘探开发研究院	519	1480	2.85
2	中国石化石油勘探开发研究院	507	2172	4.28	7	中国石化石油化工科学研究院	580	1332	2.30
3	中海油研究总院	751	2068	2.75	8	长庆油田勘探开发研究院	193	963	4.99
4	中国石油勘探开发研究院廊坊分院	237	1775	7.49	9	中国石油天然气股份有限公司杭州地质研究院	134	962	7.18
5	中国石化石油工程技术研究院	324	1583	4.89	10	胜利油田地质科学研究院	329	911	2.77

33.7　高被引国外期刊分析

石油、天然气工业领域2018年被引频次 Top 10 的国外期刊见表33-7，排名前3位的国外期刊分别是 *Journal of Materials Chemistry A*、*Advanced Materials* 和 *Fuel*。

表33-7　石油、天然气工业领域高被引国外期刊 Top 10

序号	期刊名称	2018年被引频次/次
1	Journal of Materials Chemistry A	456
2	Advanced Materials	383
3	Fuel	334
4	Journal of Power Sources	321
5	Marine and Petroleum Geology	275
6	Journal of the American Chemical Society	260
7	Journal of Petroleum Science and Engineering	259
8	Journal of Natural Gas Science and Engineering	253
9	Advanced Energy Materials	240
10	Energy & Environmental Science	231

第34章 冶金工业领域高被引分析

34.1 领域论文概况

2013—2017 年，冶金工业领域的 63 种期刊上共发表学术论文 43456 篇，由来自 6703 所机构的 31963 位学者作为第一作者发表。上述论文中，有 19193 篇获得过引用，整体被引率为 44.2%，总被引频次为 49332 次，篇均被引 1.14 次；其中，高被引论文有 412 篇，高被引论文篇均被引 13.30 次（表 34-1），另外，2018 年本领域共发表论文 8415 篇，其中有 458 篇在当年获得过引用，总共被引 574 次。

表 34-1 冶金工业领域论文分布情况

年份	论文数量/篇	总被引频次/次	被引率/%	高被引论文数量/篇	高被引论文被引频次/次
2013	8620	14551	54.3	77	1491
2014	8856	12147	48.6	97	1462
2015	8706	10895	49.2	77	1103
2016	8686	7622	40.0	80	879
2017	8588	4117	28.5	81	544
合计	43456	49332	44.2	412	5479

34.2 高被引论文分析

在冶金工业领域，2013—2017 年发表的总被引频次 Top 10 论文（表 34-2）的平均被引频次为 42.5 次，是全部 412 篇高被引论文篇均被引频次的 3.20 倍。从论文分布来看，刊载高被引论文数量居前 3 位的期刊分别是《钢铁》（66 篇）、《中国冶金》（39 篇）和《稀土》（29 篇）；发表高被引论文数量居前 3 位的学者分别是北京科技大学的张立峰（4 篇）、东北大学的王国栋（3 篇）和北京首钢国际工程技术有限公司的张福明（3 篇）；产出高被引论文数量居前 3 位的机构分别是北京科技大学（37 篇）、东北大学（18 篇）和钢铁研究总院（13 篇）。

表 34-2 冶金工业领域高被引论文 Top 10

序号	论文题名	第一作者	期刊名称	发表年份	被引频次/次 总频次	被引频次/次 2018 年
1	钢渣处理工艺与国内外钢渣利用技术	张朝晖	钢铁研究学报	2013	72	17
2	稀土在钢中应用与研究新进展	李春龙	稀土	2013	66	11
3	基于BIM技术提高建筑工程管理效率的有效途径探索	焦丽丽	昆明冶金高等专科学校学报	2016	39	34
4	电感耦合等离子体原子发射光谱分析仪器与方法的新进展	郑国经	冶金分析	2014	39	11

序号	论文题名	第一作者	期刊名称	发表年份	被引频次/次	
					总频次	2018年
5	中国汽车发展趋势及汽车用钢面临的机遇与挑战	康永林	钢铁	2014	37	10
6	赣南离子吸附型稀土矿床成矿特征概述	张恋	中国稀土学报	2015	37	9
7	测量不确定度基本原理和评定方法及在材料检测中的评定实例第一讲测量不确定度的基本原理和定义	王承忠	理化检验-物理分册	2013	35	1
8	钢铁行业技术创新和发展方向	王国栋	钢铁	2015	34	10
9	世界稀土生产与消费结构分析	杨斌清	稀土	2014	34	3
10	中国薄板坯连铸连轧技术的发展	毛新平	钢铁	2014	32	10

34.3　研究主题关联分析

在冶金工业领域，412篇高被引论文共被引用了5479次。通过分析施引文献关键词的词频及关键词之间的共现关系，获得冶金工业领域的热点主题和主题关联，如图34-1所示。由图可知："稀土""力学性能""数值模拟""夹杂物"等关键词的文档词频较高，是冶金工业领域的研究热点；本领域主要形成4个研究主题簇，分别以"稀土""力学性能"为核心，以"夹杂物""浸出"为核心，以"浮选""铁"为核心，以"脱磷""稀土元素"为核心。

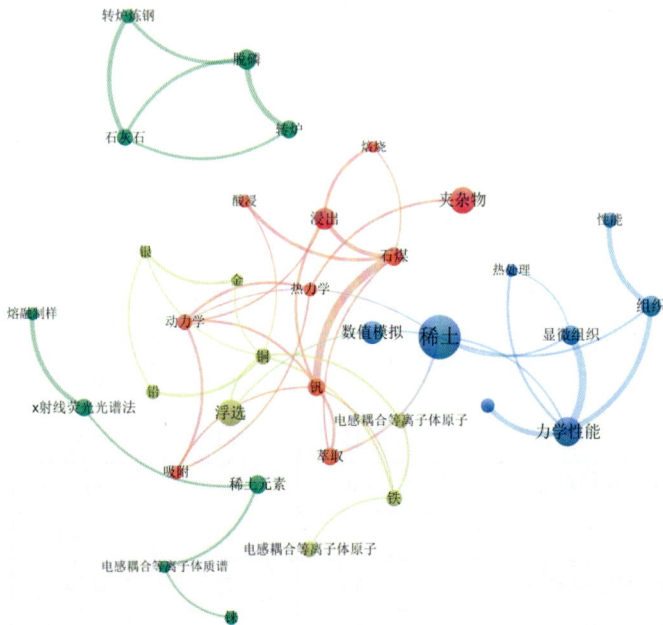

图34-1　冶金工业领域热点论文主题关联

34.4   高被引期刊分析

在冶金工业领域，5 年影响因子 Top 10 期刊见表 34-3，总被引频次最高的期刊是《理化检验-化学分册》（3604 次），5 年影响因子最高的期刊是《钢铁》。

表 34-3   冶金工业领域高被引期刊基本指标

序号	期刊名称	5 年载文量/篇	总被引频次/次	5 年影响因子	高被引论文数量/篇	h 指数
1	钢铁	1071	3437	1.081	66	16
2	冶金分析	998	2878	0.906	29	14
3	中国冶金	976	1987	0.833	39	12
4	粉末冶金工业	538	933	0.762	14	9
5	中国稀土学报	508	1324	0.744	16	12
6	稀土	689	1898	0.727	29	14
7	钢铁研究学报	830	1766	0.701	18	12
8	矿冶工程	1193	2465	0.610	22	12
9	连铸	435	593	0.572	1	7
10	有色金属（冶炼部分）	1029	2400	0.562	27	15

34.5   高被引作者分析

2013—2017 年论文总被引频次 Top 10 的作者见表 34-4。其中，发文总被引频次居前 3 位的作者分别是包头钢铁（集团）有限责任公司的李春龙（83 次）、内蒙古科技大学的杨吉春（81 次）和西安建筑科技大学的张朝晖（81 次）。5 年发文量居前 3 位的作者分别是攀钢集团研究院有限公司的成勇（17 篇）、江西铜业集团铜材有限公司的张伟旗（17 篇）和内蒙古科技大学的杨吉春（15 篇）。

表 34-4   冶金工业领域高被引作者 Top 10

序号	作者	作者单位	发文量/篇	总被引频次/次	篇均被引频次/次	被引率/%	h 指数
1	李春龙	包头钢铁（集团）有限责任公司	4	83	20.75	100.0	3
2	杨吉春	内蒙古科技大学	15	81	5.40	86.7	7
3	张朝晖	西安建筑科技大学	4	81	20.25	100.0	2
4	王国栋	东北大学	5	77	15.40	100.0	4
5	成勇	攀钢集团研究院有限公司	17	72	4.24	76.5	6
6	王新华	北京科技大学	5	71	14.20	100.0	4

续表

序号	作者	作者单位	发文量/篇	总被引频次/次	篇均被引频次/次	被引率/%	h指数
7	张福明	北京首钢国际工程技术有限公司	6	69	11.50	100.0	6
8	李云	丽江师范高等专科学校	5	65	13.00	100.0	3
9	张立峰	北京科技大学	7	62	8.86	85.7	4
10	王承忠	宝山钢铁股份有限公司特殊钢分公司	8	52	6.50	75.0	3

34.6　高被引机构分析

冶金工业领域总被引频次 Top 20 高等院校和总被引频次 Top 10 科研院所的发文和被引情况分别见表 34-5 和表 34-6。

表 34-5　冶金工业领域高被引高等院校 Top 20

序号	第一作者单位	发文量/篇	总被引频次/次	篇均被引频次/次	序号	第一作者单位	发文量/篇	总被引频次/次	篇均被引频次/次
1	北京科技大学	1413	3021	2.14	11	昆明冶金高等专科学校	394	416	1.06
2	东北大学	677	1268	1.87	12	贵州大学	177	404	2.28
3	昆明理工大学	505	1107	2.19	13	安徽工业大学	160	243	1.52
4	中南大学	533	1051	1.97	14	华北理工大学	218	220	1.01
5	武汉科技大学	431	783	1.82	15	辽宁科技大学	160	193	1.21
6	江西理工大学	259	677	2.61	16	河南科技大学	55	174	3.16
7	内蒙古科技大学	427	670	1.57	17	重庆大学	76	145	1.91
8	燕山大学	204	446	2.19	18	武汉理工大学	56	129	2.30
9	西安建筑科技大学	187	434	2.32	19	上海大学	91	109	1.20
10	河北联合大学	201	433	2.15	20	中国地质大学	24	99	4.13

表 34-6　冶金工业领域高被引科研院所 Top 10

序号	第一作者单位	发文量/篇	总被引频次/次	篇均被引频次/次	序号	第一作者单位	发文量/篇	总被引频次/次	篇均被引频次/次
1	钢铁研究总院	399	926	2.32	3	包头稀土研究院	95	259	2.73
2	北京矿冶研究总院	280	558	1.99	4	武汉钢铁（集团）公司研究院	310	256	0.83

序号	第一作者单位	发文量/篇	总被引频次/次	篇均被引频次/次	序号	第一作者单位	发文量/篇	总被引频次/次	篇均被引频次/次
5	江苏省（沙钢）钢铁研究院	102	256	2.51	8	上海材料研究所	80	196	2.45
6	首钢技术研究院	133	243	1.83	9	西北有色金属研究院	87	195	2.24
7	云南省昆明冶金研究设计院	114	209	1.83	10	广州有色金属研究院	59	161	2.73

34.7　高被引国外期刊分析

冶金工业领域 2018 年被引频次 Top 10 的国外期刊见表 34-7，排名前 3 位的国外期刊分别是 *Journal of Rare Earths*、*Journal of Alloys and Compounds* 和 *Journal of Iron and Steel Research, International*。

表 34-7　冶金工业领域高被引国外期刊 Top 10

序号	期刊名称	2018 年被引频次/次
1	Journal of Rare Earths	440
2	Journal of Alloys and Compounds	331
3	Journal of Iron and Steel Research, International	227
4	ISIJ International	181
5	Materials Science and Engineering A-Structural Materials Properties Microstructure and Processing	168
6	Ceramics International	139
7	Hydrometallurgy	127
8	Acta Materialia	118
9	Chemical Engineering Journal	98
10	Materials & Design	95

第 35 章　金属学与金属工艺领域高被引分析

35.1　领域论文概况

2013—2017 年，金属学与金属工艺领域的 66 种期刊上共发表学术论文 87794 篇，由来自 11339 所机构的 58971 位学者作为第一作者发表。上述论文中，有 41666 篇获得过引用，整体被引率为 47.5%，总被引频次为 109555 次，篇均被引 1.25 次；其中，高被引论文有 777 篇，高被引论文篇均被引 14.10 次（表 35-1），另外，2018 年本领域共发表论文 19002 篇，其中有 1272 篇在当年获得过引用，总共被引 1675 次。

表 35-1　金属学与金属工艺领域论文分布情况

年份	论文数量/篇	总被引频次/次	被引率/%	高被引论文数量/篇	高被引论文被引频次/次
2013	16118	32677	59.7	145	3013
2014	17333	27289	54.9	159	2544
2015	17553	23337	51.7	172	2433
2016	17179	15663	43.3	138	1502
2017	19611	10589	30.7	163	1460
合计	87794	109555	47.5	777	10952

35.2　高被引论文分析

在金属学与金属工艺领域，2013—2017 年发表的总被引频次 Top 10 论文（表 35-2）的平均被引频次为 50.9 次，是全部 777 篇高被引论文篇均被引频次的 3.61 倍。从论文分布来看，刊载高被引论文数量居前 3 位的期刊分别是《世界有色金属》（105 篇）、《中国有色金属学报（英文版）》（76 篇）和《中国有色金属学报》（66 篇），《热加工工艺》刊载了高被引论文 Top 10 中的 3 篇；发表高被引论文数量居前 3 位的学者分别是华东交通大学的何柏林（3 篇）、中南大学的郭学益（3 篇）和中南大学的王新民（3 篇）；产出高被引论文数量居前 3 位的机构分别是中南大学（55 篇）、北京科技大学（30 篇）和东北大学（18 篇）。

表 35-2　金属学与金属工艺领域高被引论文 Top 10

序号	论文题名	第一作者	期刊名称	发表年份	被引频次/次 总频次	被引频次/次 2018 年
1	航空用钛合金研究进展	金和喜	中国有色金属学报	2015	81	34
2	汽车轻量化材料及制造工艺研究现状	郭玉琴	锻压技术	2015	59	12
3	搅拌摩擦焊的研究现状及前景展望	宋晓村	热加工工艺	2013	57	6
4	激光熔覆研究现状及发展趋势	张坚	热加工工艺	2013	56	10
5	高强铝合金的发展及其材料的制备加工技术	张新明	金属学报	2015	49	31

序号	论文题名	第一作者	期刊名称	发表年份	被引频次/次	
					总频次	2018年
6	汽车轻量化及铝合金在现代汽车生产中的应用	郑晖	锻压技术	2016	48	28
7	焊接智能化与智能化焊接机器人技术研究进展	陈善本	电焊机	2013	42	12
8	高性能镁合金铸造技术研究进展	彭勇	铸造技术	2013	40	2
9	镁合金的应用及其成形技术研究现状	杨媛	热加工工艺	2013	39	6
10	X90级别第三代管线钢的力学性能与组织特征	夏佃秀	金属学报	2013	38	10

35.3　研究主题关联分析

在金属学与金属工艺领域，777篇高被引论文共被引用了10952次。通过分析施引文献关键词的词频及关键词之间的共现关系，获得金属学与金属工艺领域的热点主题和主题关联，如图35-1所示。由图可知："力学性能""显微组织""数值模拟""镁合金"等关键词的文档词频较高，是金属学与金属工艺领域的研究热点；本领域主要形成3个研究主题簇，分别以"力学性能""显微组织"为核心，以"镁合金""铝合金"为核心，以"数值模拟""激光熔覆"为核心。

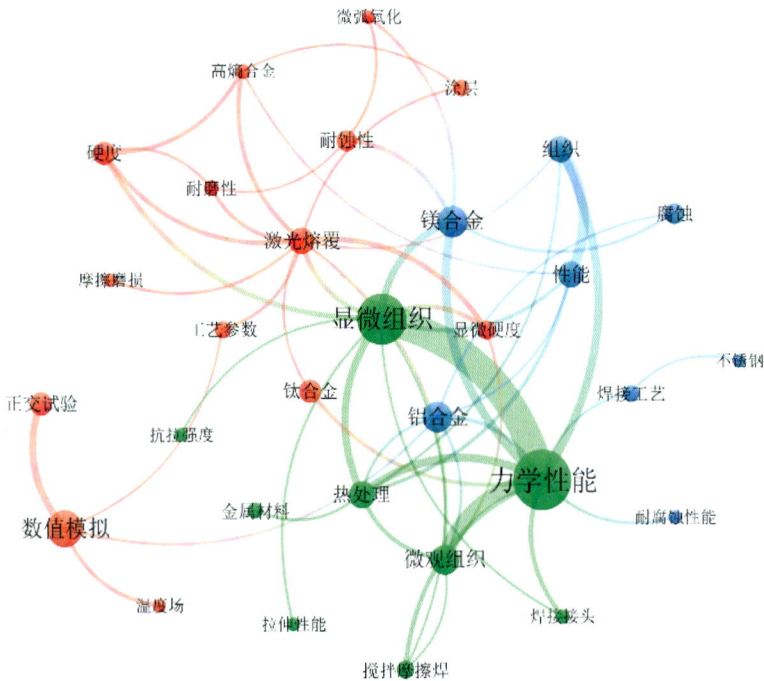

图35-1　金属学与金属工艺领域热点论文主题关联

35.4　高被引期刊分析

在金属学与金属工艺领域，5 年影响因子 Top 10 期刊见表 35-3，总被引频次最高的期刊是《热加工工艺》（11201 次），5 年影响因子最高的期刊是《金属学报》。

表 35-3　金属学与金属工艺领域高被引期刊基本指标

序号	期刊名称	5 年载文量/篇	总被引频次/次	5 年影响因子	高被引论文数量/篇	h 指数
1	金属学报	956	2634	1.068	30	14
2	中国有色金属学报（英文版）	2244	6892	0.993	76	17
3	中国有色金属学报	1942	6093	0.947	66	17
4	稀有金属	875	2677	0.945	36	14
5	中国腐蚀与防护学报	431	1105	0.907	9	11
6	中国表面工程	623	1358	0.849	11	12
7	塑性工程学报	905	1690	0.800	11	11
8	有色金属科学与工程	695	1594	0.771	14	12
9	锻压技术	1786	4269	0.743	45	15
10	表面技术	1563	3492	0.723	47	15

35.5　高被引作者分析

2013—2017 年论文总被引频次 Top 10 的作者见表 35-4。其中，发文总被引频次居前 3 位的作者分别是中南大学的郭学益（92 次）、中南大学的金和喜（85 次）和昆明贵金属研究所的王松（81 次）。5 年发文量居前 3 位的作者分别是西安理工大学的张敏（37 篇）、《金属加工》杂志社的蒋亚宝（32 篇）和西安理工大学的李继红（28 篇）。

表 35-4　金属学与金属工艺领域高被引作者 Top 10

序号	作者	作者单位	发文量/篇	总被引频次/次	篇均被引频次/次	被引率/%	h 指数
1	郭学益	中南大学	17	92	5.41	82.4	7
2	金和喜	中南大学	2	85	42.50	100.0	2
3	王松	昆明贵金属研究所	16	81	5.06	87.5	4
4	刘政	江西理工大学	23	76	3.30	82.6	6
5	张坚	华东交通大学	9	74	8.22	66.7	3
6	何柏林	华东交通大学	12	73	6.08	83.3	5
7	张新明	中南大学	8	73	9.13	87.5	4
8	贺小塘	贵研资源（易门）有限公司	5	71	14.20	100.0	3

序号	作者	作者单位	发文量/篇	总被引频次/次	篇均被引频次/次	被引率/%	h指数
9	路浩	南车青岛四方机车车辆股份有限公司	25	64	2.56	84.0	4
10	郭玉琴	江苏大学	6	64	10.67	66.7	2

35.6　高被引机构分析

金属学与金属工艺领域总被引频次 Top 20 高等院校和总被引频次 Top 10 科研院所的发文和被引情况分别见表 35-5 和表 35-6。

表 35-5　金属学与金属工艺领域高被引高等院校 Top 20

序号	第一作者单位	发文量/篇	总被引频次/次	篇均被引频次/次	序号	第一作者单位	发文量/篇	总被引频次/次	篇均被引频次/次
1	中南大学	1982	5308	2.68	11	河南科技大学	521	940	1.80
2	北京科技大学	1946	4067	2.09	12	哈尔滨工业大学	492	922	1.87
3	昆明理工大学	1173	2416	2.06	13	中北大学	526	915	1.74
4	江西理工大学	774	1740	2.25	14	江苏大学	508	880	1.73
5	东北大学	773	1652	2.14	15	西安建筑科技大学	514	735	1.43
6	西北工业大学	777	1497	1.93	16	华中科技大学	356	732	2.06
7	上海交通大学	580	1259	2.17	17	上海大学	491	705	1.44
8	南昌航空大学	667	1205	1.81	18	南京航空航天大学	338	700	2.07
9	兰州理工大学	638	1067	1.67	19	大连理工大学	350	687	1.96
10	重庆大学	500	1042	2.08	20	华南理工大学	365	683	1.87

表 35-6　金属学与金属工艺领域高被引科研院所 Top 10

序号	第一作者单位	发文量/篇	总被引频次/次	篇均被引频次/次	序号	第一作者单位	发文量/篇	总被引频次/次	篇均被引频次/次
1	中国科学院金属研究所	402	944	2.35	5	北京矿冶研究总院	257	390	1.52
2	北京有色金属研究总院	317	762	2.40	6	西北有色金属研究院	244	353	1.45
3	中国航发北京航空材料研究院	268	456	1.70	7	昆明贵金属研究所	159	338	2.13
4	钢铁研究总院	260	410	1.58	8	首钢技术研究院	168	304	1.81

序号	第一作者单位	发文量/篇	总被引频次/次	篇均被引频次/次	序号	第一作者单位	发文量/篇	总被引频次/次	篇均被引频次/次
9	中航工业北京航空制造工程研究所	135	294	2.18	10	中国石油集团石油管工程技术研究院	153	287	1.88

35.7　高被引国外期刊分析

金属学与金属工艺领域 2018 年被引频次 Top 10 的国外期刊见表 35-7，排名前 3 位的国外期刊分别是 *Journal of Alloys and Compounds*、*Acta Materialia* 和 *Corrosion Science*。

表 35-7　金属学与金属工艺领域高被引国外期刊 Top 10

序号	期刊名称	2018 年被引频次/次
1	Journal of Alloys and Compounds	1648
2	Acta Materialia	961
3	Corrosion Science	933
4	Surface and Coatings Technology	920
5	Materials & Design	886
6	Materials Science and Engineering A-Structural Materials Properties Microstructure and Processing	818
7	Applied Surface Science	677
8	Journal of Materials Processing Technology	475
9	Materials and Design	456
10	Ceramics International	425

第 36 章　机械、仪表工业领域高被引分析

36.1　领域论文概况

2013—2017 年，机械、仪表工业领域的 108 种期刊上共发表学术论文 152074 篇，由来自 21001 所机构的 105224 位学者作为第一作者发表。上述论文中，有 66174 篇获得过引用，整体被引率为 43.5%，总被引频次为 182727 次，篇均被引 1.20 次；其中，高被引论文有 1451 篇，高被引论文篇均被引 18.31 次（表 36-1），另外，2018 年本领域共发表论文 31626 篇，其中有 2163 篇在当年获得过引用，总共被引 2959 次。

表 36-1　机械、仪表工业领域论文分布情况

年份	论文数量/篇	总被引频次/次	被引率/%	高被引论文数量/篇	高被引论文被引频次/次
2013	30196	56223	52.8	286	8354
2014	30633	46318	49.4	285	6754
2015	30017	37582	46.5	284	5262
2016	30131	26509	40.0	331	3918
2017	31097	16095	29.2	265	2276
合计	152074	182727	43.5	1451	26564

36.2　高被引论文分析

在机械、仪表工业领域，2013—2017 年发表的总被引频次 Top 10 论文（表 36-2）的平均被引频次为 183.8 次，是全部 1451 篇高被引论文篇均被引频次的 10.04 倍。从论文分布来看，刊载高被引论文数量居前 3 位的期刊分别是《仪器仪表学报》（245 篇）、《机械工程学报》（244 篇）和《光学精密工程》（161 篇），其中，《机械工程学报》刊载了高被引论文 Top 10 中的 3 篇；发表高被引论文数量居前 3 位的学者分别是兰州理工大学的苏建宁（6 篇）、西安交通大学的雷亚国（4 篇）和辽宁工程技术大学的张强（4 篇）；产出高被引论文数量居前 3 位的机构分别是中国科学院长春光学精密机械与物理研究所（44 篇）、南京航空航天大学（33 篇）和重庆大学（29 篇）。

表 36-2　机械、仪表工业领域高被引论文 Top 10

序号	论文题名	第一作者	期刊名称	发表年份	被引频次/次 总频次	被引频次/次 2018 年
1	智能制造——"中国制造2025"的主攻方向	周济	中国机械工程	2015	306	153
2	增材制造（3D打印）技术发展	卢秉恒	机械制造与自动化	2013	286	96
3	3D打印技术及应用趋势	李小丽	自动化仪表	2014	264	72
4	我国工业机器人技术现状与产业化发展战略	王田苗	机械工程学报	2014	263	91

续表

序号	论文题名	第一作者	期刊名称	发表年份	被引频次/次	
					总频次	2018年
5	工业4.0和智能制造	张曙	机械设计与制造工程	2014	165	57
6	机械故障诊断基础研究"何去何从"	王国彪	机械工程学报	2013	128	33
7	电气工程及其自动化技术的设计与应用分析	袁红军	装备制造技术	2014	122	24
8	增材制造：实现宏微结构一体化制造	李涤尘	机械工程学报	2013	109	25
9	振动信号处理方法综述	李舜酩	仪器仪表学报	2013	104	28
10	产品意象造型设计关键技术研究进展	苏建宁	机械设计	2013	91	21

36.3　研究主题关联分析

在机械、仪表工业领域，1451篇高被引论文共被引用了26564次。通过分析施引文献关键词的词频及关键词之间的共现关系，获得机械、仪表工业领域的热点主题和主题关联，如图36-1所示。由图可知："故障诊断""3D打印""工业机器人"等关键词的文档词频较高，是机械、仪表工业领域的研究热点；本领域主要形成3个研究主题簇，分别以"故障诊断""滚动轴承"为核心，以"3D打印""数值模拟"为核心，以"工业机器人""智能制造"为核心。

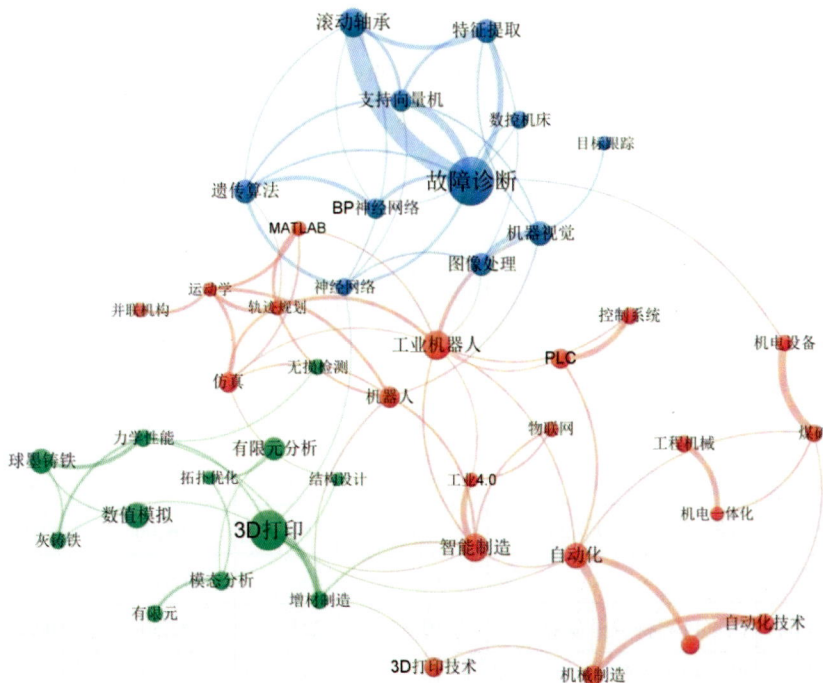

图 36-1　机械、仪表工业领域热点论文主题关联

36.4 高被引期刊分析

在机械、仪表工业领域，5 年影响因子 Top 10 期刊见表 36-3，总被引频次最高的期刊是《机械工程学报》（15236 次），5 年影响因子最高的期刊是《仪器仪表学报》。

表 36-3　机械、仪表工业领域高被引期刊基本指标

序号	期刊名称	5 年载文量/篇	总被引频次/次	5 年影响因子	高被引论文数量/篇	h 指数
1	仪器仪表学报	2008	12003	1.726	245	31
2	机械工程学报	3263	15236	1.684	244	33
3	光学精密工程	2099	10232	1.362	161	26
4	摩擦学学报	530	1780	1.257	18	13
5	中国机械工程学报	727	2114	0.961	22	12
6	图学学报	769	1925	0.875	24	15
7	流体机械	1117	3424	0.859	35	18
8	压力容器	842	2448	0.823	20	15
9	中国机械工程	2894	6804	0.813	42	17
10	工程设计学报	507	981	0.679	9	12

36.5 高被引作者分析

2013—2017 年论文总被引频次 Top 10 的作者见表 36-4。其中，发文总被引频次居前 3 位的作者分别是西安交通大学的卢秉恒（308 次）、中国工程院的周济（306 次）和北京航空航天大学的王田苗（280 次）。5 年发文量居前 3 位的作者分别是重庆大学的张根保（47 篇）、罗克韦尔自动化（中国）有限公司的华镕（46 篇）和北京工业大学的范晋伟（43 篇）。

表 36-4　机械、仪表工业领域高被引作者 Top 10

序号	作者	作者单位	发文量/篇	总被引频次/次	篇均被引频次/次	被引率/%	h 指数
1	卢秉恒	西安交通大学	2	308	154.00	100.0	2
2	周济	中国工程院	1	306	306.00	100.0	1
3	王田苗	北京航空航天大学	3	280	93.33	100.0	2
4	李小丽	上海产业技术研究院	1	264	264.00	100.0	1
5	张曙	同济大学	18	236	13.11	72.2	4
6	王国彪	国家自然科学基金委员会	10	225	22.50	100.0	4
7	苏建宁	兰州理工大学	12	179	14.92	100.0	6
8	杨理践	沈阳工业大学	34	141	4.15	76.5	7

续表

序号	作者	作者单位	发文量/篇	总被引频次/次	篇均被引频次/次	被引率/%	h指数
9	计时鸣	浙江工业大学	25	136	5.44	64.0	5
10	赵丽娟	辽宁工程技术大学	40	132	3.30	77.5	7

36.6　高被引机构分析

机械、仪表工业领域总被引频次 Top 20 高等院校和总被引频次 Top 10 科研院所的发文和被引情况分别见表 36-5 和表 36-6。

表 36-5　机械、仪表工业领域高被引高等院校 Top 20

序号	第一作者单位	发文量/篇	总被引频次/次	篇均被引频次/次	序号	第一作者单位	发文量/篇	总被引频次/次	篇均被引频次/次
1	南京航空航天大学	1462	2881	1.97	11	浙江大学	610	1712	2.81
2	合肥工业大学	1105	2484	2.25	12	中北大学	1207	1675	1.39
3	燕山大学	927	2442	2.63	13	湖南大学	575	1633	2.84
4	重庆大学	609	2116	3.47	14	华南理工大学	672	1632	2.43
5	西安交通大学	533	1978	3.71	15	上海理工大学	879	1566	1.78
6	西南交通大学	1000	1959	1.96	16	天津大学	689	1549	2.25
7	北京航空航天大学	705	1927	2.73	17	浙江工业大学	691	1535	2.22
8	西北工业大学	1042	1765	1.69	18	江苏大学	744	1506	2.02
9	同济大学	799	1717	2.15	19	清华大学	469	1489	3.17
10	上海交通大学	810	1715	2.12	20	哈尔滨工业大学	634	1461	2.30

表 36-6　机械、仪表工业领域高被引科研院所 Top 10

序号	第一作者单位	发文量/篇	总被引频次/次	篇均被引频次/次	序号	第一作者单位	发文量/篇	总被引频次/次	篇均被引频次/次
1	中国科学院长春光学精密机械与物理研究所	671	3085	4.60	5	中国工程物理研究院	230	205	0.89
2	中国科学院沈阳自动化研究所	162	408	2.52	6	南京电子技术研究所	189	193	1.02
3	中国科学院兰州化学物理研究所	103	299	2.90	7	中国航发北京航空材料研究院	113	190	1.68
4	上海产业技术研究院	1	264	264.00	8	华电电力科学研究院	173	154	0.89

序号	第一作者单位	发文量/篇	总被引频次/次	篇均被引频次/次	序号	第一作者单位	发文量/篇	总被引频次/次	篇均被引频次/次
9	广州特种机电设备检测研究院	68	154	2.26	10	中国电子科技集团公司第三十八研究所	179	150	0.84

36.7 高被引国外期刊分析

机械、仪表工业领域 2018 年被引频次 Top 10 的国外期刊见表 36-7，排名前 3 位的国外期刊分别是 *International Journal of Advanced Manufacturing Technology*、*Tribology International* 和 *Mechanical Systems and Signal Processing*。

表 36-7 机械、仪表工业领域高被引国外期刊 Top 10

序号	期刊名称	2018 年被引频次/次
1	International Journal of Advanced Manufacturing Technology	368
2	Tribology International	333
3	Mechanical Systems and Signal Processing	270
4	Wear	230
5	Journal of Materials Processing Technology	213
6	IEEE Transactions on Industrial Electronics	208
7	Applied Mechanics and Materials	195
8	International Journal of Advanced Manufacturing Technology	194
9	Procedia CIRP	191
10	Procedia Engineering	174

第37章　能源与动力工程领域高被引分析

37.1　领域论文概况

2013—2017 年，能源与动力工程领域的 88 种期刊上共发表学术论文 101619 篇，由来自 15489 所机构的 75373 位学者作为第一作者发表。上述论文中，有 46740 篇获得过引用，整体被引率为 46.0%，总被引频次为 136457 次，篇均被引 1.34 次；其中，高被引论文有 1014 篇，高被引论文篇均被引 22.38 次（表 37-1），另外，2018 年本领域共发表论文 22442 篇，其中有 2086 篇在当年获得过引用，总共被引 3160 次。

表 37-1　能源与动力工程领域论文分布情况

年份	论文数量/篇	总被引频次/次	被引率/%	高被引论文数量/篇	高被引论文被引频次/次
2013	19731	39620	54.3	193	6834
2014	20248	35325	52.0	209	6564
2015	19998	28101	49.9	192	4128
2016	20072	20468	42.8	182	3045
2017	21570	12943	32.2	238	2124
合计	101619	136457	46.0	1014	22695

37.2　高被引论文分析

在能源与动力工程领域，2013—2017 年发表的总被引频次 Top 10 论文（表 37-2）的平均被引频次为 124.5 次，是全部 1014 篇高被引论文篇均被引频次的 5.56 倍。从论文分布来看，刊载高被引论文数量居前 3 位的期刊分别是《煤炭学报》（373 篇）、《煤炭科学技术》（228 篇）和《能源与节能》（52 篇），其中，《煤炭学报》刊载了高被引论文 Top 10 中的 9 篇；发表高被引论文数量居前 3 位的学者分别是天地科技股份有限公司的王国法（10 篇）、中国矿业大学的孙继平（7 篇）和中国矿业大学的武强（7 篇）；产出高被引论文数量居前 3 位的机构分别是中国矿业大学（215 篇）、河南理工大学（30 篇）和西安科技大学（28 篇）。

表 37-2　能源与动力工程领域高被引论文 Top 10

序号	论文题名	第一作者	期刊名称	发表年份	被引频次/次 总频次	被引频次/次 2018 年
1	我国煤炭开采中的冲击地压机理和防治	姜耀东	煤炭学报	2014	282	70
2	我国矿井水防控与资源化利用的研究进展、问题和展望	武强	煤炭学报	2014	145	32
3	沿空留巷围岩控制理论与实践	张农	煤炭学报	2014	124	52
4	行为安全"2-4"模型及其在煤矿安全管理中的应用	傅贵	煤炭学报	2013	114	26

序号	论文题名	第一作者	期刊名称	发表年份	被引频次/次	
					总频次	2018 年
5	特厚煤层大采高综放开采关键技术	王金华	煤炭学报	2013	108	27
6	矿井水害类型划分及主要特征分析	武强	煤炭学报	2013	107	29
7	冲击地压矿井巷道支护理论研究及应用	潘一山	煤炭学报	2014	94	30
8	我国煤与瓦斯共采：理论、技术与工程	谢和平	煤炭学报	2014	92	39
9	煤矿井下近水平随钻测量定向钻进技术与装备	石智军	煤炭科学技术	2013	91	18
10	中国矿井物探技术发展现状和关键问题	刘盛东	煤炭学报	2014	88	21

37.3   研究主题关联分析

在能源与动力工程领域，1014 篇高被引论文共被引用了 22695 次。通过分析施引文献关键词的词频及关键词之间的共现关系，获得能源与动力工程领域的热点主题和主题关联，如图 37-1 所示。由图可知："煤层气""冲击地压"等关键词的文档词频较高，是能源与动力工程领域的研究热点；本领域主要形成 2 个研究主题簇，分别以"煤层气""瓦斯抽采"为核心，以"冲击地压""沿空留巷"为核心。

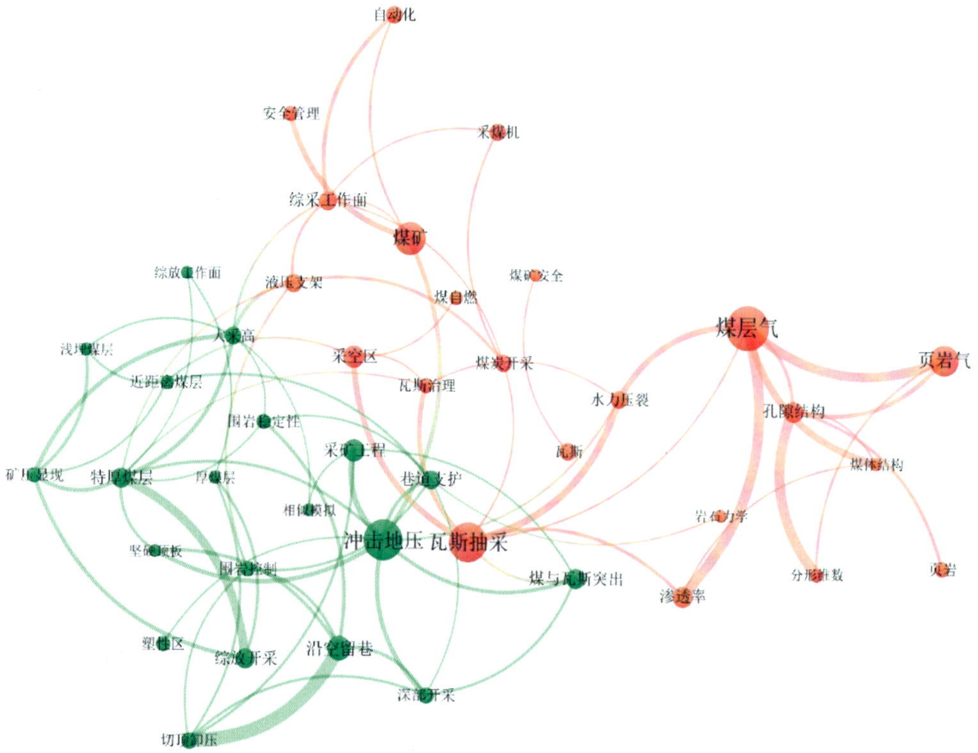

图 37-1   能源与动力工程领域热点论文主题关联

37.4　高被引期刊分析

在能源与动力工程领域，5年影响因子 Top 10 期刊见表 37-3，总被引频次最高的期刊是《煤炭学报》（19089 次），5年影响因子最高的期刊是《煤炭学报》。

表 37-3　能源与动力工程领域高被引期刊基本指标

序号	期刊名称	5年载文量/篇	总被引频次/次	5年影响因子	高被引论文数量/篇	h指数
1	煤炭学报	2378	19089	2.807	373	47
2	煤炭科学技术	2101	12754	2.171	228	34
3	动力工程学报	861	2386	0.967	20	15
4	分布式能源	98	123	0.939	3	5
5	洁净煤技术	872	2668	0.930	22	16
6	内燃机学报	412	1115	0.891	1	11
7	煤炭工程	2952	6962	0.840	45	19
8	可再生能源	1596	3419	0.813	22	14
9	国际煤炭科学技术学报（英文）	106	319	0.774	6	9
10	储能科学与技术	592	1204	0.752	14	12

37.5　高被引作者分析

2013—2017 年论文总被引频次 Top 10 的作者见表 37-4。其中，发文总被引频次居前 3 位的作者分别是中国矿业大学的武强（477 次）、中国煤炭科工集团有限公司的王金华（337 次）和中国矿业大学的姜耀东（301 次）。5年发文量居前 3 位的作者分别是福建省能源研究会的庄庆祥（53 篇）、内蒙古科技大学的王文才（23 篇）和中国矿业大学的杨仁树（20 篇）。

表 37-4　能源与动力工程领域高被引作者 Top 10

序号	作者	作者单位	发文量/篇	总被引频次/次	篇均被引频次/次	被引率/%	h指数
1	武强	中国矿业大学	17	477	28.06	100.0	9
2	王金华	中国煤炭科工集团有限公司	12	337	28.08	75.0	7
3	姜耀东	中国矿业大学	3	301	100.33	100.0	3
4	谢和平	四川大学	7	288	41.14	100.0	7
5	王国法	天地科技股份有限公司	13	264	20.31	100.0	10
6	孟召平	中国矿业大学	11	233	21.18	100.0	8
7	王家臣	中国矿业大学	19	225	11.84	100.0	8

续表

序号	作者	作者单位	发文量/篇	总被引频次/次	篇均被引频次/次	被引率/%	h 指数
8	孙继平	中国矿业大学	17	225	13.24	94.1	9
9	胡振琪	中国矿业大学	6	192	32.00	100.0	5
10	秦勇	中国矿业大学	5	180	36.00	100.0	5

37.6 高被引机构分析

能源与动力工程领域总被引频次 Top 20 高等院校和总被引频次 Top 10 科研院所的发文和被引情况分别见表 37-5 和表 37-6。

表 37-5 能源与动力工程领域高被引高等院校 Top 20

序号	第一作者单位	发文量/篇	总被引频次/次	篇均被引频次/次	序号	第一作者单位	发文量/篇	总被引频次/次	篇均被引频次/次
1	中国矿业大学	3437	14476	4.21	11	西安交通大学	697	915	1.31
2	河南理工大学	903	2453	2.72	12	中国地质大学	228	840	3.68
3	太原理工大学	1340	2296	1.71	13	北京科技大学	301	826	2.74
4	西安科技大学	655	1988	3.04	14	天津大学	499	819	1.64
5	安徽理工大学	769	1746	2.27	15	华北电力大学保定校区	324	815	2.52
6	清华大学	1071	1584	1.48	16	上海理工大学	623	812	1.30
7	山东科技大学	713	1577	2.21	17	重庆大学	407	799	1.96
8	华北电力大学	851	1446	1.70	18	中国石油大学	330	789	2.39
9	辽宁工程技术大学	255	1204	4.72	19	华中科技大学	430	729	1.70
10	上海交通大学	758	944	1.25	20	浙江大学	406	608	1.50

表 37-6 能源与动力工程领域高被引科研院所 Top 10

序号	第一作者单位	发文量/篇	总被引频次/次	篇均被引频次/次	序号	第一作者单位	发文量/篇	总被引频次/次	篇均被引频次/次
1	煤炭科学研究总院	135	532	3.94	4	环境保护部核与辐射安全中心	355	464	1.31
2	中国核动力研究设计院	742	523	0.70	5	中国科学院工程热物理研究所	257	447	1.74
3	中国科学院广州能源研究所	285	465	1.63	6	国家发展和改革委员会能源研究所	109	355	3.26

续表

序号	第一作者单位	发文量/篇	总被引频次/次	篇均被引频次/次	序号	第一作者单位	发文量/篇	总被引频次/次	篇均被引频次/次
7	中国原子能科学研究院	549	322	0.59	9	煤炭科学研究总院北京煤化工研究分院	98	298	3.04
8	煤炭科学研究总院矿山安全技术研究分院	24	306	12.75	10	中国科学院上海应用物理研究所	272	268	0.99

37.7　高被引国外期刊分析

能源与动力工程领域 2018 年被引频次 Top 10 的国外期刊见表 37-7，排名前 3 位的国外期刊分别是 *Fuel*、*Applied Energy* 和 *Energy*。

表 37-7　能源与动力工程领域高被引国外期刊 Top 10

序号	期刊名称	2018 年被引频次/次
1	Fuel	503
2	Applied Energy	451
3	Energy	339
4	Journal of Power Sources	334
5	International Journal of Heat and Mass Transfer	276
6	Applied Thermal Engineering	228
7	Renewable Energy	201
8	Annals of Nuclear Energy	195
9	International Journal of Coal Science & Technology	194
10	Energy Conversion and Management	173

第38章 电工技术领域高被引分析

38.1 领域论文概况

2013—2017 年，电工技术领域的 121 种期刊上共发表学术论文 191001 篇，由来自 27464 所机构的 131470 位学者作为第一作者发表。上述论文中，有 88664 篇获得过引用，整体被引率为 46.4%，总被引频次为 386947 次，篇均被引 2.03 次；其中，高被引论文有 1938 篇，高被引论文篇均被引 39.39 次（表 38-1），另外，2018 年本领域共发表论文 34523 篇，其中有 3907 篇在当年获得过引用，总共被引 6048 次。

表 38-1 电工技术领域论文分布情况

年份	论文数量/篇	总被引频次/次	被引率/%	高被引论文数量/篇	高被引论文被引频次/次
2013	38030	106325	49.9	386	22853
2014	41040	95274	47.4	411	20420
2015	40236	92407	49.8	421	17942
2016	36666	62846	47.2	356	10412
2017	35029	30095	36.9	364	4709
合计	191001	386947	46.4	1938	76336

38.2 高被引论文分析

在电工技术领域，2013—2017 年发表的总被引频次 Top 10 论文（表 38-2）的平均被引频次为 367.2 次，是全部 1938 篇高被引论文篇均被引频次的 9.32 倍。从论文分布来看，刊载高被引论文数量居前 3 位的期刊分别是《中国电机工程学报》（428 篇）、《电力系统自动化》（285 篇）和《电网技术》（220 篇），其中，《中国电机工程学报》刊载了高被引论文 Top 10 中的 5 篇；发表高被引论文数量居前 3 位的学者分别是天津大学的王成山（14 篇）、陕西省电力科学研究院的刘健（13 篇）和合肥工业大学的丁明（10 篇）；产出高被引论文数量居前 3 位的机构分别是华北电力大学（151 篇）、中国电力科学研究院有限公司（120 篇）和清华大学（105 篇）。

表 38-2 电工技术领域高被引论文 Top 10

序号	论文题名	第一作者	期刊名称	发表年份	被引频次/次	
					总频次	2018 年
1	微电网技术综述	杨新法	中国电机工程学报	2014	461	152
2	从智能电网到能源互联网：基本概念与研究框架	董朝阳	电力系统自动化	2014	459	122
3	多端直流输电与直流电网技术	汤广福	中国电机工程学报	2013	438	113
4	大规模光伏发电对电力系统影响综述	丁明	中国电机工程学报	2014	418	113

续表

序号	论文题名	第一作者	期刊名称	发表年份	被引频次/次	
					总频次	2018 年
5	智能电网大数据处理技术现状与挑战	宋亚奇	电网技术	2013	353	69
6	柔性直流输电工程技术研究、应用及发展	汤广福	电力系统自动化	2013	335	97
7	智能化技术在电气工程自动化控制中的应用探讨	莫家宁	机电信息	2013	328	58
8	微电网关键技术研究	王成山	电工技术学报	2014	314	82
9	智能电网大数据技术发展研究	张东霞	中国电机工程学报	2015	297	120
10	主动配电系统可行技术的研究	范明天	中国电机工程学报	2013	269	47

38.3　研究主题关联分析

在电工技术领域，1938 篇高被引论文共被引用了 76336 次。通过分析施引文献关键词的词频及关键词之间的共现关系，获得电工技术领域的热点主题和主题关联，如图 38-1 所示。由图可知："电动汽车""能源互联网""微电网"等关键词的文档词频较高，是电工技术领域的研究热点；本领域主要形成 3 个研究主题簇，分别以"电动汽车""分布式电源"为核心，以"能源互联网""智能电网"为核心，以"微电网""模块化多电平换流器"为核心。

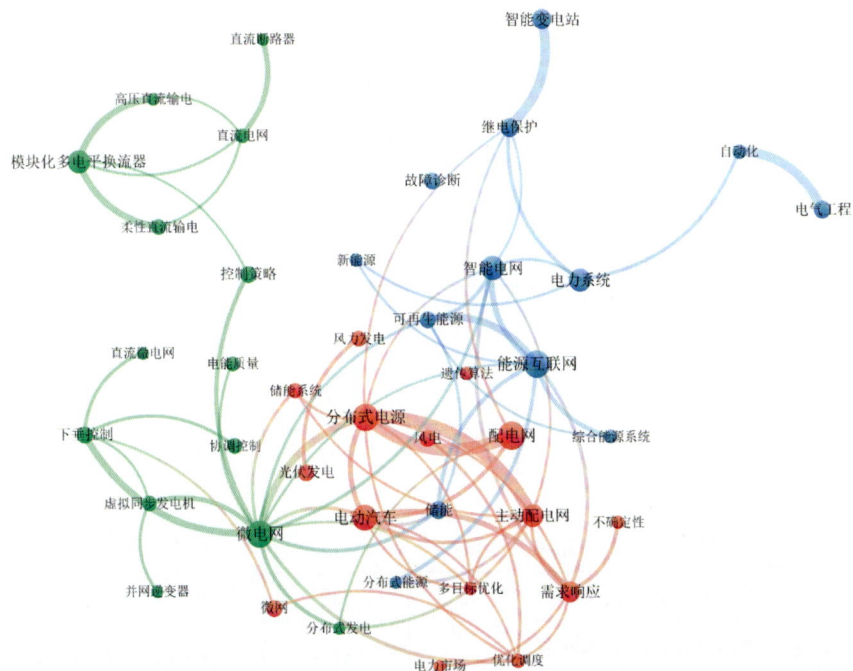

图 38-1　电工技术领域热点论文主题关联

38.4 高被引期刊分析

在电工技术领域，5年影响因子 Top 10 期刊见表 38-3，总被引频次最高的期刊是《中国电机工程学报》（44807 次），5 年影响因子最高的期刊是《电力系统自动化》。

表 38-3 电工技术领域高被引期刊基本指标

序号	期刊名称	5年载文量/篇	总被引频次/次	5年影响因子	高被引论文数量/篇	h指数
1	电力系统自动化	2995	30849	3.601	285	55
2	电网技术	2802	26771	3.266	220	48
3	中国电机工程学报	5005	44807	3.087	428	70
4	电力系统保护与控制	2877	25753	3.011	218	42
5	电工技术学报	3149	24519	2.933	175	44
6	高电压技术	2580	18998	2.487	108	38
7	电力自动化设备	1725	11568	2.307	63	32
8	南方电网技术	813	3399	1.399	15	21
9	中国电力	1868	7465	1.385	30	25
10	电力系统及其自动化学报	1129	4289	1.279	9	19

38.5 高被引作者分析

2013—2017 年论文总被引频次 Top 10 的作者见表 38-4。其中，发文总被引频次居前 3 位的作者分别是合肥工业大学的丁明（1132 次）、天津大学的王成山（885 次）和国网智能电网研究院的汤广福（786 次）。5 年发文量居前 3 位的作者分别是国网山东平邑县供电公司的梁波（80 篇）、华北电力大学的曾鸣（43 篇）和西安工程大学的黄新波（43 篇）。

表 38-4 电工技术领域高被引作者 Top 10

序号	作者	作者单位	发文量/篇	总被引频次/次	篇均被引频次/次	被引率/%	h指数
1	丁明	合肥工业大学	40	1132	28.30	90.0	13
2	王成山	天津大学	24	885	36.88	100.0	15
3	汤广福	国网智能电网研究院	4	786	196.50	100.0	3
4	刘健	陕西省电力科学研究院	37	711	19.22	94.6	15
5	刘振亚	国家电网有限公司	5	536	107.20	100.0	5
6	张东霞	中国电力科学研究院有限公司	5	516	103.20	100.0	4
7	曾鸣	华北电力大学	43	497	11.56	93.0	12

续表

序号	作者	作者单位	发文量/篇	总被引频次/次	篇均被引频次/次	被引率/%	h指数
8	董朝阳	南方电网科学研究院有限责任公司	2	466	233.00	100.0	2
9	杨新法	中国电力科学研究院有限公司	1	461	461.00	100.0	1
10	宋亚奇	华北电力大学保定校区	4	435	108.75	100.0	4

38.6 高被引机构分析

电工技术领域总被引频次 Top 20 高等院校和总被引频次 Top 10 科研院所的发文和被引情况分别见表 38-5 和表 38-6。

表 38-5 电工技术领域高被引高等院校 Top 20

序号	第一作者单位	发文量/篇	总被引频次/次	篇均被引频次/次	序号	第一作者单位	发文量/篇	总被引频次/次	篇均被引频次/次
1	华北电力大学	3894	19982	5.13	11	武汉大学	1037	5704	5.50
2	清华大学	1144	11066	9.67	12	东北电力大学	1453	4680	3.22
3	华北电力大学保定校区	1630	8718	5.35	13	华南理工大学	865	4382	5.07
4	浙江大学	1078	8482	7.87	14	四川大学	888	4095	4.61
5	重庆大学	1090	7396	6.79	15	西南交通大学	1028	3791	3.69
6	上海交通大学	1340	6846	5.11	16	湖南大学	671	3711	5.53
7	天津大学	810	6254	7.72	17	上海电力学院	1383	3445	2.49
8	华中科技大学	842	6139	7.29	18	合肥工业大学	664	3375	5.08
9	西安交通大学	970	6077	6.26	19	河海大学	638	3365	5.27
10	东南大学	920	5747	6.25	20	哈尔滨工业大学	681	3219	4.73

表 38-6 电工技术领域高被引科研院所 Top 10

序号	第一作者单位	发文量/篇	总被引频次/次	篇均被引频次/次	序号	第一作者单位	发文量/篇	总被引频次/次	篇均被引频次/次
1	广东电网有限责任公司电力科学研究院	480	2144	4.47	3	国网智能电网研究院	166	1880	11.33
2	中国科学院电工研究所	307	2015	6.56	4	国网浙江省电力有限公司电力科学研究院	321	1457	4.54

序号	第一作者单位	发文量/篇	总被引频次/次	篇均被引频次/次	序号	第一作者单位	发文量/篇	总被引频次/次	篇均被引频次/次
5	国网北京经济技术研究院	202	1365	6.76	8	国网电力科学研究院	204	886	4.34
6	国网江苏省电力有限公司电力科学研究院	282	1247	4.42	9	陕西省电力科学研究院	66	819	12.41
7	国网能源研究院	106	903	8.52	10	国网湖南省电力有限公司电力科学研究院	382	731	1.91

38.7　高被引国外期刊分析

电工技术领域 2018 年被引频次 Top 10 的国外期刊见表 38-7，排名前 3 位的国外期刊分别是 *IEEE Transactions on Power Electronics*、*IEEE Transactions on Industrial Electronics* 和 *IEEE Transactions on Power Systems*。

表 38-7　电工技术领域高被引国外期刊 Top 10

序号	期刊名称	2018 年被引频次/次
1	IEEE Transactions on Power Electronics	2344
2	IEEE Transactions on Industrial Electronics	1689
3	IEEE Transactions on Power Systems	1542
4	IEEE Transactions on Smart Grid	1052
5	IEEE Transactions on Power Delivery	1052
6	IEEE Transactions on Dielectrics and Electrical Insulation	689
7	Applied Energy	633
8	Journal of Power Sources	549
9	IEEE Transactions on Industry Applications	512
10	IEEE Transactions on Sustainable Energy	510

第 39 章　无线电电子学、电信技术领域高被引分析

39.1　领域论文概况

2013—2017 年，无线电电子学、电信技术领域的 136 种期刊上共发表学术论文 221636 篇，由来自 25145 所机构的 161520 位学者作为第一作者发表。上述论文中，有 101535 篇获得过引用，整体被引率为 45.8%，总被引频次为 282177 次，篇均被引 1.27 次；其中，高被引论文有 2266 篇，高被引论文篇均被引 18.45 次（表 39-1），另外，2018 年本领域共发表论文 43020 篇，其中有 3895 篇在当年获得过引用，总共被引 5316 次。

表 39-1　无线电电子学、电信技术领域论文分布情况

年份	论文数量/篇	总被引频次/次	被引率/%	高被引论文数量/篇	高被引论文被引频次/次
2013	43878	77457	53.3	426	11369
2014	47847	70046	48.9	464	10520
2015	42795	59847	49.6	451	8608
2016	44951	49022	43.8	459	7259
2017	42165	25805	32.8	466	4048
合计	221636	282177	45.8	2266	41804

39.2　高被引论文分析

在无线电电子学、电信技术领域，2013—2017 年发表的总被引频次 Top 10 论文（表 39-2）的平均被引频次为 126.8 次，是全部 2266 篇高被引论文篇均被引频次的 6.87 倍。从论文分布来看，刊载高被引论文数量居前 3 位的期刊分别是《电子测试》（158 篇）、《电子测量与仪器学报》（144 篇）和《电子世界》（130 篇）；发表高被引论文数量居前 3 位的学者分别是陕西工业职业技术学院的兰羽（5 篇）、南京邮电大学的姚国章（4 篇）和辽宁工程技术大学的张强（3 篇）；产出高被引论文数量居前 3 位的机构分别是合肥工业大学（55 篇）、北京邮电大学（40 篇）和西安电子科技大学（30 篇）。

表 39-2　无线电电子学、电信技术领域高被引论文 Top 10

序号	论文题名	第一作者	期刊名称	发表年份	被引频次/次	
					总频次	2018 年
1	面向物联网的无线传感器网络综述	钱志鸿	电子与信息学报	2013	329	63
2	5G移动通信网络关键技术综述	赵国锋	重庆邮电大学学报（自然科学版）	2015	138	45
3	人工智能技术在电气自动化控制中的应用思路分析	纪文革	电子测试	2014	118	45
4	计算机网络安全的主要隐患及管理措施分析	韩锐	信息通信	2014	105	19

序号	论文题名	第一作者	期刊名称	发表年份	被引频次/次	
					总频次	2018年
5	探讨电气工程及其自动化的建设与发展	巩春霞	无线互联科技	2013	105	13
6	基于ZigBee无线传感器网络的煤矿监测系统	焦尚彬	电子测量与仪器学报	2013	104	20
7	深度卷积神经网络在计算机视觉中的应用研究综述	卢宏涛	数据采集与处理	2016	97	67
8	云安全研究进展综述	俞能海	电子学报	2013	96	17
9	NB-IoT的产生背景、标准发展以及特性和业务研究	戴国华	移动通信	2016	90	50
10	深析计算机网络技术在电子信息工程中的应用研究	贺德才	电子测试	2016	86	43

39.3　研究主题关联分析

在无线电电子学、电信技术领域，2266篇高被引论文共被引用了41804次。通过分析施引文献关键词的词频及关键词之间的共现关系，获得无线电电子学、电信技术领域的热点主题和主题关联，如图39-1所示。由图可知："物联网""无线传感器网络""云计算""电子信息工程""电气工程"等关键词的文档词频较高，是无线电电子学、电信技术领域的研究热点；本领域主要形成4个研究主题簇，分别以"无线传感器网络""物联网"为核心，以"云计算""网络安全"为核心，以"电子信息工程""人工智能"为核心，以"电气工程""自动化"为核心。

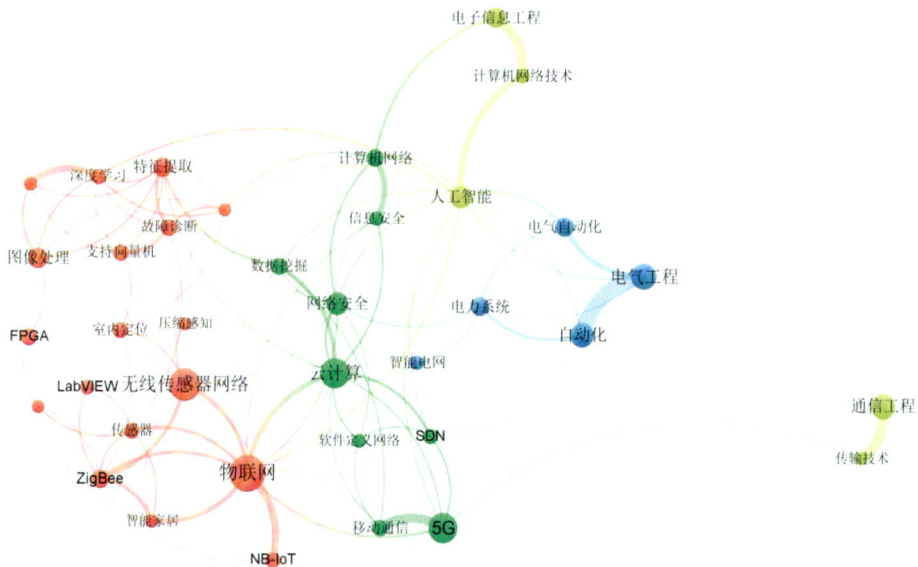

图39-1　无线电电子学、电信技术领域热点论文主题关联

39.4 高被引期刊分析

在无线电电子学、电信技术领域，5年影响因子 Top 10 期刊见表 39-3，总被引频次最高的期刊是《电子世界》（14764 次），5年影响因子最高的期刊是《电子测量与仪器学报》。

表 39-3 无线电电子学、电信技术领域高被引期刊基本指标

序号	期刊名称	5年载文量/篇	总被引频次/次	5年影响因子	高被引论文数量/篇	h 指数
1	电子测量与仪器学报	1281	6745	1.499	144	27
2	通信学报	1437	5193	1.217	77	22
3	电子与信息学报	2292	8376	1.101	104	21
4	传感技术学报	1621	5471	1.095	66	18
5	电子学报	2011	6656	1.090	84	23
6	电信科学	1561	4580	1.021	74	24
7	数据采集与处理	750	1806	0.871	17	14
8	激光与光电子学进展	2269	5282	0.839	43	16
9	系统工程与电子技术	2145	5251	0.836	28	16
10	雷达学报	400	898	0.795	14	11

39.5 高被引作者分析

2013—2017 年论文总被引频次 Top 10 的作者见表 39-4。其中，发文总被引频次居前 3 位的作者分别是吉林大学的钱志鸿（360 次）、陕西工业职业技术学院的兰羽（203 次）和重庆邮电大学的赵国锋（148 次）。5 年发文量居前 3 位的作者分别是《电子产品世界》杂志社的王莹（88 篇）、中国人民解放军国防信息学院的郎为民（59 篇）和重庆邮电大学的袁建国（43 篇）。

表 39-4 无线电电子学、电信技术领域高被引作者 Top 10

序号	作者	作者单位	发文量/篇	总被引频次/次	篇均被引频次/次	被引率/%	h 指数
1	钱志鸿	吉林大学	2	360	180.00	100.0	2
2	兰羽	陕西工业职业技术学院	14	203	14.50	92.9	8
3	赵国锋	重庆邮电大学	4	148	37.00	75.0	3
4	王莹	《电子产品世界》杂志社	88	128	1.45	56.8	5
5	张长青	中国移动岳阳分公司	38	123	3.24	76.3	6
6	纪文革	郑州大学第一附属医院	2	118	59.00	50.0	1
7	彭宇	哈尔滨工业大学	2	118	59.00	100.0	2

序号	作者	作者单位	发文量/篇	总被引频次/次	篇均被引频次/次	被引率/%	h指数
8	袁建国	重庆邮电大学	43	112	2.60	65.1	6
9	周涛	电子科技大学	3	111	37.00	100.0	3
10	焦尚彬	西安理工大学	2	107	53.50	100.0	2

39.6　高被引机构分析

无线电电子学、电信技术领域总被引频次 Top 20 高等院校和总被引频次 Top 10 科研院所的发文和被引情况分别见表 39-5 和表 39-6。

表 39-5　无线电电子学、电信技术领域高被引高等院校 Top 20

序号	第一作者单位	发文量/篇	总被引频次/次	篇均被引频次/次	序号	第一作者单位	发文量/篇	总被引频次/次	篇均被引频次/次
1	西安电子科技大学	2483	5188	2.09	11	国防科技大学	1066	2191	2.06
2	重庆邮电大学	2325	3483	1.50	12	西北工业大学	1060	1959	1.85
3	电子科技大学	2067	3050	1.48	13	天津大学	993	1919	1.93
4	空军工程大学	1230	2866	2.33	14	桂林电子科技大学	1386	1728	1.25
5	北京邮电大学	1390	2857	2.06	15	上海理工大学	1158	1647	1.42
6	合肥工业大学	795	2689	3.38	16	南京理工大学	833	1596	1.92
7	南京邮电大学	1557	2656	1.71	17	北京航空航天大学	805	1589	1.97
8	中北大学	1432	2570	1.79	18	北京理工大学	789	1534	1.94
9	西安邮电大学	1334	2327	1.74	19	中国人民解放军信息工程大学	796	1468	1.84
10	南京航空航天大学	1104	2245	2.03	20	中国人民解放军海军航空工程学院	613	1368	2.23

表 39-6　无线电电子学、电信技术领域高被引科研院所 Top 10

序号	第一作者单位	发文量/篇	总被引频次/次	篇均被引频次/次	序号	第一作者单位	发文量/篇	总被引频次/次	篇均被引频次/次
1	中国科学院长春光学精密机械与物理研究所	1257	3568	2.84	3	中国电信股份有限公司广州研究院	698	1374	1.97
2	中国电子科技集团公司第五十四研究所	978	1836	1.88	4	工业和信息化部电信研究院	580	948	1.63

续表

序号	第一作者单位	发文量/篇	总被引频次/次	篇均被引频次/次	序号	第一作者单位	发文量/篇	总被引频次/次	篇均被引频次/次
5	中国联通网络技术研究院	352	943	2.68	8	中国信息通信研究院	734	811	1.10
6	南京电子技术研究所	561	878	1.57	9	中国电子科技集团公司第三十八研究所	830	804	0.97
7	中国科学院电子学研究所	438	813	1.86	10	中国科学院上海技术物理研究所	440	683	1.55

39.7　高被引国外期刊分析

无线电电子学、电信技术领域 2018 年被引频次 Top 10 的国外期刊见表 39-7，排名前 3 位的国外期刊分别是 *Optics Express*、*IEEE Transactions on Wireless Communications* 和 *Optics Letters*。

表 39-7　无线电电子学、电信技术领域高被引国外期刊 Top 10

序号	期刊名称	2018 年被引频次/次
1	Optics Express	1290
2	IEEE Transactions on Wireless Communications	831
3	Optics Letters	818
4	IEEE Transactions on Vehicular Technology	654
5	Applied Physics Letters	611
6	IEEE Communications Letters	608
7	IEEE Transactions on Signal Processing	581
8	IEEE Communications Magazine	566
9	Applied Optics	558
10	Advanced Materials	529

第40章　信息科学与系统科学领域高被引分析

40.1　领域论文概况

2013—2017 年，信息科学与系统科学领域的 69 种期刊上共发表学术论文 131738 篇，由来自 28555 所机构的 103911 位学者作为第一作者发表。上述论文中，有 45577 篇获得过引用，整体被引率为 34.6%，总被引频次为 131115 次，篇均被引 1.00 次；其中，高被引论文有 1350 篇，高被引论文篇均被引 20.07 次（表 40-1），另外，2018 年本领域共发表论文 35552 篇，其中有 1500 篇在当年获得过引用，总共被引 1982 次。

表 40-1　信息科学与系统科学领域论文分布情况

年份	论文数量/篇	总被引频次/次	被引率/%	高被引论文数量/篇	高被引论文被引频次/次
2013	26702	36809	38.1	276	8495
2014	25077	31018	37.0	260	6751
2015	20476	28308	47.1	220	4879
2016	24407	21899	36.8	253	4327
2017	35076	13081	21.4	341	2646
合计	131738	131115	34.6	1350	27098

40.2　高被引论文分析

在信息科学与系统科学领域，2013—2017 年发表的总被引频次 Top 10 论文（表 40-2）的平均被引频次为 215.6 次，是全部 1350 篇高被引论文篇均被引频次的 10.74 倍。从论文分布来看，刊载高被引论文数量居前 3 位的期刊分别是《系统工程理论与实践》（162 篇）、《自动化学报》（161 篇）和《控制与决策》（124 篇），《中国科学（信息科学）》刊载了高被引论文 Top 10 中的 4 篇；发表高被引论文数量居前 3 位的学者分别是中国人民解放军国防大学的胡晓峰（6 篇）、中国科学院自动化研究所的王飞跃（5 篇）和天津大学的赵道致（4 篇）；产出高被引论文数量居前 3 位的机构分别是中国科学院自动化研究所（32 篇）、南京航空航天大学（32 篇）和东北大学（27 篇）。

表 40-2　信息科学与系统科学领域高被引论文 Top 10

序号	论文题名	第一作者	期刊名称	发表年份	被引频次/次 总频次	2018 年
1	区块链技术发展现状与展望	袁勇	自动化学报	2016	466	334
2	5G移动通信发展趋势与若干关键技术	尤肖虎	中国科学（信息科学）	2014	417	132
3	大数据系统综述	李学龙	中国科学（信息科学）	2015	241	89
4	灰色关联分析模型研究进展	刘思峰	系统工程理论与实践	2013	228	67

续表

序号	论文题名	第一作者	期刊名称	发表年份	被引频次/次	
					总频次	2018年
5	机器人技术研究进展	谭民	自动化学报	2013	204	52
6	机械工程自动化技术存在的问题及措施	孙建亮	信息系统工程	2013	129	36
7	AdaBoost算法研究进展与展望	曹莹	自动化学报	2013	127	40
8	能源互联网与能源路由器	曹军威	中国科学（信息科学）	2014	118	16
9	大数据下的机器学习算法综述	何清	模式识别与人工智能	2014	114	41
10	能源互联网关键技术分析	查亚兵	中国科学（信息科学）	2014	112	14

40.3　研究主题关联分析

在信息科学与系统科学领域，1350 篇高被引论文共被引用了 27098 次。通过分析施引文献关键词的词频及关键词之间的共现关系，获得信息科学与系统科学领域的热点主题和主题关联，如图 40-1 所示。由图可知："支持向量机""区块链""网络安全"等关键词的文档词频较高，是信息科学与系统科学领域的研究热点；本领域主要形成 3 个研究主题簇，分别以"支持向量机""神经网络"为核心，以"区块链""物联网"为核心，以"人工智能""深度学习"为核心。

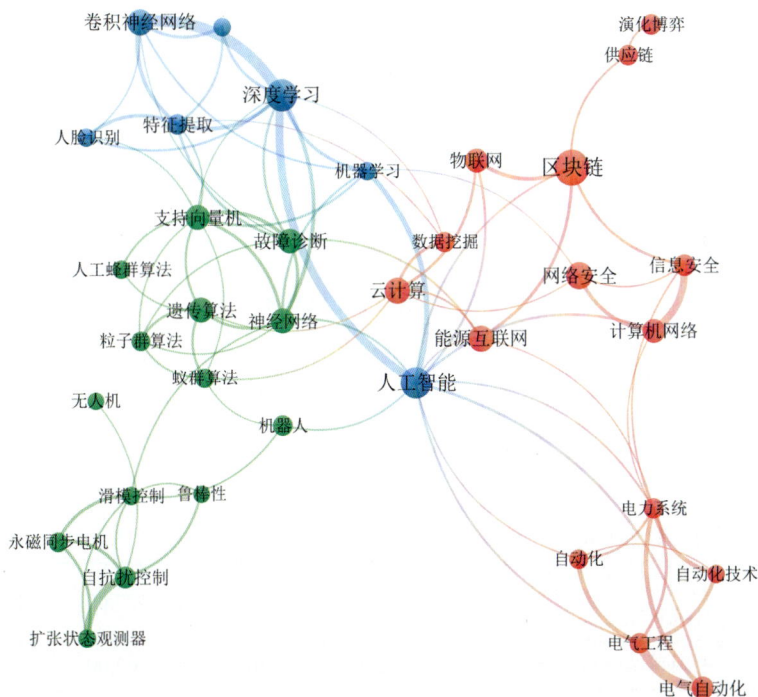

图 40-1　信息科学与系统科学领域热点论文主题关联

40.4   高被引期刊分析

在信息科学与系统科学领域，5 年影响因子 Top 10 期刊见表 40-3，总被引频次最高的期刊是《数字技术与应用》（9195 次），5 年影响因子最高的期刊是《自动化学报》。

表 40-3   信息科学与系统科学领域高被引期刊基本指标

序号	期刊名称	5 年载文量/篇	总被引频次/次	5 年影响因子	高被引论文数量/篇	h 指数
1	自动化学报	1128	8411	2.829	161	35
2	信息安全学报	55	166	2.236	7	7
3	机器人	487	2141	1.768	36	16
4	系统工程理论与实践	1802	9041	1.599	162	29
5	中国科学（信息科学）	660	2856	1.494	36	21
6	系统工程学报	460	1895	1.457	30	18
7	控制与决策	1819	7086	1.415	124	25
8	系统管理学报	656	2170	1.255	30	16
9	控制理论与应用	1079	3764	1.187	45	21
10	模式识别与人工智能	708	2157	1.133	26	14

40.5   高被引作者分析

2013—2017 年论文总被引频次 Top 10 的作者见表 40-4。其中，发文总被引频次居前 3 位的作者分别是中国科学院自动化研究所的袁勇（500 次）、东南大学的尤肖虎（421 次）和南京航空航天大学的刘思峰（267 次）。5 年发文量居前 3 位的作者分别是浙江工商职业技术学院的李方园（60 篇）、罗克韦尔自动化（中国）有限公司的华镕（44 篇）和中国人民解放军国防大学的刘明福（23 篇）。

表 40-4   信息科学与系统科学领域高被引作者 Top 10

序号	作者	作者单位	发文量/篇	总被引频次/次	篇均被引频次/次	被引率/%	h 指数
1	袁勇	中国科学院自动化研究所	4	500	125.00	100.0	3
2	尤肖虎	东南大学	2	421	210.50	100.0	2
3	刘思峰	南京航空航天大学	2	267	133.50	100.0	2
4	李学龙	中国科学院西安光学精密机械研究所	2	254	127.00	100.0	2
5	谭民	中国科学院自动化研究所	2	204	102.00	50.0	1
6	王飞跃	中国科学院自动化研究所	11	179	16.27	100.0	7
7	何清	中国科学院计算技术研究所	2	140	70.00	100.0	2

续表

序号	作者	作者单位	发文量/篇	总被引频次/次	篇均被引频次/次	被引率/%	h 指数
8	周东华	清华大学	3	139	46.33	100.0	3
9	孙建亮	中国核电工程有限公司	1	129	129.00	100.0	1
10	曹莹	西安电子科技大学	1	127	127.00	100.0	1

40.6　高被引机构分析

信息科学与系统科学领域总被引频次 Top 20 高等院校和总被引频次 Top 10 科研院所的发文和被引情况分别见表 40-5 和表 40-6。

表 40-5　信息科学与系统科学领域高被引高等院校 Top 20

序号	第一作者单位	发文量/篇	总被引频次/次	篇均被引频次/次	序号	第一作者单位	发文量/篇	总被引频次/次	篇均被引频次/次
1	南京航空航天大学	551	1969	3.57	11	天津大学	421	1085	2.58
2	东北大学	477	1466	3.07	12	哈尔滨工程大学	507	1077	2.12
3	上海理工大学	668	1293	1.94	13	国防科技大学	506	1066	2.11
4	北京航空航天大学	495	1292	2.61	14	同济大学	830	1052	1.27
5	清华大学	333	1291	3.88	15	重庆大学	239	968	4.05
6	中南大学	425	1263	2.97	16	空军工程大学	379	932	2.46
7	上海交通大学	740	1199	1.62	17	江南大学	379	913	2.41
8	东南大学	310	1182	3.81	18	哈尔滨工业大学	319	883	2.77
9	大连理工大学	372	1167	3.14	19	合肥工业大学	285	882	3.09
10	西北工业大学	620	1152	1.86	20	华南理工大学	349	818	2.34

表 40-6　信息科学与系统科学领域高被引科研院所 Top 10

序号	第一作者单位	发文量/篇	总被引频次/次	篇均被引频次/次	序号	第一作者单位	发文量/篇	总被引频次/次	篇均被引频次/次
1	中国科学院自动化研究所	149	1666	11.18	4	中国科学院计算技术研究所	105	352	3.35
2	中国电子科技集团公司第二十八研究所	464	721	1.55	5	中国科学院西安光学精密机械研究所	7	280	40.00
3	中国科学院沈阳自动化研究所	168	594	3.54	6	中国科学院数学与系统科学研究院	57	257	4.51

序号	第一作者单位	发文量/篇	总被引频次/次	篇均被引频次/次	序号	第一作者单位	发文量/篇	总被引频次/次	篇均被引频次/次
7	中国电子技术标准化研究院	260	235	0.90	9	国家数字交换系统工程技术研究中心	80	155	1.94
8	中国科学院科技政策与管理科学研究所	26	165	6.35	10	中国科学院长春光学精密机械与物理研究所	106	135	1.27

40.7　高被引国外期刊分析

信息科学与系统科学领域 2018 年被引频次 Top 10 的国外期刊见表 40-7，排名前 3 位的国外期刊分别是 *Automatica*、*IEEE Transactions on Industrial Electronics* 和 *Neurocomputing*。

表 40-7　信息科学与系统科学领域高被引国外期刊 Top 10

序号	期刊名称	2018 年被引频次/次
1	Automatica	458
2	IEEE Transactions on Industrial Electronics	405
3	Neurocomputing	396
4	IEEE Transactions on Automatic Control	350
5	Information Sciences	304
6	European Journal of Operational Research	277
7	IEEE Transactions on Pattern Analysis and Machine Intelligence	268
8	IEEE Transactions on Image Processing	188
9	International Journal of Production Economics	172
10	IEEE Transactions on Cybernetics	171

第41章　计算机科学与技术领域高被引分析

41.1　领域论文概况

2013—2017年，计算机科学与技术领域的65种期刊上共发表学术论文208710篇，由来自30794所机构的153527位学者作为第一作者发表。上述论文中，有76824篇获得过引用，整体被引率为36.8%，总被引频次为230138次，篇均被引1.10次；其中，高被引论文有2082篇，高被引论文篇均被引23.07次（表41-1），另外，2018年本领域共发表论文47239篇，其中有3052篇在当年获得过引用，总共被引4273次。

表41-1　计算机科学与技术领域论文分布情况

年份	论文数量/篇	总被引频次/次	被引率/%	高被引论文数量/篇	高被引论文被引频次/次
2013	39684	67568	43.8	388	15733
2014	43596	57526	39.7	450	12457
2015	41850	47801	38.7	444	9580
2016	44387	36620	33.6	431	6708
2017	39193	20623	28.1	369	3558
合计	208710	230138	36.8	2082	48036

41.2　高被引论文分析

在计算机科学与技术领域，2013—2017年发表的总被引频次Top 10论文（表41-2）的平均被引频次为448.9次，是全部2082篇高被引论文篇均被引频次的19.46倍。从论文分布来看，刊载高被引论文数量居前3位的期刊分别是《软件学报》（170篇）、《计算机学报》（166篇）和《计算机应用研究》（143篇），其中，《计算机学报》刊载了高被引论文Top 10中的5篇；发表高被引论文数量居前3位的学者分别是中国科学院大学的张玉清（5篇）、中国人民大学的孟小峰（4篇）和复旦大学的朱扬勇（4篇）；产出高被引论文数量居前3位的机构分别是清华大学（40篇）、北京邮电大学（37篇）和武汉大学（32篇）。

表41-2　计算机科学与技术领域高被引论文 Top 10

序号	论文题名	第一作者	期刊名称	发表年份	被引频次/次	
					总频次	2018年
1	大数据管理：概念、技术与挑战	孟小峰	计算机研究与发展	2013	1711	253
2	网络大数据：现状与展望	王元卓	计算机学报	2013	512	79
3	大数据安全与隐私保护	冯登国	计算机学报	2014	433	78
4	大数据系统和分析技术综述	程学旗	软件学报	2014	404	136
5	深度学习的昨天、今天和明天	余凯	计算机研究与发展	2013	269	92

序号	论文题名	第一作者	期刊名称	发表年份	被引频次/次	
					总频次	2018 年
6	云计算安全：架构、机制与模型评价	林闯	计算机学报	2013	249	50
7	翻转课堂教学模式在我国高等院校应用的可行性分析	卜彩丽	软件导刊	2013	240	30
8	大数据应用的现状与展望	张引	计算机研究与发展	2013	227	47
9	物联网体系结构与实现方法的比较研究	陈海明	计算机学报	2013	227	34
10	智能电网信息系统体系结构研究	曹军威	计算机学报	2013	217	30

41.3 研究主题关联分析

在计算机科学与技术领域，2082 篇高被引论文共被引用了 48036 次。通过分析施引文献关键词的词频及关键词之间的共现关系，获得计算机科学与技术领域的热点主题和主题关联，如图 41-1 所示。由图可知："云计算""数据挖掘""深度学习"等关键词的文档词频较高，是计算机科学与技术领域的研究热点；本领域主要形成 3 个研究主题簇，分别以"云计算""深度学习"为核心，以"网络安全""物联网"为核心，以"数据挖掘""协同过滤"为核心。

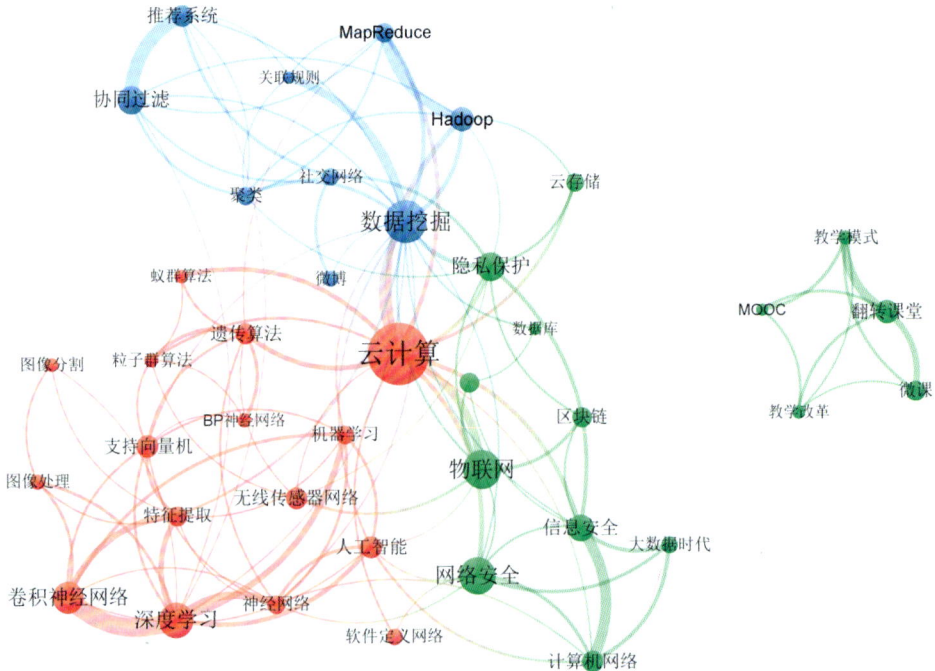

图 41-1   计算机科学与技术领域热点论文主题关联

41.4　高被引期刊分析

在计算机科学与技术领域，5 年影响因子 Top 10 期刊见表 41-3，总被引频次最高的期刊是《电脑知识与技术》（16497 次），5 年影响因子最高的期刊是《计算机学报》。

表 41-3　计算机科学与技术领域高被引期刊基本指标

序号	期刊名称	5 年载文量/篇	总被引频次/次	5 年影响因子	高被引论文数量/篇	h 指数
1	计算机学报	1008	9547	2.916	166	41
2	软件学报	1073	8134	2.541	170	35
3	计算机研究与发展	1446	9565	1.964	135	33
4	大数据	197	677	1.635	22	13
5	计算机集成制造系统	1672	6355	1.395	90	21
6	中国图象图形学报	988	3510	1.220	49	20
7	网络与信息安全学报	218	367	1.037	7	8
8	计算机辅助设计与图形学学报	1341	3804	1.007	43	18
9	计算机应用研究	4593	12066	0.853	143	26
10	计算机应用	4635	11361	0.827	134	25

41.5　高被引作者分析

2013—2017 年论文总被引频次 Top 10 的作者见表 41-4。其中，发文总被引频次居前 3 位的作者分别是中国人民大学的孟小峰（1876 次）、中国科学院计算技术研究所的王元卓（598 次）和中国科学院软件研究所的冯登国（433 次）。5 年发文量居前 3 位的作者分别是南京航空航天大学的朱俚治（44 篇）、神华国华徐州发电有限公司的王巍（35 篇）和徐州高等师范学校的顾玮（30 篇）。

表 41-4　计算机科学与技术领域高被引作者 Top 10

序号	作者	作者单位	发文量/篇	总被引频次/次	篇均被引频次/次	被引率/%	h 指数
1	孟小峰	中国人民大学	9	1876	208.44	66.7	5
2	王元卓	中国科学院计算技术研究所	3	598	199.33	100.0	3
3	冯登国	中国科学院软件研究所	1	433	433.00	100.0	1
4	程学旗	中国科学院计算技术研究所	3	409	136.33	100.0	2
5	林闯	清华大学	4	288	72.00	75.0	3
6	余凯	百度	1	269	269.00	100.0	1

续表

序号	作者	作者单位	发文量/篇	总被引频次/次	篇均被引频次/次	被引率/%	h 指数
7	陈海明	中国科学院计算技术研究所	3	261	87.00	100.0	3
8	卜彩丽	河南师范大学	3	245	81.67	100.0	2
9	刘建伟	中国石油大学	12	228	19.00	91.7	4
10	张引	华中科技大学	1	227	227.00	100.0	1

41.6　高被引机构分析

计算机科学与技术领域总被引频次 Top 20 高等院校和总被引频次 Top 10 科研院所的发文和被引情况分别见表 41-5 和表 41-6。

表 41-5　计算机科学与技术领域高被引高等院校 Top 20

序号	第一作者单位	发文量/篇	总被引频次/次	篇均被引频次/次	序号	第一作者单位	发文量/篇	总被引频次/次	篇均被引频次/次
1	清华大学	591	3146	5.32	11	南京航空航天大学	1090	1770	1.62
2	中国人民大学	171	2749	16.08	12	北京航空航天大学	527	1652	3.13
3	北京邮电大学	732	2648	3.62	13	电子科技大学	578	1649	2.85
4	西北工业大学	1054	2143	2.03	14	四川大学	1057	1618	1.53
5	国防科技大学	914	2115	2.31	15	上海理工大学	725	1596	2.20
6	南京邮电大学	1331	2077	1.56	16	重庆邮电大学	746	1534	2.06
7	武汉大学	799	2070	2.59	17	中国人民解放军信息工程大学	920	1503	1.63
8	重庆大学	667	2063	3.09	18	东北大学	473	1467	3.10
9	江南大学	986	1987	2.02	19	广东工业大学	791	1382	1.75
10	西南交通大学	706	1776	2.52	20	中南大学	646	1360	2.11

表 41-6　计算机科学与技术领域高被引科研院所 Top 10

序号	第一作者单位	发文量/篇	总被引频次/次	篇均被引频次/次	序号	第一作者单位	发文量/篇	总被引频次/次	篇均被引频次/次
1	中国科学院计算技术研究所	312	2639	8.46	3	中国科学院信息工程研究所	143	517	3.62
2	中国科学院软件研究所	322	1345	4.18	4	国家数字交换系统工程技术研究中心	210	458	2.18

续表

序号	第一作者单位	发文量/篇	总被引频次/次	篇均被引频次/次	序号	第一作者单位	发文量/篇	总被引频次/次	篇均被引频次/次
5	中国科学院自动化研究所	71	398	5.61	8	中华人民共和国工业和信息化部	43	267	6.21
6	华北计算技术研究所	168	286	1.70	9	中航工业西安航空计算技术研究所	262	258	0.98
7	百度	1	269	269.00	10	中国科学院计算机网络信息中心	94	249	2.65

41.7　高被引国外期刊分析

计算机科学与技术领域 2018 年被引频次 Top 10 的国外期刊见表 41-7，排名前 3 位的国外期刊分别是 *IEEE Transactions on Pattern Analysis and Machine Intelligence*、*Information Sciences* 和 *Neurocomputing*。

表 41-7　计算机科学与技术领域高被引国外期刊 Top 10

序号	期刊名称	2018 年被引频次/次
1	IEEE Transactions on Pattern Analysis and Machine Intelligence	798
2	Information Sciences	702
3	Neurocomputing	637
4	IEEE Transactions on Image Processing	626
5	Knowledge-Based Systems	472
6	Computer Science	450
7	Pattern Recognition	428
8	Expert Systems with Applications	352
9	IEEE Transactions on Knowledge and Data Engineering	345
10	IEEE Transactions on Parallel and Distributed Systems	250

第 42 章　化学工程领域高被引分析

42.1　领域论文概况

2013—2017 年，化学工程领域的 156 种期刊上共发表学术论文 219433 篇，由来自 27646 所机构的 149777 位学者作为第一作者发表。上述论文中，有 90573 篇获得过引用，整体被引率为 41.3%，总被引频次为 217836 次，篇均被引 0.99 次；其中，高被引论文有 2214 篇，高被引论文篇均被引 12.55 次（表 42-1），另外，2018 年本领域共发表论文 47025 篇，其中有 3639 篇在当年获得过引用，总共被引 4777 次。

表 42-1　化学工程领域论文分布情况

年份	论文数量/篇	总被引频次/次	被引率/%	高被引论文数量/篇	高被引论文被引频次/次
2013	37948	56763	49.9	359	7058
2014	43377	51944	45.6	392	6256
2015	44047	46733	44.7	466	5927
2016	46584	38656	39.5	409	4614
2017	47477	23740	29.0	588	3934
合计	219433	217836	41.3	2214	27789

42.2　高被引论文分析

在化学工程领域，2013—2017 年发表的总被引频次 Top 10 论文（表 42-2）的平均被引频次为 90.1 次，是全部 2214 篇高被引论文篇均被引频次的 7.18 倍。从论文分布来看，刊载高被引论文数量居前 3 位的期刊分别是《化工管理》（493 篇）、《化工进展》（226 篇）和《化工学报》（179 篇），其中，《化工学报》刊载了高被引论文 Top 10 中的 3 篇；发表高被引论文数量居前 3 位的学者分别是清华大学的孔祥明（4 篇）、中国石油天然气股份有限公司石油化工研究院的李振宇（4 篇）和怀化职业技术学院的张建卿（4 篇）；产出高被引论文数量居前 3 位的机构分别是中国石油大学（32 篇）、华南理工大学（28 篇）和清华大学（27 篇）。

表 42-2　化学工程领域高被引论文 Top 10

序号	论文题名	第一作者	期刊名称	发表年份	被引频次/次 总频次	被引频次/次 2018 年
1	染料废水处理技术研究进展	任南琪	化工学报	2013	274	64
2	吸附法处理重金属废水的研究进展	张帆	化工进展	2013	101	23
3	浅谈电气工程及其自动化的发展现状与展望	刘心驰	玻璃	2014	76	15
4	人工智能在电气工程自动化中的运用	朱金芳	化学工程与装备	2013	73	21

序号	论文题名	第一作者	期刊名称	发表年份	被引频次/次	
					总频次	2018年
5	新疆高钠煤中钠的赋存形态及其对燃烧过程的影响	陈川	燃料化学学报	2013	72	13
6	燃煤电厂脱硫废水处理技术研究与应用进展	马双忱	化工进展	2016	69	40
7	煤矸石综合利用的产业化及其展望	郭彦霞	化工学报	2014	66	18
8	准东煤中碱金属的赋存形式及其在燃烧过程中的迁移规律实验研究	刘敬	燃料化学学报	2014	64	15
9	化工过程软测量建模方法研究进展	曹鹏飞	化工学报	2013	54	12
10	浅议绿色化工技术在化学工程工艺中的应用	井博勋	天津化工	2015	52	23

42.3　研究主题关联分析

在化学工程领域，2214篇高被引论文共被引用了27789次。通过分析施引文献关键词的词频及关键词之间的共现关系，获得化学工程领域的热点主题和主题关联，如图42-1所示。由图可知："混凝土""复合材料""石油化工""建筑工程""质量控制"等关键词的文档词频较高，是化学工程领域的研究热点；本领域主要形成4个研究主题簇，分别以"抗压强度""混凝土"为核心，以"复合材料""催化剂"为核心，以"石油化工""安全管理"为核心，以"建筑工程""化工机械"为核心。

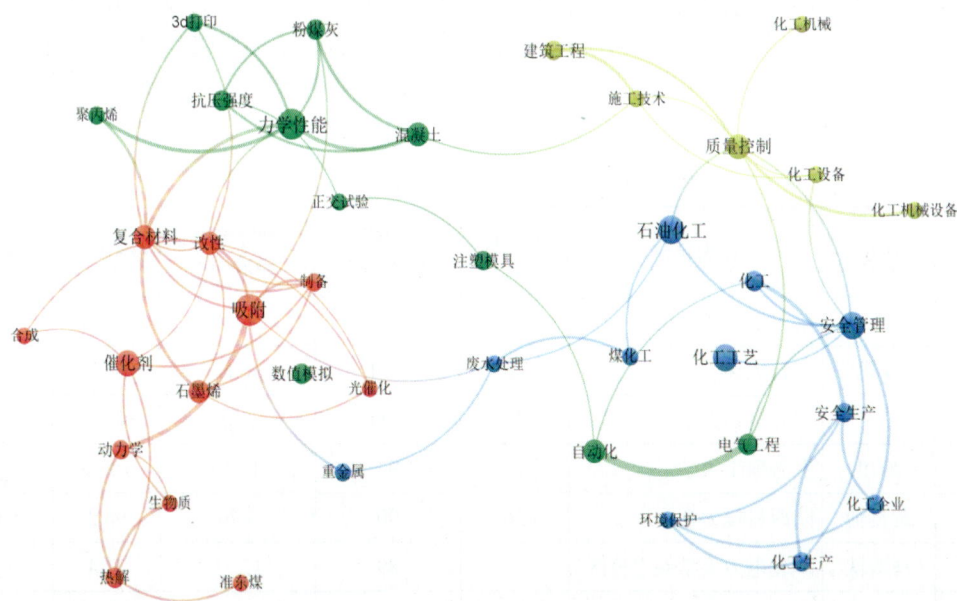

图42-1　化学工程领域热点论文主题关联

42.4　高被引期刊分析

在化学工程领域，5 年影响因子 Top 10 期刊见表 42-3，总被引频次最高的期刊是《化工管理》（27177 次），5 年影响因子最高的期刊是《化工进展》。

表 42-3　化学工程领域高被引期刊基本指标

序号	期刊名称	5 年载文量/篇	总被引频次/次	5 年影响因子	高被引论文数量/篇	h 指数
1	化工进展	3435	9748	1.008	226	23
2	燃料化学学报	1080	3540	0.980	77	17
3	化工学报	3561	10852	0.957	179	21
4	橡胶工业	810	1300	0.852	17	9
5	硅酸盐学报	1354	3715	0.849	70	19
6	硅酸盐通报	3358	7212	0.789	115	18
7	耐火材料	644	952	0.728	7	8
8	煤炭转化	398	858	0.611	6	9
9	塑料工业	1993	3606	0.595	51	14
10	林产化学与工业	745	1473	0.593	13	10

42.5　高被引作者分析

2013—2017 年论文总被引频次 Top 10 的作者见表 42-4。其中，发文总被引频次居前 3 位的作者分别是哈尔滨工业大学的任南琪（274 次）、吉首大学的张帆（110 次）和东北电力大学的王擎（100 次）。5 年发文量居前 3 位的作者分别是华南理工大学的江晚兰（84 篇）、宝鸡文理学院的张来新（64 篇）和中国水泥协会的孔祥忠（61 篇）。

表 42-4　化学工程领域高被引作者 Top 10

序号	作者	作者单位	发文量/篇	总被引频次/次	篇均被引频次/次	被引率/%	h 指数
1	任南琪	哈尔滨工业大学	1	274	274.00	100.0	1
2	张帆	吉首大学	3	110	36.67	66.7	2
3	王擎	东北电力大学	26	100	3.85	88.5	6
4	陈川	上海理工大学	2	93	46.50	100.0	2
5	黄良仙	陕西科技大学	26	90	3.46	96.2	6
6	马双忱	华北电力大学保定校区	7	89	12.71	71.4	3
7	申少华	湖南科技大学	12	82	6.83	83.3	5
8	张维合	广东科技学院	29	78	2.69	86.2	5

续表

序号	作者	作者单位	发文量/篇	总被引频次/次	篇均被引频次/次	被引率/%	h指数
9	冯刚	浙江工业职业技术学院	15	77	5.13	80.0	4
10	刘心驰	东华大学	1	76	76.00	100.0	1

42.6　高被引机构分析

化学工程领域总被引频次 Top 20 高等院校和总被引频次 Top 10 科研院所的发文和被引情况分别见表 42-5 和表 42-6。

表 42-5　化学工程领域高被引高等院校 Top 20

序号	第一作者单位	发文量/篇	总被引频次/次	篇均被引频次/次	序号	第一作者单位	发文量/篇	总被引频次/次	篇均被引频次/次
1	中国石油大学	1557	2893	1.86	11	四川大学	1113	1414	1.27
2	北京化工大学	1366	2269	1.66	12	东北石油大学	1393	1409	1.01
3	青岛科技大学	1944	2232	1.15	13	清华大学	495	1393	2.81
4	华南理工大学	1187	2175	1.83	14	浙江大学	705	1370	1.94
5	辽宁石油化工大学	1377	2135	1.55	15	昆明理工大学	647	1294	2.00
6	天津大学	1298	2128	1.64	16	中北大学	903	1148	1.27
7	陕西科技大学	1443	2089	1.45	17	中国矿业大学	514	1097	2.13
8	华东理工大学	1112	1836	1.65	18	西南石油大学	732	1076	1.47
9	吉林化工学院	1327	1748	1.32	19	常州大学	643	1076	1.67
10	南京工业大学	830	1511	1.82	20	贵州大学	674	1053	1.56

表 42-6　化学工程领域高被引科研院所 Top 10

序号	第一作者单位	发文量/篇	总被引频次/次	篇均被引频次/次	序号	第一作者单位	发文量/篇	总被引频次/次	篇均被引频次/次
1	西安近代化学研究所	616	1113	1.81	4	中国科学院山西煤炭化学研究所	210	467	2.22
2	中国林业科学研究院林产化学工业研究所	396	890	2.25	5	中国石化抚顺石油化工研究院	236	465	1.97
3	中国科学院过程工程研究所	243	527	2.17	6	中国科学院广州能源研究所	130	345	2.65

序号	第一作者单位	发文量/篇	总被引频次/次	篇均被引频次/次	序号	第一作者单位	发文量/篇	总被引频次/次	篇均被引频次/次
7	中国石油天然气股份有限公司石油化工研究院	98	341	3.48	9	中国建筑材料科学研究总院	151	274	1.81
8	中海油天津化工研究设计院	240	288	1.20	10	中国科学院大连化学物理研究所	96	266	2.77

42.7　高被引国外期刊分析

化学工程领域 2018 年被引频次 Top 10 的国外期刊见表 42-7，排名前 3 位的国外期刊分别是 *RSC Advances*、*Chemical Engineering Journal* 和 *Journal of Membrane Science*。

表 42-7　化学工程领域高被引国外期刊 Top 10

序号	期刊名称	2018 年被引频次/次
1	RSC Advances	1355
2	Chemical Engineering Journal	1244
3	Journal of Membrane Science	863
4	Fuel	848
5	Ceramics International	755
6	Industrial & Engineering Chemistry Research	692
7	Bioresource Technology	685
8	Applied Surface Science	663
9	Journal of Applied Polymer Science	647
10	ACS Applied Materials & Interfaces	611

第 43 章　轻工业、手工业领域高被引分析

43.1　领域论文概况

2013—2017 年，轻工业、手工业领域的 142 种期刊上共发表学术论文 201261 篇，由来自 18519 所机构的 108005 位学者作为第一作者发表。上述论文中，有 86226 篇获得过引用，整体被引率为 42.8%，总被引频次为 256648 次，篇均被引 1.28 次；其中，高被引论文有 1812 篇，高被引论文篇均被引 16.42 次（表 43-1），另外，2018 年本领域共发表论文 44600 篇，其中有 3562 篇在当年获得过引用，总共被引 4596 次。

表 43-1　轻工业、手工业领域论文分布情况

年份	论文数量/篇	总被引频次/次	被引率/%	高被引论文数量/篇	高被引论文被引频次/次
2013	35606	74639	53.3	361	8862
2014	37102	61149	47.9	346	7242
2015	38292	51628	45.4	330	5551
2016	44852	44949	41.2	454	5673
2017	45409	24283	30.0	321	2427
合计	201261	256648	42.8	1812	29755

43.2　高被引论文分析

在轻工业、手工业领域，2013—2017 年发表的总被引频次 Top 10 论文（表 43-2）的平均被引频次为 82.5 次，是全部 1812 篇高被引论文篇均被引频次的 5.02 倍。从论文分布来看，刊载高被引论文数量居前 3 位的期刊分别是《食品科学》（495 篇）、《食品工业科技》（171 篇）和《福建茶叶》（113 篇），《中国食品学报》刊载了高被引论文 Top 10 中的 3 篇；发表高被引论文数量居前 3 位的学者分别是南昌大学的谢明勇（5 篇）、北京工商大学的孙宝国（4 篇）和湖南农业大学的邓小华（4 篇）；产出高被引论文数量居前 3 位的机构分别是江南大学（51 篇）、渤海大学（43 篇）和西北农林科技大学（34 篇）。

表 43-2　轻工业、手工业领域高被引论文 Top 10

序号	论文题名	第一作者	期刊名称	发表年份	被引频次/次 总频次	被引频次/次 2018 年
1	响应面法优化薄荷叶总黄酮提取工艺及抗氧化活性	侯学敏	食品科学	2013	137	37
2	DPPH法评价抗氧化活性研究进展	韦献雅	食品科学	2014	126	45
3	响应面优化银杏叶中黄酮的提取工艺	林建原	中国食品学报	2013	101	25
4	中国肥胖流行的现状与趋势	倪国华	中国食物与营养	2013	86	18

序号	论文题名	第一作者	期刊名称	发表年份	被引频次/次	
					总频次	2018年
5	牡丹籽油超临界CO_2萃取工艺优化及抗氧化活性的研究	史国安	中国粮油学报	2013	72	15
6	油茶籽油和橄榄油中主要化学成分分析	汤富彬	中国粮油学报	2013	62	22
7	响应面优化玛咖叶总黄酮提取工艺及其抗氧化活性研究	张黎明	现代食品科技	2014	62	21
8	枸杞植物化学成分及其生物活性的研究进展	如克亚·加帕尔	中国食品学报	2013	61	18
9	藜麦的营养价值及其应用前景	王黎明	食品工业科技	2014	60	23
10	果胶研究与应用进展	谢明勇	中国食品学报	2013	58	17

43.3　研究主题关联分析

在轻工业、手工业领域，1812篇高被引论文共被引用了29755次。通过分析施引文献关键词的词频及关键词之间的共现关系，获得轻工业、手工业领域的热点主题和主题关联，如图43-1所示。由图可知："主成分分析""响应面法""抗氧化活性"等关键词的文档词频较高，是轻工业、手工业领域的研究热点；本领域主要形成2个研究主题簇，分别以"主成分分析""乳酸菌"为核心，以"响应面法""抗氧化活性"为核心。

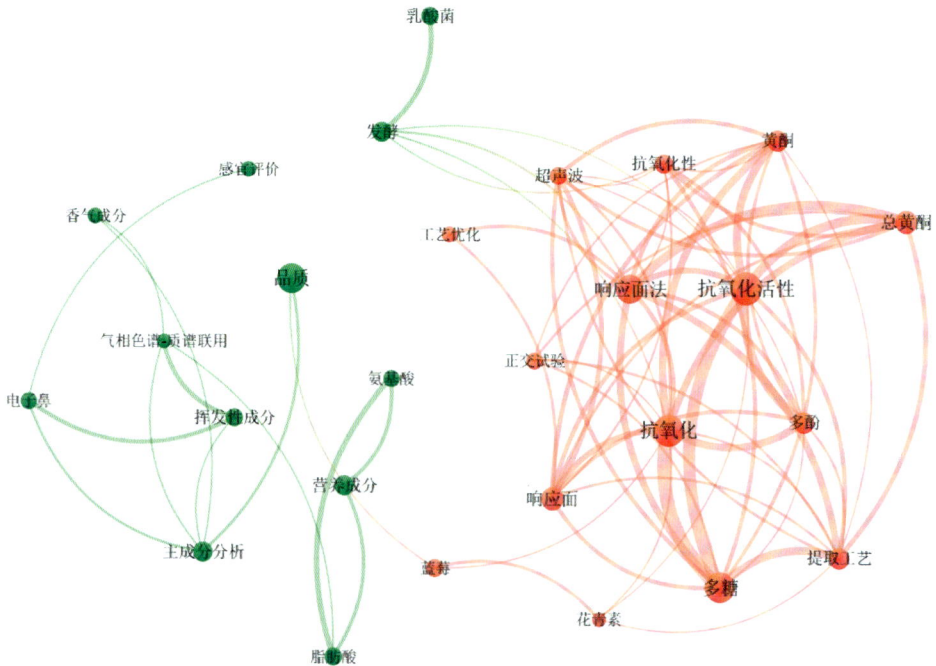

图43-1　轻工业、手工业领域热点论文主题关联

43.4 高被引期刊分析

在轻工业、手工业领域，5 年影响因子 Top 10 期刊见表 43-3，总被引频次最高的期刊是《食品科学》（32204 次），5 年影响因子最高的期刊是《食品科学》。

表 43-3 轻工业、手工业领域高被引期刊基本指标

序号	期刊名称	5 年载文量/篇	总被引频次/次	5 年影响因子	高被引论文数量/篇	h 指数
1	食品科学	6878	32204	1.650	495	33
2	中国食品学报	2170	7326	1.247	80	24
3	现代食品科技	2969	9696	1.040	76	21
4	烟草科技	1056	3369	1.006	22	15
5	保鲜与加工	626	1689	1.000	17	14
6	中国粮油学报	1617	4746	0.994	39	18
7	食品与发酵工业	2778	7201	0.991	57	16
8	食品科学技术学报	453	1340	0.987	14	12
9	食品安全质量检测学报	3513	8158	0.980	85	18
10	中国酿造	2470	6395	0.917	53	16

43.5 高被引作者分析

2013—2017 年论文总被引频次 Top 10 的作者见表 43-4。其中，发文总被引频次居前 3 位的作者分别是渤海大学的李颖畅（179 次）、河南工业大学的刘玉兰（155 次）和河南工业大学的周显青（152 次）。5 年发文量居前 3 位的作者分别是北京精准联合企划有限公司的丁华（54 篇）、河南工业大学的刘玉兰（49 篇）和漯河医学高等专科学校的豆康宁（48 篇）。

表 43-4 轻工业、手工业领域高被引作者 Top 10

序号	作者	作者单位	发文量/篇	总被引频次/次	篇均被引频次/次	被引率/%	h 指数
1	李颖畅	渤海大学	22	179	8.14	95.5	8
2	刘玉兰	河南工业大学	49	155	3.16	89.8	7
3	周显青	河南工业大学	32	152	4.75	84.4	7
4	张钟	广东石油化工学院	38	147	3.87	81.6	7
5	刘元军	天津工业大学	26	144	5.54	76.9	7
6	范金波	渤海大学	32	142	4.44	68.8	8
7	侯学敏	山西师范大学	1	137	137.00	100.0	1
8	李加兴	吉首大学	14	131	9.36	85.7	7

续表

序号	作者	作者单位	发文量/篇	总被引频次/次	篇均被引频次/次	被引率/%	h指数
9	张泽生	天津科技大学	40	129	3.23	90.0	6
10	韦献雅	四川农业大学温江校区	1	126	126.00	100.0	1

43.6　高被引机构分析

轻工业、手工业领域总被引频次 Top 20 高等院校和总被引频次 Top 10 科研院所的发文和被引情况分别见表 43-5 和表 43-6。

表 43-5　轻工业、手工业领域高被引高等院校 Top 20

序号	第一作者单位	发文量/篇	总被引频次/次	篇均被引频次/次	序号	第一作者单位	发文量/篇	总被引频次/次	篇均被引频次/次
1	江南大学	3439	7442	2.16	11	上海海洋大学	572	2195	3.84
2	河南工业大学	1982	4110	2.07	12	陕西科技大学	1311	2151	1.64
3	西南大学	1215	3850	3.17	13	东北农业大学	1029	2141	2.08
4	西北农林科技大学	839	2972	3.54	14	中国农业大学	898	2122	2.36
5	天津科技大学	1548	2925	1.89	15	南昌大学	627	2079	3.32
6	渤海大学	784	2753	3.51	16	湖南农业大学	811	2064	2.55
7	北京工商大学	733	2732	3.73	17	天津工业大学	1317	1932	1.47
8	华南理工大学	1278	2507	1.96	18	华南农业大学	752	1892	2.52
9	南京农业大学	621	2370	3.82	19	西安工程大学	1244	1785	1.43
10	东华大学	1648	2286	1.39	20	贵州大学	599	1777	2.97

表 43-6　轻工业、手工业领域高被引科研院所 Top 10

序号	第一作者单位	发文量/篇	总被引频次/次	篇均被引频次/次	序号	第一作者单位	发文量/篇	总被引频次/次	篇均被引频次/次
1	中国农业科学院农产品加工研究所	247	882	3.57	5	国家粮食局科学研究院	222	586	2.64
2	广东省农业科学院	190	808	4.25	6	江苏省农业科学院	153	575	3.76
3	中国农业科学院	259	721	2.78	7	中国食品发酵工业研究院	217	534	2.46
4	中国烟草总公司郑州烟草研究院	187	653	3.49	8	中国水产科学研究院南海水产研究所	139	490	3.53

续表

序号	第一作者单位	发文量/篇	总被引频次/次	篇均被引频次/次	序号	第一作者单位	发文量/篇	总被引频次/次	篇均被引频次/次
9	山东省农业科学院	167	430	2.57	10	中粮营养健康研究院	121	414	3.42

43.7　高被引国外期刊分析

轻工业、手工业领域 2018 年被引频次 Top 10 的国外期刊见表 43-7，排名前 3 位的国外期刊分别是 *Food Chemistry*、*Carbohydrate Polymers* 和 *Journal of Agricultural and Food Chemistry*。

表 43-7　轻工业、手工业领域高被引国外期刊 Top 10

序号	期刊名称	2018 年被引频次/次
1	Food Chemistry	4121
2	Carbohydrate Polymers	1182
3	Journal of Agricultural and Food Chemistry	1033
4	Food Control	997
5	Food Hydrocolloids	959
6	LWT-Food Science and Technology	764
7	International Journal of Biological Macromolecules	762
8	Meat Science	675
9	PLOS ONE	593
10	Journal of Food Engineering	557

第 44 章 建筑科学领域高被引分析

44.1 领域论文概况

2013—2017 年，建筑科学领域的 166 种期刊上共发表学术论文 816642 篇，由来自 138714 所机构的 620445 位学者作为第一作者发表。上述论文中，有 233117 篇获得过引用，整体被引率为 28.5%，总被引频次为 859815 次，篇均被引 1.05 次；其中，高被引论文有 8463 篇，高被引论文篇均被引 28.24 次（表 44-1），另外，2018 年本领域共发表论文 256347 篇，其中有 15100 篇在当年获得过引用，总共被引 27524 次。

表 44-1 建筑科学领域论文分布情况

年份	论文数量/篇	总被引频次/次	被引率/%	高被引论文数量/篇	高被引论文被引频次/次
2013	83375	169208	44.9	803	37836
2014	126574	176981	34.9	1287	46431
2015	175379	199272	29.9	1849	60579
2016	197467	185119	27.1	2043	54321
2017	233847	129235	19.5	2481	39865
合计	816642	859815	28.5	8463	239032

44.2 高被引论文分析

在建筑科学领域，2013—2017 年发表的总被引频次 Top 10 论文（表 44-2）的平均被引频次为 358.9 次，是全部 8463 篇高被引论文篇均被引频次的 12.71 倍。从论文分布来看，刊载高被引论文数量居前 3 位的期刊分别是《江西建材》（2143 篇）、《建材与装饰》（991 篇）和《科技创新与应用》（964 篇），其中，《江西建材》刊载了高被引论文 Top 10 中的 3 篇；发表高被引论文数量居前 3 位的学者分别是北京建筑大学的车伍（7 篇）、山东大学的李术才（7 篇）和中国科学院武汉岩土力学研究所的刘泉声（6 篇）；产出高被引论文数量居前 3 位的机构分别是同济大学（78 篇）、清华大学（44 篇）和北京建筑大学（37 篇）。

表 44-2 建筑科学领域高被引论文 Top 10

序号	论文题名	第一作者	期刊名称	发表年份	被引频次/次 总频次	被引频次/次 2018 年
1	建筑工程施工技术及其现场施工管理措施研究	汤亦	城市建筑	2014	573	94
2	论建筑工程土建施工现场管理的优化策略	苏春富	江西建材	2014	401	82
3	"海绵城市"理论与实践	俞孔坚	城市规划	2015	373	150
4	浅析防渗漏施工技术在房建施工中的应用探究	蒋锦伟	中国建筑金属结构	2013	370	41

续表

序号	论文题名	第一作者	期刊名称	发表年份	被引频次/次	
					总频次	2018年
5	浅析建筑工程造价的动态管理与成本优化控制	缪丽琴	江西建材	2015	349	116
6	建筑工程造价的动态管理控制分析	刘永德	建筑与预算	2016	309	140
7	基于绿色施工管理理念下如何创新建筑施工管理	孙佩刚	中国新技术新产品	2013	309	40
8	深基坑支护施工技术在建筑工程中的应用分析	薛剑茹	科技创新与应用	2016	308	100
9	建筑工程施工技术及其现场施工管理探讨	江伟	江西建材	2016	306	109
10	建筑工程施工技术及其现场施工管理探讨	韩爱东	门窗	2015	291	63

44.3　研究主题关联分析

在建筑科学领域，8463篇高被引论文共被引用了239032次。通过分析施引文献关键词的词频及关键词之间的共现关系，获得建筑科学领域的热点主题和主题关联，如图44-1所示。由图可知："施工技术""建筑工程""结构设计"等关键词的文档词频较高，是建筑科学领域的研究热点；本领域主要形成2个研究主题簇，分别以"施工技术""质量控制""建筑工程"为核心，以"建筑设计""绿色建筑""土木工程"为核心。

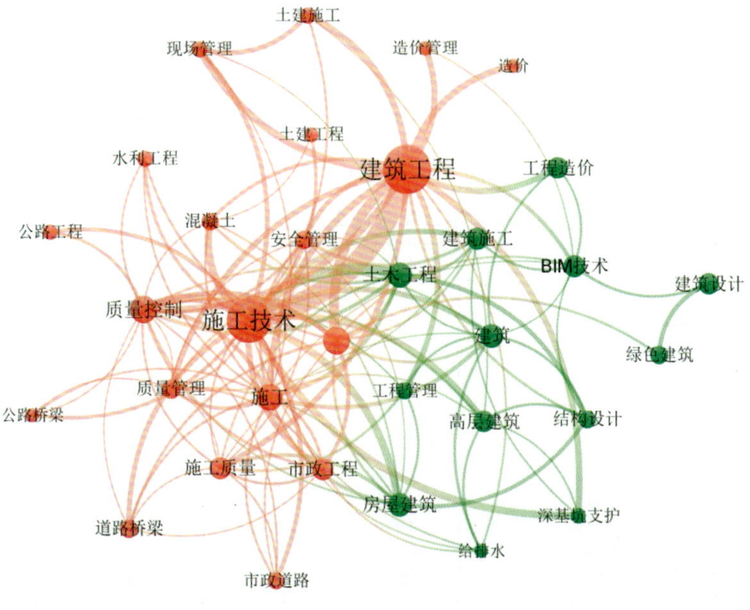

图44-1　建筑科学领域热点论文主题关联

44.4 高被引期刊分析

在建筑科学领域，5 年影响因子 Top 10 期刊见表 44-3，总被引频次最高的期刊是《江西建材》（120654 次），5 年影响因子最高的期刊是《工程技术研究》。

表 44-3 建筑科学领域高被引期刊基本指标

序号	期刊名称	5 年载文量/篇	总被引频次/次	5 年影响因子	高被引论文数量/篇	h 指数
1	工程技术研究	2902	13882	3.332	390	43
2	岩石力学与工程学报	1941	13235	2.498	129	35
3	城市规划学刊	662	4283	2.098	64	28
4	建筑技术	1701	8867	2.072	132	30
5	城市规划	1174	6236	1.866	74	29
6	岩土力学	2785	14273	1.843	76	29
7	土木工程学报	951	4604	1.801	36	23
8	岩土工程学报	2161	9697	1.654	59	27
9	江西建材	25923	120654	1.573	2143	82
10	建筑结构学报	1426	5630	1.414	28	21

44.5 高被引作者分析

2013—2017 年论文总被引频次 Top 10 的作者见表 44-4。其中，发文总被引频次居前 3 位的作者分别是浙江大东吴集团建设有限公司的汤亦（573 次）、北京大学的俞孔坚（513 次）和广西大学的陈宗平（486 次）。5 年发文量居前 3 位的作者分别是西安建筑科技大学的薛建阳（63 篇）、广西大学的陈宗平（60 篇）和福建省泉州市建筑文化研究院的陈凯峰（52 篇）。

表 44-4 建筑科学领域高被引作者 Top 10

序号	作者	作者单位	发文量/篇	总被引频次/次	篇均被引频次/次	被引率/%	h 指数
1	汤亦	浙江大东吴集团建设有限公司	1	573	573.00	100.0	1
2	俞孔坚	北京大学	17	513	30.18	64.7	6
3	陈宗平	广西大学	60	486	8.10	93.3	10
4	车伍	北京建筑大学	14	483	34.50	100.0	9
5	李术才	山东大学	28	466	16.64	96.4	11
6	苏春富	闽东能源投资有限公司	1	401	401.00	100.0	1
7	蒋锦伟	丽水学院	1	370	370.00	100.0	1

续表

序号	作者	作者单位	发文量/篇	总被引频次/次	篇均被引频次/次	被引率/%	h指数
8	齐宝库	沈阳建筑大学	12	368	30.67	91.7	7
9	缪丽琴	福建富林建设工程有限公司	1	349	349.00	100.0	1
10	仇保兴	全国政协人口与资源环境委员会	3	329	109.67	100.0	3

44.6　高被引机构分析

建筑科学领域总被引频次 Top 20 高等院校和总被引频次 Top 10 科研院所的发文和被引情况分别见表 44-5 和表 44-6。

表 44-5　建筑科学领域高被引高等院校 Top 20

序号	第一作者单位	发文量/篇	总被引频次/次	篇均被引频次/次	序号	第一作者单位	发文量/篇	总被引频次/次	篇均被引频次/次
1	同济大学	5421	14098	2.60	11	西南交通大学	1398	2927	2.09
2	清华大学	2043	5968	2.92	12	浙江大学	1113	2643	2.37
3	西安建筑科技大学	2856	4831	1.69	13	长安大学	1931	2609	1.35
4	重庆大学	1986	4254	2.14	14	北京工业大学	972	2512	2.58
5	沈阳建筑大学	2019	3629	1.80	15	河海大学	1080	2450	2.27
6	东南大学	1493	3463	2.32	16	哈尔滨工业大学	1143	2251	1.97
7	北京建筑大学	1384	3457	2.50	17	北京交通大学	659	2212	3.36
8	天津大学	1636	3385	2.07	18	武汉大学	825	2185	2.65
9	中国矿业大学	945	3245	3.43	19	山东建筑大学	1053	1779	1.69
10	华南理工大学	1731	3028	1.75	20	华中科技大学	902	1764	1.96

表 44-6　建筑科学领域高被引科研院所 Top 10

序号	第一作者单位	发文量/篇	总被引频次/次	篇均被引频次/次	序号	第一作者单位	发文量/篇	总被引频次/次	篇均被引频次/次
1	中国科学院武汉岩土力学研究所	463	2764	5.97	4	山西省建筑设计研究院	494	803	1.63
2	中国建筑科学研究院	954	2213	2.32	5	广州市城市规划勘测设计研究院	600	724	1.21
3	中国城市规划设计研究院	434	1370	3.16	6	广东省建筑设计研究院	1057	720	0.68

续表

序号	第一作者单位	发文量/篇	总被引频次/次	篇均被引频次/次	序号	第一作者单位	发文量/篇	总被引频次/次	篇均被引频次/次
7	福建省建筑科学研究院	792	706	0.89	9	重庆市建筑科学研究院	147	544	3.70
8	黑龙江省公路勘察设计院	165	592	3.59	10	江西省建筑设计研究总院	274	509	1.86

44.7　高被引国外期刊分析

建筑科学领域 2018 年被引频次 Top 10 的国外期刊见表 44-7，排名前 3 位的国外期刊分别是 *Construction and Building Materials*、*Energy and Buildings* 和 *Engineering Structures*。

表 44-7　建筑科学领域高被引国外期刊 Top 10

序号	期刊名称	2018 年被引频次/次
1	Construction and Building Materials	719
2	Energy and Buildings	489
3	Engineering Structures	441
4	Building and Environment	368
5	Journal of Constructional Steel Research	307
6	Construction & Building Materials	241
7	Water Research	192
8	Applied Energy	182
9	Journal of Structural Engineering	162
10	Rock Mechanics and Rock Engineering	155

第 45 章 水利工程领域高被引分析

45.1 领域论文概况

2013—2017 年，水利工程领域的 77 种期刊上共发表学术论文 99945 篇，由来自 13277 所机构的 64988 位学者作为第一作者发表。上述论文中，有 42089 篇获得过引用，整体被引率为 42.1%，总被引频次为 114695 次，篇均被引 1.15 次；其中，高被引论文有 995 篇，高被引论文篇均被引 19.01 次（表 45-1），另外，2018 年本领域共发表论文 18902 篇，其中有 1408 篇在当年获得过引用，总共被引 1831 次。

表 45-1 水利工程领域论文分布情况

年份	论文数量/篇	总被引频次/次	被引率/%	高被引论文数量/篇	高被引论文被引频次/次
2013	20919	32993	48.7	219	5523
2014	21086	28713	46.0	212	4930
2015	19744	24029	44.6	201	3907
2016	19338	18671	40.2	170	2881
2017	18858	10289	29.8	193	1674
合计	99945	114695	42.1	995	18915

45.2 高被引论文分析

在水利工程领域，2013—2017 年发表的总被引频次 Top 10 论文（表 45-2）的平均被引频次为 110.7 次，是全部 995 篇高被引论文篇均被引频次的 5.82 倍。从论文分布来看，刊载高被引论文数量居前 3 位的期刊分别是《水利学报》（116 篇）、《水利规划与设计》（103 篇）和《黑龙江水利科技》（103 篇）；发表高被引论文数量居前 3 位的学者分别是郑州大学的左其亭（14 篇）、文山州水务局的崔东文（12 篇）和南京水利科学研究院的张建云（6 篇）；产出高被引论文数量居前 3 位的机构分别是河海大学（61 篇）、中国水利水电科学研究院（42 篇）和武汉大学（21 篇）。

表 45-2 水利工程领域高被引论文 Top 10

序号	论文题名	第一作者	期刊名称	发表年份	被引频次/次 总频次	被引频次/次 2018 年
1	海绵城市建设应作为新时期城市治水的重要内容	张旺	水利发展研究	2014	142	29
2	南票区水资源状况及开发利用分析	才庆欣	水利规划与设计	2014	138	48
3	关于海绵城市建设理念、技术和政策问题的思考	鞠茂森	水利发展研究	2015	135	38
4	水生态文明建设几个关键问题探讨	左其亭	中国水利	2013	115	11

序号	论文题名	第一作者	期刊名称	发表年份	被引频次/次	
					总频次	2018 年
5	水利水电工程管理及施工质量控制的相关问题探讨	王彩龙	水利规划与设计	2014	107	24
6	水利工程施工管理的现状及对策探讨	张鲁昌	黑龙江水利科技	2013	104	20
7	气候变化和人类活动对水文循环影响研究进展	宋晓猛	水利学报	2013	102	22
8	水利工程施工中软土地基处理技术	冯是明	水科学与工程技术	2013	101	32
9	基于水利工程项目施工管理问题及创新对策分析	陶卫华	吉林水利	2015	85	23
10	对水利水电工程施工阶段的质量管理	邸伟忠	黑龙江水利科技	2014	78	10

45.3　研究主题关联分析

在水利工程领域，995 篇高被引论文共被引用了 18915 次。通过分析施引文献关键词的词频及关键词之间的共现关系，获得水利工程领域的热点主题和主题关联，如图 45-1 所示。由图可知："水利工程""海绵城市""农田水利"等关键词的文档词频较高，是水利工程领域的研究热点；本领域主要形成 3 个研究主题簇，分别以"水利工程""水利水电"为核心，以"海绵城市""水资源"为核心，以"农田水利""节水灌溉"为核心。

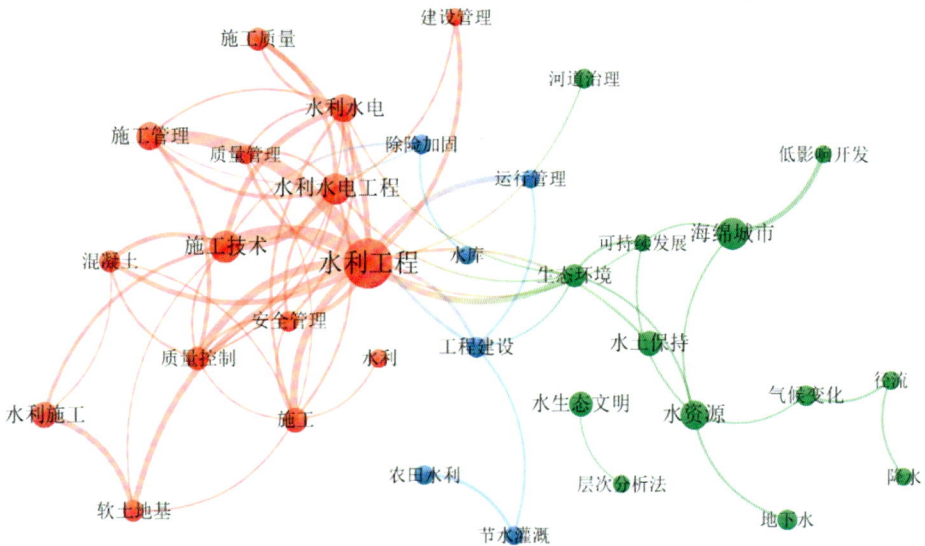

图 45-1　水利工程领域热点论文主题关联

45.4 高被引期刊分析

在水利工程领域，5 年影响因子 Top 10 期刊见表 45-3，总被引频次最高的期刊是《黑龙江水利科技》（7181 次），5 年影响因子最高的期刊是《水科学进展》。

表 45-3 水利工程领域高被引期刊基本指标

序号	期刊名称	5 年载文量/篇	总被引频次/次	5 年影响因子	高被引论文数量/篇	h 指数
1	水科学进展	565	3621	2.227	73	24
2	水利学报	961	5327	1.980	116	23
3	水资源保护	686	2092	1.380	28	16
4	水利技术监督	1039	3202	1.185	56	20
5	水利规划与设计	2159	6239	1.101	103	23
6	水利水电科技进展	603	1687	1.012	21	14
7	水力发电学报	1174	3417	1.011	22	14
8	泥沙研究	368	849	0.867	9	11
9	华北水利水电大学学报（自然科学版）	639	1225	0.789	5	9
10	水利水运工程学报	492	1016	0.785	7	12

45.5 高被引作者分析

2013—2017 年论文总被引频次 Top 10 的作者见表 45-4。其中，发文总被引频次居前 3 位的作者分别是郑州大学的左其亭（405 次）、文山州水务局的崔东文（345 次）和南京水利科学研究院的张建云（297 次）。5 年发文量居前 3 位的作者分别是水利部的陈雷（65 篇）、文山州水务局的崔东文（51 篇）和河北省水利厅的苏银增（49 篇）。

表 45-4 水利工程领域高被引作者 Top 10

序号	作者	作者单位	发文量/篇	总被引频次/次	篇均被引频次/次	被引率/%	h 指数
1	左其亭	郑州大学	29	405	13.97	96.6	12
2	崔东文	文山州水务局	51	345	6.76	96.1	10
3	张建云	南京水利科学研究院	9	297	33.00	100.0	6
4	宋晓猛	南京水利科学研究院	4	176	44.00	100.0	4
5	张旺	水利部发展研究中心	8	159	19.88	87.5	3
6	才庆欣	辽宁省葫芦岛市南票区大中型水库移民后期扶持工作办公室	5	144	28.80	60.0	3
7	陈雷	水利部	65	136	2.09	60.0	6

序号	作者	作者单位	发文量/篇	总被引频次/次	篇均被引频次/次	被引率/%	h指数
8	鞠茂森	吉好地咨询（北京）有限公司	1	135	135.00	100.0	1
9	张鲁昌	新疆额尔齐斯河流域开发工程建设管理局	3	110	36.67	100.0	2
10	王彩龙	德清县水电建筑工程有限公司	1	107	107.00	100.0	1

45.6 高被引机构分析

水利工程领域总被引频次 Top 20 高等院校和总被引频次 Top 10 科研院所的发文和被引情况分别见表 45-5 和表 45-6。

表 45-5 水利工程领域高被引高等院校 Top 20

序号	第一作者单位	发文量/篇	总被引频次/次	篇均被引频次/次	序号	第一作者单位	发文量/篇	总被引频次/次	篇均被引频次/次
1	河海大学	3225	7288	2.26	11	西北农林科技大学	344	861	2.50
2	武汉大学	731	1950	2.67	12	新疆农业大学	322	633	1.97
3	华北水利水电大学	859	1509	1.76	13	中国地质大学	273	543	1.99
4	三峡大学	975	1412	1.45	14	长安大学	234	491	2.10
5	西安理工大学	494	1229	2.49	15	北京师范大学	136	440	3.24
6	清华大学	271	1105	4.08	16	成都理工大学	358	432	1.21
7	大连理工大学	465	1059	2.28	17	华北电力大学	198	426	2.15
8	天津大学	451	993	2.20	18	太原理工大学	319	369	1.16
9	郑州大学	240	925	3.85	19	上海交通大学	194	363	1.87
10	四川大学	528	911	1.73	20	长江工程职业技术学院	276	331	1.20

表 45-6 水利工程领域高被引科研院所 Top 10

序号	第一作者单位	发文量/篇	总被引频次/次	篇均被引频次/次	序号	第一作者单位	发文量/篇	总被引频次/次	篇均被引频次/次
1	中国水利水电科学研究院	1042	2968	2.85	3	长江水利委员会长江科学院	517	1221	2.36
2	南京水利科学研究院	494	1528	3.09	4	水利部发展研究中心	319	904	2.83

续表

序号	第一作者单位	发文量/篇	总被引频次/次	篇均被引频次/次	序号	第一作者单位	发文量/篇	总被引频次/次	篇均被引频次/次
5	长江勘测规划设计研究院	509	838	1.65	8	黄河水利科学研究院	240	560	2.33
6	新疆水利水电勘测设计研究院	733	662	0.90	9	水电水利规划设计总院	220	525	2.39
7	中华人民共和国水利部	206	596	2.89	10	广东省水利水电科学研究院	427	523	1.22

45.7　高被引国外期刊分析

水利工程领域 2018 年被引频次 Top 10 的国外期刊见表 45-7，排名前 3 位的国外期刊分别是 *Journal of Hydrology*、*Journal of Hydrodynamics* 和 *Water Resources Research*。

表 45-7　水利工程领域高被引国外期刊 Top 10

序号	期刊名称	2018 年被引频次/次
1	Journal of Hydrology	283
2	Journal of Hydrodynamics	160
3	Water Resources Research	151
4	Science of the Total Environment	102
5	Water Resources Management	92
6	Environmental Earth Sciences	83
7	Ocean Engineering	81
8	Journal of Hydraulic Engineering	74
9	Natural Hazards	70
10	Construction and Building Materials	66

第 46 章　交通运输领域高被引分析

46.1　领域论文概况

2013—2017 年，交通运输领域的 189 种期刊上共发表学术论文 240197 篇，由来自 24199 所机构的 149031 位学者作为第一作者发表。上述论文中，有 96476 篇获得过引用，整体被引率为 40.2%，总被引频次为 267759 次，篇均被引 1.11 次；其中，高被引论文有 2421 篇，高被引论文篇均被引 18.08 次（表 46-1），另外，2018 年本领域共发表论文 48896 篇，其中有 3773 篇在当年获得过引用，总共被引 5049 次。

表 46-1　交通运输领域论文分布情况

年份	论文数量/篇	总被引频次/次	被引率/%	高被引论文数量/篇	高被引论文被引频次/次
2013	49870	76952	46.2	520	12605
2014	49070	64651	43.3	460	10842
2015	47116	58694	44.1	454	9310
2016	46138	41482	38.7	445	6010
2017	48003	25980	28.2	542	4999
合计	240197	267759	40.2	2421	43766

46.2　高被引论文分析

在交通运输领域，2013—2017 年发表的总被引频次 Top 10 论文（表 46-2）的平均被引频次为 176.5 次，是全部 2421 篇高被引论文篇均被引频次的 9.76 倍。从论文分布来看，刊载高被引论文数量居前 3 位的期刊分别是《黑龙江交通科技》（222 篇）、《交通世界（建养机械）》（140 篇）和《交通世界（下旬刊）》（140 篇）；发表高被引论文数量居前 3 位的学者分别是中交第一公路勘察设计研究院有限公司的王宏（6 篇）、唐山交通建设工程监理咨询有限责任公司的赵瑞多（4 篇）和中国交通建设集团有限责任公司的林鸣（4 篇）；产出高被引论文数量居前 3 位的机构分别是西南交通大学（84 篇）、长安大学（65 篇）和北京交通大学（63 篇）。

表 46-2　交通运输领域高被引论文 Top 10

序号	论文题名	第一作者	期刊名称	发表年份	被引频次/次 总频次	被引频次/次 2018 年
1	公路工程沥青路面施工技术与质量控制策略	王峰娟	交通标准化	2014	675	326
2	道路桥梁沉降段路基路面施工技术	马东旭	公路交通科技·应用技术版	2015	138	41
3	汽车轻量化技术的研究与进展	范子杰	汽车安全与节能学报	2014	136	55

续表

序号	论文题名	第一作者	期刊名称	发表年份	被引频次/次	
					总频次	2018年
4	浅谈水利水电工程施工质量控制与管理	孔令岩	珠江水运	2014	135	22
5	浅谈水利施工中软土地基处理的方法	徐艳云	中国水运（下半月）	2013	130	26
6	浅析路桥施工中预应力技术的应用	史智勇	中国水运（下半月）	2013	128	22
7	我国隧道及地下工程发展现状与展望	洪开荣	隧道建设	2015	110	46
8	分析水利水电工程施工中边坡开挖支护技术的应用	成万龙	珠江水运	2014	107	22
9	道路桥梁施工中的裂缝成因及预防措施	连小虎	交通标准化	2014	105	34
10	有关公路桥梁沉降段路基路面的施工技术研究	何杨闽	城市道桥与防洪	2013	101	14

46.3　研究主题关联分析

在交通运输领域，2421篇高被引论文共被引用了43766次。通过分析施引文献关键词的词频及关键词之间的共现关系，获得交通运输领域的热点主题和主题关联，如图46-1所示。由图可知："公路工程""桥梁施工""高速公路"等关键词的文档词频较高，是交通运输领域的研究热点；本领域主要形成3个研究主题簇，分别以"公路工程""质量控制"为核心，以"公路桥梁""道路桥梁"为核心，以"高速公路""桥梁施工"为核心。

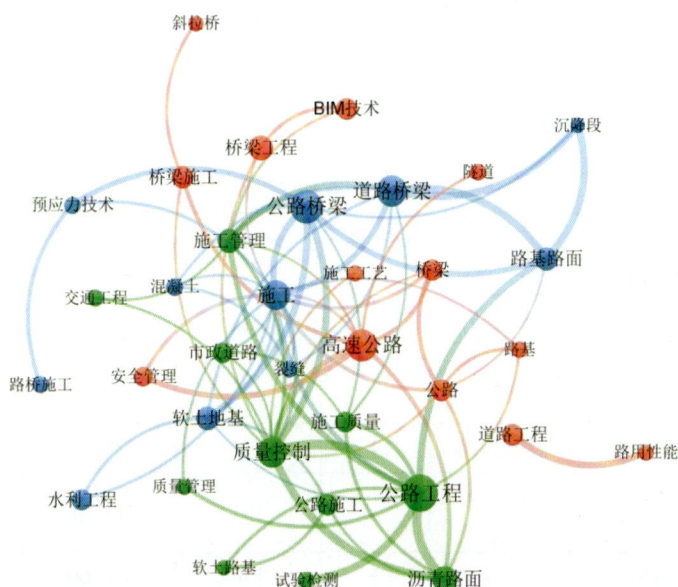

图46-1　交通运输领域热点论文主题关联

46.4　高被引期刊分析

在交通运输领域，5年影响因子 Top 10 期刊见表 46-3，总被引频次最高的期刊是《黑龙江交通科技》（15922 次），5年影响因子最高的期刊是《桥梁建设》。

表 46-3　交通运输领域高被引期刊基本指标

序号	期刊名称	5年载文量/篇	总被引频次/次	5年影响因子	高被引论文数量/篇	h 指数
1	桥梁建设	624	3360	2.050	82	16
2	中国公路学报	1028	4855	1.856	86	21
3	中国铁道科学	640	2607	1.441	44	18
4	现代隧道技术	921	3727	1.287	58	18
5	交通运输工程学报	511	1687	1.237	18	13
6	西安交通大学学报	1436	4443	1.173	49	16
7	铁道学报	1232	3561	1.113	37	16
8	隧道建设	1408	3744	1.095	52	17
9	铁道工程学报	1301	3960	1.081	44	19
10	西南交通大学学报	822	2624	1.075	31	15

46.5　高被引作者分析

2013—2017 年论文总被引频次 Top 10 的作者见表 46-4。其中，发文总被引频次居前 3 位的作者分别是河北省保定市交通运输局公路勘测设计院的王峰娟（700 次）、中铁隧道集团有限公司的洪开荣（177 次）和唐山市交通运输局的马东旭（144 次）。5年发文量居前 3 位的作者分别是中国船舶燃料有限责任公司的田明（48 篇）、卡莱（梅州）橡胶制品有限公司的董鹏（41 篇）和中国石油经济技术研究院的周向彤（41 篇）。

表 46-4　交通运输领域高被引作者 Top 10

序号	作者	作者单位	发文量/篇	总被引频次/次	篇均被引频次/次	被引率/%	h 指数
1	王峰娟	河北省保定市交通运输局公路勘测设计院	5	700	140.00	80.0	3
2	洪开荣	中铁隧道集团有限公司	5	177	35.40	100.0	4
3	马东旭	唐山市交通运输局	4	144	36.00	100.0	2
4	徐艳云	沙湾县大禹水利水电工程有限公司	2	137	68.50	100.0	2
5	范子杰	清华大学	1	136	136.00	100.0	1
6	孔令岩	辽宁省法库县泡子沿水库管理所	2	135	67.50	50.0	1

序号	作者	作者单位	发文量/篇	总被引频次/次	篇均被引频次/次	被引率/%	h指数
7	王宏	中交第一公路勘察设计研究院有限公司	7	129	18.43	100.0	6
8	史智勇	天门市公路管理局	1	128	128.00	100.0	1
9	李群湛	西南交通大学	4	124	31.00	100.0	4
10	何川	西南交通大学	6	123	20.50	83.3	4

46.6 高被引机构分析

交通运输领域总被引频次 Top 20 高等院校和总被引频次 Top 10 科研院所的发文和被引情况分别见表 46-5 和表 46-6。

表 46-5 交通运输领域高被引高等院校 Top 20

序号	第一作者单位	发文量/篇	总被引频次/次	篇均被引频次/次	序号	第一作者单位	发文量/篇	总被引频次/次	篇均被引频次/次
1	西南交通大学	3555	8293	2.33	11	中南大学	769	1956	2.54
2	长安大学	2525	5845	2.31	12	大连海事大学	1407	1847	1.31
3	北京交通大学	2204	5685	2.58	13	东南大学	959	1747	1.82
4	同济大学	2092	4082	1.95	14	哈尔滨工程大学	1074	1555	1.45
5	兰州交通大学	1619	2835	1.75	15	上海海事大学	1253	1483	1.18
6	重庆交通大学	1660	2728	1.64	16	清华大学	365	1359	3.72
7	西安交通大学	852	2642	3.10	17	中国人民解放军海军工程大学	1268	1190	0.94
8	武汉理工大学	1567	2390	1.53	18	华东交通大学	545	1162	2.13
9	长沙理工大学	1138	2219	1.95	19	大连理工大学	802	1111	1.39
10	上海交通大学	1377	1996	1.45	20	湖南大学	409	1010	2.47

表 46-6 交通运输领域高被引科研院所 Top 10

序号	第一作者单位	发文量/篇	总被引频次/次	篇均被引频次/次	序号	第一作者单位	发文量/篇	总被引频次/次	篇均被引频次/次
1	中国铁道科学研究院	1681	3435	2.04	3	交通运输部公路科学研究院	507	735	1.45
2	山西省交通科学研究院	923	1035	1.12	4	上海铁路局	837	710	0.85

序号	第一作者单位	发文量/篇	总被引频次/次	篇均被引频次/次	序号	第一作者单位	发文量/篇	总被引频次/次	篇均被引频次/次
5	河北省保定市交通运输局公路勘测设计院	9	702	78.00	8	天津市市政工程设计研究院	279	423	1.52
6	中国舰船研究设计中心	521	614	1.18	9	交通运输部水运科学研究院	428	420	0.98
7	中国船舶科学研究中心	321	428	1.33	10	中国铁道科学研究院铁道建筑研究所	126	410	3.25

46.7　高被引国外期刊分析

交通运输领域 2018 年被引频次 Top 10 的国外期刊见表 46-7，排名前 3 位的国外期刊分别是 *Construction and Building Materials*、*Ocean Engineering* 和 *Transportation Research Part C: Emerging Technologies*。

表 46-7　交通运输领域高被引国外期刊 Top 10

序号	期刊名称	2018 年被引频次/次
1	Construction and Building Materials	363
2	Ocean Engineering	333
3	Transportation Research Part C: Emerging Technologies	249
4	Tunnelling and Underground Space Technology	225
5	Engineering Structures	194
6	Journal of Bridge Engineering	162
7	IEEE Transactions on Intelligent Transportation Systems	154
8	Transportation Research Part B: Methodological	152
9	Applied Energy	136
10	Accident Analysis & Prevention	118

第 47 章　航空航天领域高被引分析

47.1　领域论文概况

2013—2017 年，航空航天领域的 74 种期刊上共发表学术论文 55628 篇，由来自 3690 所机构的 38986 位学者作为第一作者发表。上述论文中，有 26641 篇获得过引用，整体被引率为 47.9%，总被引频次为 70700 次，篇均被引 1.27 次；其中，高被引论文有 549 篇，高被引论文篇均被引 14.73 次（表 47-1），另外，2018 年本领域共发表论文 10407 篇，其中有 514 篇在当年获得过引用，总共被引 604 次。

表 47-1　航空航天领域论文分布情况

年份	论文数量/篇	总被引频次/次	被引率/%	高被引论文数量/篇	高被引论文被引频次/次
2013	11066	22687	60.7	119	2507
2014	11187	18399	56.0	108	2145
2015	11460	15246	52.2	121	1741
2016	11095	9792	42.9	125	1228
2017	10820	4576	27.0	76	467
合计	55628	70700	47.9	549	8088

47.2　高被引论文分析

在航空航天领域，2013—2017 年发表的总被引频次 Top 10 论文（表 47-2）的平均被引频次为 52.2 次，是全部 549 篇高被引论文篇均被引频次的 3.54 倍。从论文分布来看，刊载高被引论文数量居前 3 位的期刊分别是《航空学报》（111 篇）、《航空制造技术》（38 篇）和《宇航学报》（37 篇），其中，《航空学报》刊载了高被引论文 Top 10 中的 3 篇；发表高被引论文数量居前 3 位的学者分别是中国材料研究学会的唐见茂（2 篇）、北京航空航天大学的姬芬竹（2 篇）和中国空间技术研究院的潘腾（2 篇）；产出高被引论文数量居前 3 位的机构分别是北京航空航天大学（64 篇）、南京航空航天大学（40 篇）和西北工业大学（35 篇）。

表 47-2　航空航天领域高被引论文 Top 10

序号	论文题名	第一作者	期刊名称	发表年份	被引频次/次	
					总频次	2018 年
1	高性能大型金属构件激光增材制造：若干材料基础问题	王华明	航空学报	2014	74	34
2	3D打印技术对航空制造业发展的影响	杨恩泉	航空科学技术	2013	57	11
3	灰色系统研究进展（2004—2014）	刘思峰	南京航空航天大学学报	2015	55	17
4	我国空间站工程总体构想	周建平	载人航天	2013	55	16

序号	论文题名	第一作者	期刊名称	发表年份	被引频次/次	
					总频次	2018 年
5	航空航天复合材料结构非接触无损检测技术的进展及发展趋势	马保全	航空学报	2014	49	15
6	北斗卫星导航系统的现况与发展	刘基余	遥测遥控	2013	49	8
7	飞行器任务规划技术综述	沈林成	航空学报	2014	47	18
8	金属增材制造技术在航空领域的发展与应用	巩水利	航空制造技术	2013	47	16
9	基于改进EMD和谱峭度法滚动轴承故障特征提取	张志刚	振动、测试与诊断	2013	46	11
10	航空航天复合材料发展现状及前景	唐见茂	航天器环境工程	2013	43	10

47.3　研究主题关联分析

在航空航天领域，549 篇高被引论文共被引用了 8088 次。通过分析施引文献关键词的词频及关键词之间的共现关系，获得航空航天领域的热点主题和主题关联，如图 47-1 所示。由图可知："高超声速飞行器""故障诊断""3D 打印"等关键词的文档词频较高，是航空航天领域的研究热点；本领域主要形成 2 个研究主题簇，分别以"高超声速飞行器""故障诊断"为核心，以"3D 打印""复合材料"为核心。

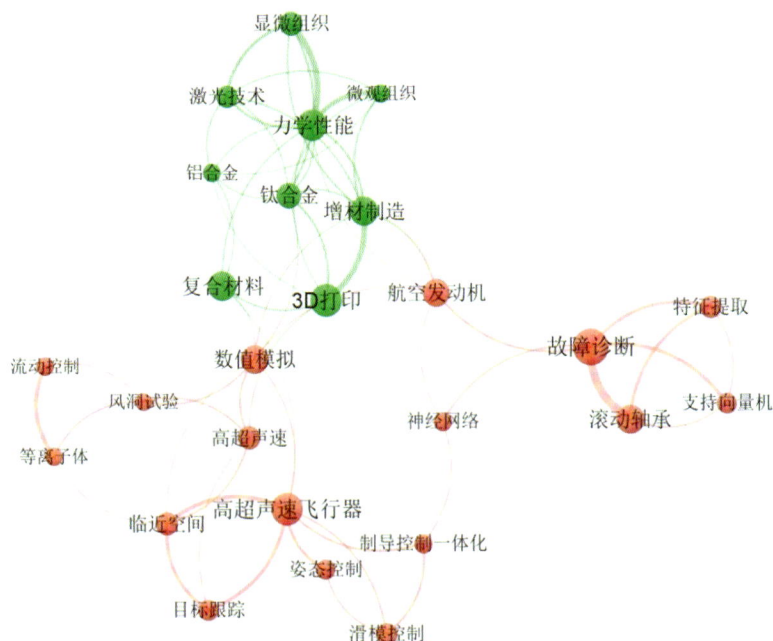

图 47-1　航空航天领域热点论文主题关联

47.4 高被引期刊分析

在航空航天领域，5 年影响因子 Top 10 期刊见表 47-3，总被引频次最高的期刊是《航空学报》（6245 次），5 年影响因子最高的期刊是《航空学报》。

表 47-3 航空航天领域高被引期刊基本指标

序号	期刊名称	5 年载文量/篇	总被引频次/次	5 年影响因子	高被引论文数量/篇	h 指数
1	航空学报	1849	6245	1.191	111	20
2	航空材料学报	449	1427	1.082	25	14
3	宇航学报	980	2840	0.903	37	15
4	中国惯性技术学报	787	2003	0.875	30	12
5	中国航空学报（英文版）	897	2157	0.833	21	13
6	振动、测试与诊断	1007	2255	0.797	24	13
7	推进技术	1440	2987	0.743	18	12
8	南京航空航天大学学报	690	1445	0.687	16	12
9	北京航空航天大学学报	1672	3129	0.672	28	13
10	航空动力学报	1948	3703	0.654	18	13

47.5 高被引作者分析

2013—2017 年论文总被引频次 Top 10 的作者见表 47-4。其中，发文总被引频次居前 3 位的作者分别是北京理工大学的崔平远（80 次）、中国材料研究学会的唐见茂（74 次）和北京航空航天大学的王华明（74 次）。5 年发文量居前 3 位的作者分别是北京空间科技信息研究所的刘韬（27 篇）、中国电子科技集团公司第五十一研究所的郁涛（19 篇）和中国民航大学的王莉莉（17 篇）。

表 47-4 航空航天领域高被引作者 Top 10

序号	作者	作者单位	发文量/篇	总被引频次/次	篇均被引频次/次	被引率/%	h 指数
1	崔平远	北京理工大学	7	80	11.43	100.0	5
2	唐见茂	中国材料研究学会	4	74	18.50	100.0	3
3	王华明	北京航空航天大学	1	74	74.00	100.0	1
4	向丹	广东技术师范学院	2	59	29.50	100.0	2
5	吴伟仁	国家探月与航天工程中心	7	57	8.14	100.0	4
6	杨恩泉	中国航空工业发展研究中心	1	57	57.00	100.0	1
7	刘思峰	南京航空航天大学	3	56	18.67	66.7	1

序号	作者	作者单位	发文量/篇	总被引频次/次	篇均被引频次/次	被引率/%	h指数
8	巩水利	中航工业北京航空制造工程研究所	3	55	18.33	100.0	2
9	周建平	中国载人航天工程办公室	1	55	55.00	100.0	1
10	刘基余	武汉大学	7	54	7.71	57.1	2

47.6　高被引机构分析

　　航空航天领域总被引频次 Top 20 高等院校和总被引频次 Top 10 科研院所的发文和被引情况分别见表 47-5 和表 47-6。

表 47-5　航空航天领域高被引高等院校 Top 20

序号	第一作者单位	发文量/篇	总被引频次/次	篇均被引频次/次	序号	第一作者单位	发文量/篇	总被引频次/次	篇均被引频次/次
1	北京航空航天大学	3153	6450	2.05	11	沈阳航空航天大学	592	731	1.23
2	南京航空航天大学	2774	5351	1.93	12	中国人民解放军军械工程学院	356	536	1.51
3	西北工业大学	2345	4811	2.05	13	清华大学	233	472	2.03
4	空军工程大学	1026	1832	1.79	14	西安交通大学	165	408	2.47
5	哈尔滨工业大学	616	1313	2.13	15	南昌航空大学	399	400	1.00
6	中国人民解放军海军航空工程学院	820	1228	1.50	16	中国人民解放军第二炮兵工程学院	193	391	2.03
7	中国民航大学	872	1127	1.29	17	东南大学	151	368	2.44
8	北京理工大学	498	1033	2.07	18	中国人民解放军装备学院	244	366	1.50
9	国防科技大学	630	996	1.58	19	北华航天工业学院	467	359	0.77
10	南京理工大学	636	994	1.56	20	上海交通大学	231	345	1.49

表 47-6　航空航天领域高被引科研院所 Top 10

序号	第一作者单位	发文量/篇	总被引频次/次	篇均被引频次/次	序号	第一作者单位	发文量/篇	总被引频次/次	篇均被引频次/次
1	中国空气动力研究与发展中心	522	1088	2.08	3	北京空间飞行器总体设计部	453	700	1.55
2	中国空间技术研究院	547	915	1.67	4	中国航发北京航空材料研究院	188	551	2.93

续表

序号	第一作者单位	发文量/篇	总被引频次/次	篇均被引频次/次	序号	第一作者单位	发文量/篇	总被引频次/次	篇均被引频次/次
5	中国空空导弹研究院	459	544	1.19	8	中航工业北京航空制造工程研究所	233	458	1.97
6	中航工业沈阳发动机设计研究所	283	498	1.76	9	上海飞机设计研究院	553	413	0.75
7	北京控制工程研究所	423	486	1.15	10	中国航天空气动力技术研究院	258	396	1.53

47.7　高被引国外期刊分析

航空航天领域 2018 年被引频次 Top 10 的国外期刊见表 47-7，排名前 3 位的国外期刊分别是 *Acta Astronautica*、*AIAA Journal* 和 *Aerospace Science and Technology*。

表 47-7　航空航天领域高被引国外期刊 Top 10

序号	期刊名称	2018 年被引频次/次
1	Acta Astronautica	293
2	AIAA Journal	262
3	Aerospace Science and Technology	213
4	Journal of Propulsion and Power	162
5	Journal of Aircraft	147
6	Journal of Guidance, Control, and Dynamics	130
7	Sensors	129
8	IEEE Transactions on Industrial Electronics	112
9	Combustion and Flame	110
10	Computers & Structures	109

第 48 章　环境科学、安全科学领域高被引分析

48.1　领域论文概况

2013—2017 年，环境科学、安全科学领域的 100 种期刊上共发表学术论文 138408 篇，由来自 19369 所机构的 89488 位学者作为第一作者发表。上述论文中，有 68216 篇获得过引用，整体被引率为 49.3%，总被引频次为 278730 次，篇均被引 2.01 次；其中，高被引论文有 1385 篇，高被引论文篇均被引 29.56 次（表 48-1），另外，2018 年本领域共发表论文 27810 篇，其中有 2847 篇在当年获得过引用，总共被引 3915 次。

表 48-1　环境科学、安全科学领域论文分布情况

年份	论文数量/篇	总被引频次/次	被引率/%	高被引论文数量/篇	高被引论文被引频次/次
2013	26511	82427	57.5	269	12368
2014	27654	72340	52.7	271	11487
2015	28048	60535	53.1	278	8454
2016	28482	41392	46.9	313	5825
2017	27713	22036	36.6	254	2811
合计	138408	278730	49.3	1385	40945

48.2　高被引论文分析

在环境科学、安全科学领域，2013—2017 年发表的总被引频次 Top 10 论文（表 48-2）的平均被引频次为 174.0 次，是全部 1385 篇高被引论文篇均被引频次的 5.89 倍。从论文分布来看，刊载高被引论文数量居前 3 位的期刊分别是《中国人口·资源与环境》（192 篇）、《环境科学》（186 篇）和《中国环境科学》（122 篇），《资源科学》刊载了高被引论文 Top 10 中的 3 篇；发表高被引论文数量居前 3 位的学者分别是北京市环境保护监测中心的程念亮（7 篇）、北京理工大学的李生才（5 篇）和辽宁工程技术大学的崔铁军（5 篇）；产出高被引论文数量居前 3 位的机构分别是中国科学院地理科学与资源研究所（58 篇）、中国环境科学研究院（32 篇）和中国环境监测总站（27 篇）。

表 48-2　环境科学、安全科学领域高被引论文 Top 10

序号	论文题名	第一作者	期刊名称	发表年份	被引频次/次	
					总频次	2018 年
1	重金属污染土壤修复技术及其修复实践	黄益宗	农业环境科学学报	2013	291	68
2	生态文明建设的科学内涵与基本路径	谷树忠	资源科学	2013	250	52
3	北京地区冬春PM2.5和PM10污染水平时空分布及其与气象条件的关系	赵晨曦	环境科学	2014	194	45

续表

序号	论文题名	第一作者	期刊名称	发表年份	被引频次/次	
					总频次	2018 年
4	基于单位面积价值当量因子的生态系统服务价值化方法改进	谢高地	自然资源学报	2015	182	104
5	绿色发展：功能界定、机制分析与发展战略	胡鞍钢	中国人口·资源与环境	2014	166	64
6	雾霾重污染期间北京居民对高浓度PM2.5持续暴露的健康风险及其损害价值评估	谢元博	环境科学	2014	145	29
7	农户认知视角下广东省农村土地流转意愿与流转行为研究	钟晓兰	资源科学	2013	130	32
8	基于超效率DEA模型的城市群生态效率研究——以长株潭"3+5"城市群为例	付丽娜	中国人口·资源与环境	2013	129	44
9	我国地膜覆盖和残留污染特点与防控技术	严昌荣	农业资源与环境学报	2014	127	37
10	国内外乡村旅游研究热点——近20年文献回顾	卢小丽	资源科学	2014	126	23

48.3 研究主题关联分析

在环境科学、安全科学领域，1385 篇高被引论文共被引用了 40945 次。通过分析施引文献关键词的词频及关键词之间的共现关系，获得环境科学、安全科学领域的热点主题和主题关联，如图 48-1 所示。由图可知："PM2.5""重金属""土地利用"等关键词的文档词频较高，是环境科学、安全科学领域的研究热点；本领域主要形成 3 个研究主题簇，分别以"PM2.5""大气污染"为核心，以"重金属""土壤"为核心，以"土地利用""碳排放"为核心。

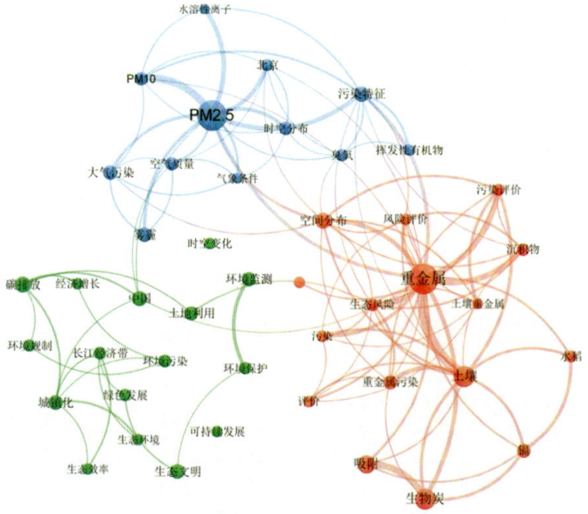

图 48-1 环境科学、安全科学领域热点论文主题关联

48.4　高被引期刊分析

在环境科学、安全科学领域，5年影响因子 Top 10 期刊见表 48-3，总被引频次最高的期刊是《环境科学》（21082 次），5年影响因子最高的期刊是《中国人口·资源与环境》。

表 48-3　环境科学、安全科学领域高被引期刊基本指标

序号	期刊名称	5年载文量/篇	总被引频次/次	5年影响因子	高被引论文数量/篇	h 指数
1	中国人口·资源与环境	1376	14861	3.871	192	43
2	资源科学	1330	12291	3.259	115	37
3	自然资源学报	953	7690	3.076	77	31
4	环境科学	3297	21082	2.160	186	39
5	中国环境科学	2500	13775	1.960	122	32
6	农业环境科学学报	1744	9172	1.777	52	28
7	长江流域资源与环境	1226	6042	1.776	29	25
8	环境科学学报	2520	12825	1.757	94	33
9	环境科学研究	1144	6015	1.697	45	26
10	干旱区资源与环境	2073	9596	1.516	52	25

48.5　高被引作者分析

2013—2017 年论文总被引频次 Top 10 的作者见表 48-4。其中，发文总被引频次居前 3 位的作者分别是环境保护部环境规划院的王金南（380 次）、北京理工大学的李生才（340 次）和中国科学院生态环境研究中心的黄益宗（310 次）。5 年发文量居前 3 位的作者分别是大唐国际发电股份有限公司北京高井热电厂的王光辉（63 篇）、北京理工大学的李生才（48 篇）和北京警察学院的柳实（40 篇）。

表 48-4　环境科学、安全科学领域高被引作者 Top 10

序号	作者	作者单位	发文量/篇	总被引频次/次	篇均被引频次/次	被引率/%	h 指数
1	王金南	环境保护部环境规划院	38	380	10.00	97.4	11
2	李生才	北京理工大学	48	340	7.08	97.9	10
3	黄益宗	中国科学院生态环境研究中心	2	310	155.00	100.0	2
4	谢高地	中国科学院地理科学与资源研究所	5	294	58.80	100.0	4
5	王占山	北京市环境保护监测中心	20	290	14.50	90.0	10
6	崔铁军	辽宁工程技术大学	25	289	11.56	72.0	9

续表

序号	作者	作者单位	发文量/篇	总被引频次/次	篇均被引频次/次	被引率/%	h指数
7	谷树忠	中国科学院地理科学与资源研究所	1	250	250.00	100.0	1
8	薛文博	环境保护部环境规划院	10	248	24.80	100.0	6
9	程念亮	北京市环境保护监测中心	16	246	15.38	93.8	9
10	潘本锋	中国环境监测总站	14	229	16.36	100.0	8

48.6 高被引机构分析

环境科学、安全科学领域总被引频次 Top 20 高等院校和总被引频次 Top 10 科研院所的发文和被引情况分别见表 48-5 和表 48-6。

表 48-5 环境科学、安全科学领域高被引高等院校 Top 20

序号	第一作者单位	发文量/篇	总被引频次/次	篇均被引频次/次	序号	第一作者单位	发文量/篇	总被引频次/次	篇均被引频次/次
1	中国地质大学	850	3428	4.03	11	西北农林科技大学	416	2348	5.64
2	北京师范大学	580	2805	4.84	12	西安建筑科技大学	870	2230	2.56
3	南京农业大学	452	2777	6.14	13	重庆大学	717	2007	2.80
4	清华大学	673	2682	3.99	14	西南大学	382	1987	5.20
5	南京信息工程大学	503	2552	5.07	15	北京工业大学	554	1900	3.43
6	中国矿业大学	742	2549	3.44	16	中南大学	499	1878	3.76
7	华中农业大学	323	2518	7.80	17	北京大学	426	1827	4.29
8	南京大学	577	2507	4.34	18	南开大学	418	1780	4.26
9	辽宁工程技术大学	710	2417	3.40	19	兰州大学	333	1778	5.34
10	同济大学	771	2349	3.05	20	华南理工大学	503	1752	3.48

表 48-6 环境科学、安全科学领域高被引科研院所 Top 10

序号	第一作者单位	发文量/篇	总被引频次/次	篇均被引频次/次	序号	第一作者单位	发文量/篇	总被引频次/次	篇均被引频次/次
1	中国科学院地理科学与资源研究所	512	4793	9.36	4	环境保护部环境规划院	504	2492	4.94
2	中国环境科学研究院	991	4674	4.72	5	中国环境监测总站	325	2194	6.75
3	中国科学院生态环境研究中心	484	2813	5.81	6	中国科学院南京地理与湖泊研究所	200	1118	5.59

续表

序号	第一作者单位	发文量/篇	总被引频次/次	篇均被引频次/次	序号	第一作者单位	发文量/篇	总被引频次/次	篇均被引频次/次
7	北京市环境保护监测中心	113	1053	9.32	9	中华人民共和国环境保护部	300	882	2.94
8	环境保护部南京环境科学研究所	247	1052	4.26	10	环境保护部华南环境科学研究所	198	827	4.18

48.7　高被引国外期刊分析

环境科学、安全科学领域 2018 年被引频次 Top 10 的国外期刊见表 48-7，排名前 3 位的国外期刊分别是 *Science of the Total Environment*、*Bioresource Technology* 和 *Water Research*。

表 48-7　环境科学、安全科学领域高被引国外期刊 Top 10

序号	期刊名称	2018 年被引频次/次
1	Science of the Total Environment	1858
2	Bioresource Technology	1599
3	Water Research	1470
4	Chemosphere	1459
5	Chemical Engineering Journal	1415
6	Environmental Science and Technology	1171
7	Journal of Hazardous Materials	1098
8	Atmospheric Environment	1060
9	Environmental Pollution	859
10	Environmental Science and Pollution Research	695

第 49 章　社会科学总论领域高被引分析

49.1　领域论文概况

2013—2017 年，社会科学总论领域的 900 种期刊上共发表学术论文 1290535 篇，由来自 141453 所机构的 772267 位学者作为第一作者发表。上述论文中，有 389261 篇获得过引用，整体被引率为 30.2%，总被引频次为 1069078 次，篇均被引 0.83 次；其中，高被引论文有 12614 篇，高被引论文篇均被引 19.61 次（表 49-1），另外，2018 年本领域共发表论文 265288 篇，其中有 14798 篇在当年获得过引用，总共被引 21820 次。

表 49-1　社会科学总论领域论文分布情况

年份	论文数量/篇	总被引频次/次	被引率/%	高被引论文数量/篇	高被引论文被引频次/次
2013	235633	287192	38.5	2450	64582
2014	241493	257916	35.2	2403	61916
2015	261281	234591	31.9	2711	56041
2016	269474	182617	27.5	2685	42506
2017	282654	106762	19.8	2365	22361
合计	1290535	1069078	30.2	12614	247406

49.2　高被引论文分析

在社会科学总论领域，2013—2017 年发表的总被引频次 Top 10 论文（表 49-2）的平均被引频次为 424.0 次，是全部 12614 篇高被引论文篇均被引频次的 21.62 倍。从论文分布来看，刊载高被引论文数量居前 3 位的期刊分别是《才智》（356 篇）、《中国社会科学》（280 篇）和《中国健康心理学杂志》（243 篇），《贵州社会科学》刊载了高被引论文 Top 10 中的 2 篇；发表高被引论文数量居前 3 位的学者分别是中央民族大学的胡利明（22 篇）、清华大学的胡鞍钢（20 篇）和华中科技大学的贺雪峰（13 篇）；产出高被引论文数量居前 3 位的机构分别是中国人民大学（525 篇）、北京大学（309 篇）和中国社会科学院（243 篇）。

表 49-2　社会科学总论领域高被引论文 Top 10

序号	论文题名	第一作者	期刊名称	发表年份	被引频次/次 总频次	被引频次/次 2018 年
1	中介效应分析：方法和模型发展	温忠麟	心理科学进展	2014	812	346
2	论中国的精准扶贫	汪三贵	贵州社会科学	2015	543	192
3	供给侧结构性改革——适应和引领中国经济新常态	胡鞍钢	清华大学学报（哲学社会科学版）	2016	477	118
4	新型城镇化的战略意义和改革难题	张占斌	国家行政学院学报	2013	395	21

序号	论文题名	第一作者	期刊名称	发表年份	被引频次/次	
					总频次	2018 年
5	大数据时代的机遇与挑战	邬贺铨	求是	2013	392	48
6	推进国家治理体系和治理能力现代化	俞可平	前线	2014	355	61
7	"丝绸之路经济带":战略内涵、定位和实现路径	胡鞍钢	新疆师范大学学报(哲学社会科学版)	2014	342	33
8	工匠精神及其当代价值	肖群忠	湖南社会科学	2015	312	125
9	精准扶贫:内涵、实践困境及其原因阐释——基于宁夏银川两个村庄的调查	葛志军	贵州社会科学	2015	307	100
10	发展战略、城市化与中国城乡收入差距	陈斌开	中国社会科学	2013	305	61

49.3　研究主题关联分析

在社会科学总论领域,12614 篇高被引论文共被引用了 247406 次。通过分析施引文献关键词的词频及关键词之间的共现关系,获得社会科学总论领域的热点主题和主题关联,如图 49-1 所示。由图可知:"精准扶贫""思想政治教育""社会主义核心价值观"等关键词的文档词频较高,是社会科学总论领域的研究热点;本领域主要形成 3 个研究主题簇,分别以"精准扶贫"为核心,以"社会主义核心价值观""思想政治教育"为核心,以"新型城镇化"为核心。

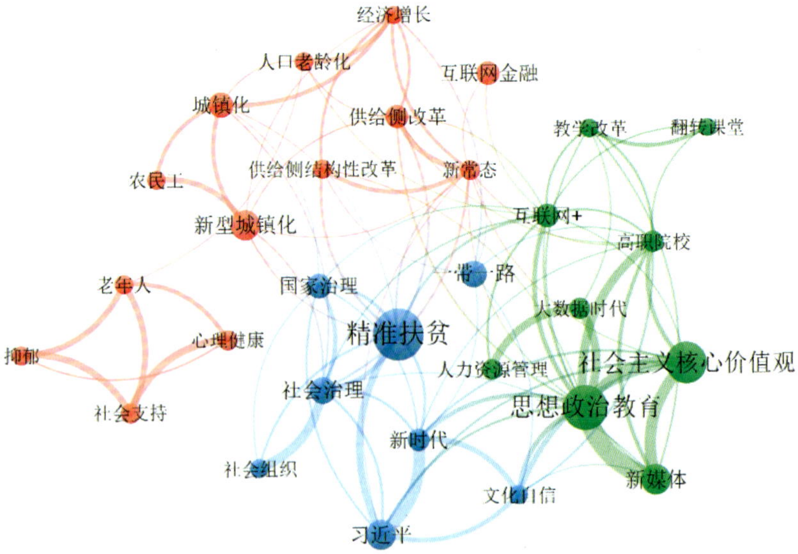

图 49-1　社会科学总论领域热点论文主题关联

49.4　高被引期刊分析

在社会科学总论领域，5 年影响因子 Top 10 期刊见表 49-3，总被引频次最高的期刊是《才智》（37349 次），5 年影响因子最高的期刊是《中国社会科学》。

表 49-3　社会科学总论领域高被引期刊基本指标

序号	期刊名称	5 年载文量/篇	总被引频次/次	5 年影响因子	高被引论文数量/篇	h 指数
1	中国社会科学	711	11340	5.390	280	52
2	人口研究	285	4099	4.970	110	32
3	社会学研究	371	3756	3.950	116	29
4	社会	312	2634	3.050	75	24
5	中国人口科学	399	2999	2.780	93	25
6	人口学刊	346	2706	2.780	73	23
7	南京农业大学学报（社会科学版）	457	3178	2.690	102	23
8	人口与经济	402	2842	2.540	88	22
9	心理发展与教育	444	2792	2.330	89	21
10	心理学报	738	4303	2.180	104	25

49.5　高被引作者分析

2013—2017 年论文总被引频次 Top 10 的作者见表 49-4。其中，发文总被引频次居前 3 位的作者分别是清华大学的胡鞍钢（1372 次）、华南师范大学的温忠麟（1067 次）和中国人民大学的汪三贵（785 次）。5 年发文量居前 3 位的作者分别是黑龙江大学的魏义霞（121 篇）、济南市社会科学院的王征（114 篇）和清华大学的胡鞍钢（109 篇）。

表 49-4　社会科学总论领域高被引作者 Top 10

序号	作者	作者单位	发文量/篇	总被引频次/次	篇均被引频次/次	被引率/%	h 指数
1	胡鞍钢	清华大学	109	1372	12.59	71.6	13
2	温忠麟	华南师范大学	5	1067	213.40	100.0	5
3	汪三贵	中国人民大学	11	785	71.36	90.9	7
4	张占斌	国家行政学院	60	705	11.75	63.3	8
5	段成荣	中国人民大学	19	612	32.21	84.2	7
6	邬贺铨	中国工程院	6	528	88.00	50.0	3
7	俞可平	中共中央编译局	24	506	21.08	54.2	9
8	王浦劬	北京大学	23	489	21.26	78.3	8

序号	作者	作者单位	发文量/篇	总被引频次/次	篇均被引频次/次	被引率/%	h 指数
9	胡利明	中央民族大学	57	458	8.04	63.2	14
10	翟振武	中国人民大学	20	454	22.70	95.0	11

49.6　高被引机构分析

社会科学总论领域总被引频次 Top 20 高等院校和总被引频次 Top 10 科研院所的发文和被引情况分别见表 49-5 和表 49-6。

表 49-5　社会科学总论领域高被引高等院校 Top 20

序号	第一作者单位	发文量/篇	总被引频次/次	篇均被引频次/次	序号	第一作者单位	发文量/篇	总被引频次/次	篇均被引频次/次
1	中国人民大学	11370	27609	2.43	11	浙江大学	3520	7366	2.09
2	北京大学	7630	16125	2.11	12	中山大学	4081	7281	1.78
3	武汉大学	8977	14734	1.64	13	四川大学	5853	7116	1.22
4	北京师范大学	5826	12228	2.10	14	山东大学	5465	7001	1.28
5	南京大学	7116	12115	1.70	15	华东师范大学	4601	6341	1.38
6	吉林大学	6562	10118	1.54	16	厦门大学	3536	6167	1.74
7	华中师范大学	5394	10105	1.87	17	东北师范大学	3474	5683	1.64
8	清华大学	3914	10066	2.57	18	中南财经政法大学	2940	5414	1.84
9	复旦大学	5247	9819	1.87	19	西南大学	4080	5134	1.26
10	南开大学	5613	8204	1.46	20	华中科技大学	1998	4777	2.39

表 49-6　社会科学总论领域高被引科研院所 Top 10

序号	第一作者单位	发文量/篇	总被引频次/次	篇均被引频次/次	序号	第一作者单位	发文量/篇	总被引频次/次	篇均被引频次/次
1	中国社会科学院	6528	12147	1.86	6	中南大学湘雅二医院	171	1033	6.04
2	中共中央党校	5437	5368	0.99	7	国务院发展研究中心	370	1004	2.71
3	上海社会科学院	1424	2860	2.01	8	上海国际问题研究院	357	990	2.77
4	中共中央编译局	605	1472	2.43	9	中共湖南省委党校	713	961	1.35
5	中国社会科学院社会学研究所	208	1126	5.41	10	中国科学院心理研究所	217	953	4.39

49.7 高被引国外期刊分析

社会科学总论领域 2018 年被引频次 Top 10 的国外期刊见表 49-7，排名前 3 位的国外期刊分别是 *PLOS ONE*、*Frontiers in Psychology* 和 *Computers in Human Behavior*。

表 49-7 社会科学总论领域高被引国外期刊 Top 10

序号	期刊名称	2018 年被引频次/次
1	PLOS ONE	491
2	Frontiers in Psychology	341
3	Computers in Human Behavior	316
4	Journal of Personality and Social Psychology	209
5	Science	197
6	Journal of Cleaner Production	177
7	Psychological Science	177
8	Nature	168
9	Frontiers in Human Neuroscience	146
10	Journal of Business Research	144

第 50 章　管理学领域高被引分析

50.1　领域论文概况

2013—2017 年，管理学领域的 47 种期刊上共发表学术论文 71870 篇，由来自 11292 所机构的 48126 位学者作为第一作者发表。上述论文中，有 37653 篇获得过引用，整体被引率为 52.4%，总被引频次为 196668 次，篇均被引 2.74 次；其中，高被引论文有 721 篇，高被引论文篇均被引 46.65 次（表 50-1），另外，2018 年本领域共发表论文 13402 篇，其中有 1540 篇在当年获得过引用，总共被引 2344 次。

表 50-1　管理学领域论文分布情况

年份	论文数量/篇	总被引频次/次	被引率/%	高被引论文数量/篇	高被引论文被引频次/次
2013	15582	58043	53.8	159	11084
2014	14725	50903	57.3	143	8532
2015	14072	43963	57.0	142	7291
2016	13750	29398	52.7	133	4710
2017	13741	14361	40.5	144	2017
合计	71870	196668	52.4	721	33634

50.2　高被引论文分析

在管理学领域，2013—2017 年发表的总被引频次 Top 10 论文（表 50-2）的平均被引频次为 255.8 次，是全部 721 篇高被引论文篇均被引频次的 5.48 倍。从论文分布来看，刊载高被引论文数量居前 3 位的期刊分别是《管理世界》（174 篇）、《中国软科学》（64 篇）和《中国行政管理》（56 篇），其中，《中国软科学》刊载了高被引论文 Top 10 中的 3 篇；发表高被引论文数量居前 3 位的学者分别是清华大学的薛澜（4 篇）、合肥工业大学的杨善林（3 篇）和复旦大学的郑磊（3 篇）；产出高被引论文数量居前 3 位的机构分别是中国人民大学（33 篇）、清华大学（31 篇）和南开大学（28 篇）。

表 50-2　管理学领域高被引论文 Top 10

序号	论文题名	第一作者	期刊名称	发表年份	被引频次/次 总频次	被引频次/次 2018 年
1	CiteSpace 知识图谱的方法论功能	陈悦	科学学研究	2015	467	246
2	大数据背景下商务管理研究若干前沿课题	冯芷艳	管理科学学报	2013	398	65
3	国家治理现代化进程中的社会治理体制创新	姜晓萍	中国行政管理	2014	306	75
4	新常态下PPP模式应用存在的问题及对策	周正祥	中国软科学	2015	299	110

续表

序号	论文题名	第一作者	期刊名称	发表年份	被引频次/次	
					总频次	2018年
5	中国特色海绵城市的新兴趋势与实践研究	吴丹洁	中国软科学	2016	209	86
6	机构投资者羊群行为与股价崩盘风险	许年行	管理世界	2013	195	58
7	"互联网+"行动计划的实施背景、内涵及主要内容	宁家骏	电子政务	2015	183	65
8	当前我国智慧城市建设中的问题与对策	辜胜阻	中国软科学	2013	174	38
9	我国精准扶贫政策及其创新路径研究	王介勇	中国科学院院刊	2016	172	102
10	政府支持、研发管理与技术创新效率——基于中国工业行业的实证分析	肖文	管理世界	2014	155	67

50.3　研究主题关联分析

在管理学领域，721篇高被引论文共被引用了33634次。通过分析施引文献关键词的词频及关键词之间的共现关系，获得管理学领域的热点主题和主题关联，如图 50-1 所示。由图可知："协同创新""技术创新""企业绩效""精准扶贫"等关键词的文档词频较高，是管理学领域的研究热点；本领域主要形成 3 个研究主题簇，分别以"协同创新""技术创新"为核心，以"公司治理""内部控制"为核心，以"精准扶贫"为核心。

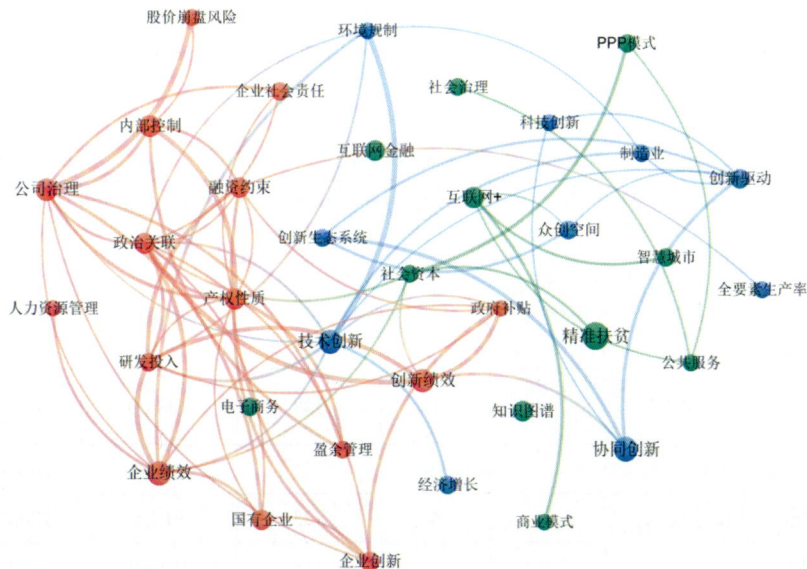

图 50-1　管理学领域热点论文主题关联

50.4　高被引期刊分析

在管理学领域，5年影响因子Top 10期刊见表50-3，总被引频次最高的期刊是《管理世界》（18627次），5年影响因子最高的期刊是《管理世界》。

表50-3　管理学领域高被引期刊基本指标

序号	期刊名称	5年载文量/篇	总被引频次/次	5年影响因子	高被引论文数量/篇	h指数
1	管理世界	1322	18627	5.600	174	59
2	南开管理评论	498	6577	4.900	49	39
3	公共管理学报	305	3022	3.800	27	28
4	中国软科学	1164	11000	3.340	64	40
5	管理科学	379	3013	3.140	20	25
6	科学学研究	1113	9143	3.100	35	32
7	科研管理	1196	9020	2.760	30	32
8	管理科学学报	571	4266	2.550	19	25
9	管理评论	1284	8246	2.550	24	26
10	中国管理科学	1142	6635	2.330	18	28

50.5　高被引作者分析

2013—2017年论文总被引频次Top 10的作者见表50-4。其中，发文总被引频次居前3位的作者分别是大连理工大学—德雷塞尔大学知识可视化与科学发现联合研究所的陈悦（467次）、国家自然科学基金委员会的冯芷艳（398次）和上海大学的解学梅（335次）。5年发文量居前3位的作者分别是中共全椒县委党校的罗玉亮（55篇）、中共迁西县委的金阳（43篇）和复旦大学的马臻（38篇）。

表50-4　管理学领域高被引作者 Top 10

序号	作者	作者单位	发文量/篇	总被引频次/次	篇均被引频次/次	被引率/%	h指数
1	陈悦	大连理工大学—德雷塞尔大学知识可视化与科学发现联合研究所	1	467	467.00	100.0	1
2	冯芷艳	国家自然科学基金委员会	1	398	398.00	100.0	1
3	解学梅	上海大学	10	335	33.50	100.0	10
4	周正祥	长沙理工大学	4	325	81.25	100.0	4
5	姜晓萍	四川大学	3	318	106.00	100.0	2
6	张振刚	华南理工大学	37	297	8.03	86.5	10

续表

序号	作者	作者单位	发文量/篇	总被引频次/次	篇均被引频次/次	被引率/%	h 指数
7	薛澜	清华大学	12	281	23.42	83.3	6
8	魏江	浙江大学	14	278	19.86	100.0	9
9	郑磊	复旦大学	11	251	22.82	90.9	6
10	辜胜阻	武汉大学	9	247	27.44	100.0	6

50.6　高被引机构分析

管理学领域总被引频次 Top 20 高等院校和总被引频次 Top 10 科研院所的发文和被引情况分别见表 50-5 和表 50-6。

表 50-5　管理学领域高被引高等院校 Top 20

序号	第一作者单位	发文量/篇	总被引频次/次	篇均被引频次/次	序号	第一作者单位	发文量/篇	总被引频次/次	篇均被引频次/次
1	中国人民大学	1182	5502	4.65	11	南京大学	506	2461	4.86
2	南开大学	793	4715	5.95	12	天津大学	417	2356	5.65
3	清华大学	682	4126	6.05	13	北京大学	495	2319	4.68
4	华中科技大学	615	3637	5.91	14	上海交通大学	750	2274	3.03
5	大连理工大学	695	3488	5.02	15	同济大学	536	2207	4.12
6	西安交通大学	721	3419	4.74	16	中南大学	542	2201	4.06
7	华南理工大学	604	3275	5.42	17	中山大学	320	2180	6.81
8	武汉大学	577	3194	5.54	18	复旦大学	296	2002	6.76
9	浙江大学	388	3111	8.02	19	湖南大学	346	1958	5.66
10	重庆大学	607	2695	4.44	20	四川大学	344	1870	5.44

表 50-6　管理学领域高被引科研院所 Top 10

序号	第一作者单位	发文量/篇	总被引频次/次	篇均被引频次/次	序号	第一作者单位	发文量/篇	总被引频次/次	篇均被引频次/次
1	中国科学院科技政策与管理科学研究所	227	1608	7.08	4	国家自然科学基金委员会	167	687	4.11
2	中国科学院地理科学与资源研究所	82	1165	14.21	5	中国科学技术信息研究所	194	685	3.53
3	中国科学技术发展战略研究院	165	697	4.22	6	国家信息中心	57	603	10.58

序号	第一作者单位	发文量/篇	总被引频次/次	篇均被引频次/次	序号	第一作者单位	发文量/篇	总被引频次/次	篇均被引频次/次
7	大连理工大学—德雷塞尔大学知识可视化与科学发现联合研究所	1	467	467.00	9	国务院发展研究中心	46	344	7.48
8	中国科学院	147	450	3.06	10	中国社会科学院	128	314	2.45

50.7　高被引国外期刊分析

管理学领域 2018 年被引频次 Top 10 的国外期刊见表 50-7，排名前 3 位的国外期刊分别是 *Research Policy*、*Strategic Management Journal* 和 *Journal of Business Research*。

表 50-7　管理学领域高被引国外期刊 Top 10

序号	期刊名称	2018 年被引频次/次
1	Research Policy	546
2	Strategic Management Journal	407
3	Journal of Business Research	344
4	Journal of Cleaner Production	304
5	Academy of Management Journal	277
6	Nature	274
7	Science	260
8	International Journal of Production Economics	256
9	European Journal of Operational Research	245
10	Journal of Management	218

第 51 章　法学领域高被引分析

51.1　领域论文概况

2013—2017 年，法学领域的 99 种期刊上共发表学术论文 138252 篇，由来自 15545 所机构的 88031 位学者作为第一作者发表。上述论文中，有 46727 篇获得过引用，整体被引率为 33.8%，总被引频次为 162418 次，篇均被引 1.17 次；其中，高被引论文有 1401 篇，高被引论文篇均被引 28.62 次（表 51-1），另外，2018 年本领域共发表论文 29292 篇，其中有 1937 篇在当年获得过引用，总共被引 2920 次。

表 51-1　法学领域论文分布情况

年份	论文数量/篇	总被引频次/次	被引率/%	高被引论文数量/篇	高被引论文被引频次/次
2013	23524	43368	46.2	243	9188
2014	25572	40262	38.6	247	9770
2015	28247	34929	36.0	276	8670
2016	30342	27464	29.7	321	7514
2017	30567	16395	22.3	314	4961
合计	138252	162418	33.8	1401	40103

51.2　高被引论文分析

在法学领域，2013—2017 年发表的总被引频次 Top 10 论文（表 51-2）的平均被引频次为 196.8 次，是全部 1401 篇高被引论文篇均被引频次的 6.88 倍。从论文分布来看，刊载高被引论文数量居前 3 位的期刊分别是《中国法学》（180 篇）、《法学研究》（98 篇）和《法学》（97 篇），其中，《中国法学》刊载了高被引论文 Top 10 中的 5 篇；发表高被引论文数量居前 3 位的学者分别是清华大学的张明楷（22 篇）、中国人民大学的王利明（21 篇）和中国人民大学的杨立新（16 篇）；产出高被引论文数量居前 3 位的机构分别是中国人民大学（157 篇）、北京大学（106 篇）和清华大学（95 篇）。

表 51-2　法学领域高被引论文 Top 10

序号	论文题名	第一作者	期刊名称	发表年份	被引频次/次	
					总频次	2018 年
1	法治与国家治理现代化	张文显	中国法学	2014	308	81
2	论个人信息权的法律保护——以个人信息权与隐私权的界分为中心	王利明	现代法学	2013	295	120
3	认罪认罚从宽制度研究	陈卫东	中国法学	2016	229	76
4	从隐私到个人信息：利益再衡量的理论与制度安排	张新宝	中国法学	2015	198	91

序号	论文题名	第一作者	期刊名称	发表年份	被引频次/次	
					总频次	2018 年
5	论以审判为中心的诉讼制度改革	沈德咏	中国法学	2015	185	53
6	"专车"类共享经济的规制路径	唐清利	中国法学	2015	181	97
7	论我国P2P网络贷款平台的异化及其监管	冯果	法商研究	2013	148	19
8	我国农村土地法律制度变革的思路与框架——十八届三中全会《决定》相关内容解读	陈小君	法学研究	2014	146	40
9	股权众筹平台的运营模式及风险防范	杨东	国家检察官学院学报	2014	141	18
10	"认罪认罚从宽"改革的理论反思——基于刑事速裁程序运行经验的考察	陈瑞华	当代法学	2016	137	73

51.3 研究主题关联分析

在法学领域，1401 篇高被引论文共被引用了 40103 次。通过分析施引文献关键词的词频及关键词之间的共现关系，获得法学领域的热点主题和主题关联，如图 51-1 所示。由图可知："以审判为中心""认罪认罚从宽""互联网金融""三权分置"等关键词的文档词频较高，是法学领域的研究热点；本领域主要形成 3 个研究主题簇，分别以"认罪认罚从宽""以审判为中心"为核心，以"互联网金融"为核心，以"三权分置""土地承包经营权"为核心。

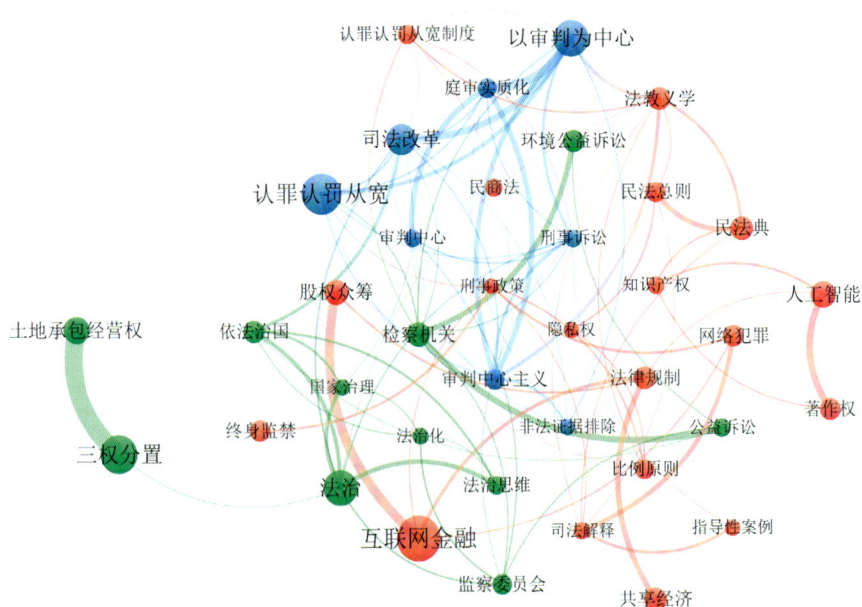

图 51-1　法学领域热点论文主题关联

51.4　高被引期刊分析

在法学领域，5 年影响因子 Top 10 期刊见表 51-3，总被引频次最高的期刊是《法制与社会》（11893 次），5 年影响因子最高的期刊是《中国法学》。

表 51-3　法学领域高被引期刊基本指标

序号	期刊名称	5 年载文量/篇	总被引频次/次	5 年影响因子	高被引论文数量/篇	h 指数
1	中国法学	505	8894	5.640	180	43
2	法学研究	404	5377	4.180	98	36
3	中外法学	427	3750	2.590	57	27
4	清华法学	348	2824	2.510	42	26
5	法学家	439	3297	2.400	64	26
6	法学	1009	7245	2.280	97	33
7	法律科学－西北政法大学学报	622	3878	2.130	49	23
8	法商研究	607	4205	2.080	60	28
9	现代法学	491	3371	1.990	36	22
10	当代法学	498	3437	1.940	43	23

51.5　高被引作者分析

2013—2017 年论文总被引频次 Top 10 的作者见表 51-4。其中，发文总被引频次居前 3 位的作者分别是中国人民大学的王利明（1038 次）、清华大学的张明楷（1018 次）和中国人民大学的杨立新（766 次）。5 年发文量居前 3 位的作者分别是最高人民检察院的曹建明（70 篇）、清华大学的张明楷（61 篇）和北京师范大学的赵秉志（59 篇）。

表 51-4　法学领域高被引作者 Top 10

序号	作者	作者单位	发文量/篇	总被引频次/次	篇均被引频次/次	被引率/%	h 指数
1	王利明	中国人民大学	45	1038	23.07	82.2	18
2	张明楷	清华大学	61	1018	16.69	78.7	20
3	杨立新	中国人民大学	58	766	13.21	93.1	14
4	龙宗智	四川大学	34	726	21.35	82.4	12
5	赵秉志	北京师范大学	59	674	11.42	76.3	12
6	刘宪权	华东政法大学	43	673	15.65	88.4	14
7	陈兴良	北京大学	52	635	12.21	82.7	15
8	陈卫东	中国人民大学	45	627	13.93	80.0	10

序号	作者	作者单位	发文量/篇	总被引频次/次	篇均被引频次/次	被引率/%	h 指数
9	于志刚	中国政法大学	32	547	17.09	90.6	14
10	陈瑞华	北京大学	38	515	13.55	71.1	15

51.6 高被引机构分析

法学领域总被引频次 Top 20 高等院校和总被引频次 Top 10 科研院所的发文和被引情况分别见表 51-5 和表 51-6。

表 51-5 法学领域高被引高等院校 Top 20

序号	第一作者单位	发文量/篇	总被引频次/次	篇均被引频次/次	序号	第一作者单位	发文量/篇	总被引频次/次	篇均被引频次/次
1	中国人民大学	1621	9864	6.09	11	四川大学	1058	1994	1.88
2	中国政法大学	2878	7402	2.57	12	中国人民公安大学	1941	1887	0.97
3	北京大学	1160	7065	6.09	13	上海交通大学	445	1620	3.64
4	华东政法大学	3642	6982	1.92	14	南京师范大学	622	1560	2.51
5	清华大学	851	5899	6.93	15	南京大学	468	1544	3.30
6	西南政法大学	2744	5725	2.09	16	浙江大学	397	1539	3.88
7	中南财经政法大学	2036	4026	1.98	17	山东大学	668	1536	2.30
8	武汉大学	1426	3618	2.54	18	苏州大学	582	1416	2.43
9	北京师范大学	1093	2502	2.29	19	西北政法大学	1620	1324	0.82
10	吉林大学	737	2477	3.36	20	东南大学	262	1105	4.22

表 51-6 法学领域高被引科研院所 Top 10

序号	第一作者单位	发文量/篇	总被引频次/次	篇均被引频次/次	序号	第一作者单位	发文量/篇	总被引频次/次	篇均被引频次/次
1	中国社会科学院法学研究所	214	1524	7.12	5	上海社会科学院	106	400	3.77
2	中国社会科学院	397	1266	3.19	6	国家"2011 计划"司法文明协同创新中心	15	382	25.47
3	最高人民法院	244	1195	4.90	7	中国法学会学术委员会	1	308	308.00
4	最高人民检察院	488	787	1.61	8	中国法学会	35	303	8.66

续表

序号	第一作者单位	发文量/篇	总被引频次/次	篇均被引频次/次	序号	第一作者单位	发文量/篇	总被引频次/次	篇均被引频次/次
9	公安部物证鉴定中心	137	232	1.69	10	最高人民检察院检察理论研究所	36	190	5.28

51.7 高被引国外期刊分析

法学领域 2018 年被引频次 Top 10 的国外期刊见表 51-7，排名前 3 位的国外期刊分别是 *Forensic Science International*、*Journal of Forensic Sciences* 和 *Harvard Law Review*。

表 51-7 法学领域高被引国外期刊 Top 10

序号	期刊名称	2018 年被引频次/次
1	Forensic Science International	45
2	Journal of Forensic Sciences	28
3	Harvard Law Review	25
4	Forensic Science International: Genetics	22
5	Columbia Law Review	21
6	University of Pennsylvania Law Review	19
7	Journal of Private International Law	18
8	The Business Lawyer	17
9	Family Law	16
10	Duke Law Journal	15

第 52 章　经济领域高被引分析

52.1　领域论文概况

2013—2017 年，经济领域的 489 种期刊上共发表学术论文 1644101 篇，由来自 232144 所机构的 1067823 位学者作为第一作者发表。上述论文中，有 516146 篇获得过引用，整体被引率为 31.4%，总被引频次为 1506877 次，篇均被引 0.92 次；其中，高被引论文有 16323 篇，高被引论文篇均被引 22.63 次（表 52-1），另外，2018 年本领域共发表论文 342677 篇，其中有 25753 篇在当年获得过引用，总共被引 38041 次。

表 52-1　经济领域论文分布情况

年份	论文数量/篇	总被引频次/次	被引率/%	高被引论文数量/篇	高被引论文被引频次/次
2013	284845	349860	35.9	2754	86351
2014	297226	344960	35.0	2988	91398
2015	325719	335238	33.9	3376	85027
2016	366888	295327	30.4	3945	69967
2017	369423	181492	23.8	3260	36662
合计	1644101	1506877	31.4	16323	369405

52.2　高被引论文分析

在经济领域，2013—2017 年发表的总被引频次 Top 10 论文（表 52-2）的平均被引频次为 400.1 次，是全部 16323 篇高被引论文篇均被引频次的 17.68 倍。从论文分布来看，刊载高被引论文数量居前 3 位的期刊分别是《低碳世界》（800 篇）、《住宅与房地产》（542 篇）和《经济研究》（499 篇），《中国工业经济》刊载了高被引论文 Top 10 中的 2 篇；发表高被引论文数量居前 3 位的学者分别是重庆理工大学的程平（22 篇）、中国人民大学的张杰（16 篇）和南京财经大学的陆岷峰（14 篇）；产出高被引论文数量居前 3 位的机构分别是中国人民大学（398 篇）、南开大学（242 篇）和中国社会科学院（209 篇）。

表 52-2　经济领域高被引论文 Top 10

序号	论文题名	第一作者	期刊名称	发表年份	被引频次/次 总频次	被引频次/次 2018 年
1	关于行政事业单位内部控制的几个问题	刘永泽	会计研究	2013	533	71
2	精准扶贫的难点、对策与路径选择	邓维杰	农村经济	2014	521	178
3	互联网金融模式及对传统银行业的影响	宫晓林	南方金融	2013	455	42
4	供给侧结构性改革的理论逻辑与实践路径	冯志峰	经济问题	2016	435	100

续表

序号	论文题名	第一作者	期刊名称	发表年份	被引频次/次	
					总频次	2018 年
5	互联网思维与传统企业再造	李海舰	中国工业经济	2014	432	101
6	互联网时代的商业模式创新:价值创造视角	罗珉	中国工业经济	2015	360	122
7	互联网金融监管的必要性与核心原则	谢平	国际金融研究	2014	334	64
8	PPP模式理论阐释及其现实例证	刘薇	改革	2015	321	99
9	互联网金融的模式与发展	李博	中国金融	2013	306	33
10	国际贸易新方式:跨境电子商务的最新研究	鄂立彬	东北财经大学学报	2014	304	49

52.3　研究主题关联分析

在经济领域,16323 篇高被引论文共被引用了 369405 次。通过分析施引文献关键词的词频及关键词之间的共现关系,获得经济领域的热点主题和主题关联,如图 52-1 所示。由图可知:"互联网金融""施工技术""建筑工程""财务管理"等关键词的文档词频较高,是经济领域的研究热点;本领域主要形成 3 个研究主题簇,分别以"财务管理""内部控制"为核心,以"互联网金融"为核心,以"建筑工程""施工技术"为核心。

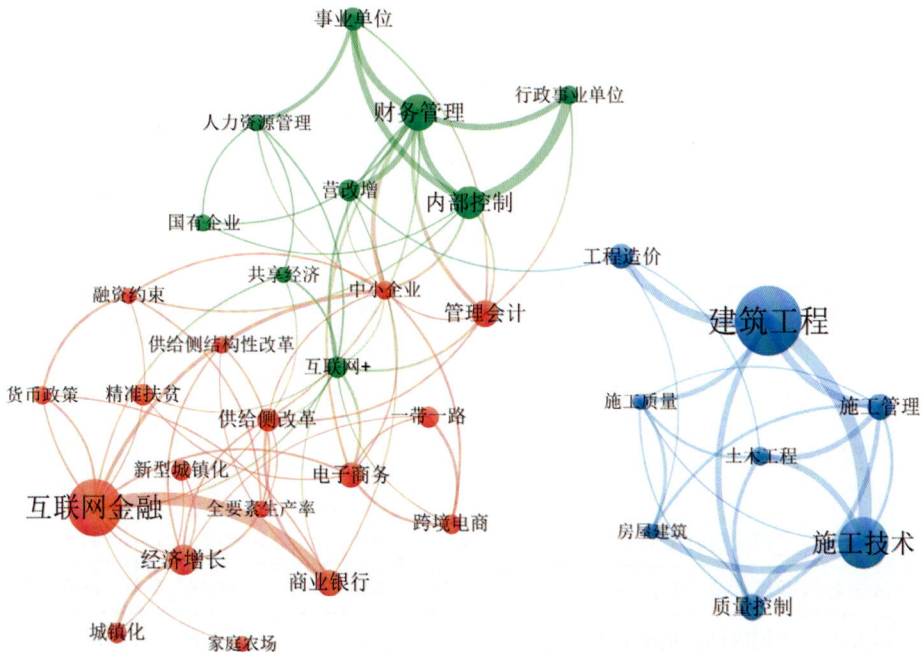

图 52-1　经济领域热点论文主题关联

52.4　高被引期刊分析

在经济领域，5 年影响因子 Top 10 期刊见表 52-3，总被引频次最高的期刊是《低碳世界》
（39033 次），5 年影响因子最高的期刊是《经济研究》。

表 52-3　经济领域高被引期刊基本指标

序号	期刊名称	5年载文量/篇	总被引频次/次	5年影响因子	高被引论文数量/篇	h 指数
1	经济研究	964	21023	8.800	499	70
2	中国工业经济	725	13016	7.110	306	52
3	会计研究	847	14345	5.520	334	54
4	世界经济	535	6117	4.820	171	36
5	金融研究	967	10345	4.440	260	42
6	中国农村经济	551	5401	4.180	147	32
7	审计研究	484	5202	3.760	128	33
8	经济学（季刊）	348	3955	3.700	112	31
9	农业经济问题	918	10022	3.670	257	41
10	中国农村观察	301	2530	3.550	74	23

52.5　高被引作者分析

2013—2017 年论文总被引频次 Top 10 的作者见表 52-4。其中，发文总被引频次居前 3
位的作者分别是中国人民大学的张杰（725 次）、南京大学的洪银兴（707 次）和重庆理工
大学的程平（655 次）。5 年发文量居前 3 位的作者分别是南京财经大学的陆岷峰（106 篇）、
国务院发展研究中心的李伟（101 篇）和重庆理工大学的程平（96 篇）。

表 52-4　经济领域高被引作者 Top 10

序号	作者	作者单位	发文量/篇	总被引频次/次	篇均被引频次/次	被引率/%	h 指数
1	张杰	中国人民大学	44	725	16.48	79.5	14
2	洪银兴	南京大学	26	707	27.19	92.3	11
3	程平	重庆理工大学	96	655	6.82	72.9	13
4	谢平	中国投资有限责任公司	8	630	78.75	87.5	5
5	郑志来	盐城师范学院	18	626	34.78	88.9	11
6	刘永泽	中国内部控制研究中心	1	533	533.00	100.0	1
7	贾康	财政部财政科学研究所	80	525	6.56	67.5	14
8	邓维杰	四川农业大学成都校区	1	521	521.00	100.0	1

续表

序号	作者	作者单位	发文量/篇	总被引频次/次	篇均被引频次/次	被引率/%	h指数
9	秦荣生	北京国家会计学院	15	507	33.80	80.0	7
10	孔祥智	中国人民大学	36	502	13.94	86.1	9

52.6 高被引机构分析

经济领域总被引频次 Top 20 高等院校和总被引频次 Top 10 科研院所的发文和被引情况分别见表 52-5 和表 52-6。

表 52-5 经济领域高被引高等院校 Top 20

序号	第一作者单位	发文量/篇	总被引频次/次	篇均被引频次/次	序号	第一作者单位	发文量/篇	总被引频次/次	篇均被引频次/次
1	中国人民大学	7952	22146	2.78	11	厦门大学	2421	8636	3.57
2	南开大学	3496	12119	3.47	12	上海财经大学	1803	7528	4.18
3	东北财经大学	3832	12079	3.15	13	暨南大学	2210	6865	3.11
4	中南财经政法大学	5857	11783	2.01	14	清华大学	1871	6465	3.46
5	北京大学	3886	11205	2.88	15	吉林大学	3010	6447	2.14
6	西南财经大学	5083	10682	2.10	16	复旦大学	1605	6279	3.91
7	中央财经大学	4527	10663	2.36	17	中山大学	1885	5809	3.08
8	武汉大学	4301	10364	2.41	18	安徽财经大学	4849	5506	1.14
9	南京大学	2652	9112	3.44	19	湖南大学	1679	5414	3.22
10	对外经济贸易大学	3776	9008	2.39	20	首都经济贸易大学	3510	5288	1.51

表 52-6 经济领域高被引科研院所 Top 10

序号	第一作者单位	发文量/篇	总被引频次/次	篇均被引频次/次	序号	第一作者单位	发文量/篇	总被引频次/次	篇均被引频次/次
1	中国社会科学院	3321	10038	3.02	6	上海社会科学院	725	1813	2.50
2	国务院发展研究中心	1380	3336	2.42	7	中华人民共和国农业部	489	1610	3.29
3	财政部财政科学研究所	846	2814	3.33	8	中国农业科学院	354	1547	4.37
4	中国社会科学院工业经济研究所	262	2397	9.15	9	农业部农村经济研究中心	216	1343	6.22
5	中国社会科学院财经战略研究院	408	1831	4.49	10	中国社会科学院经济研究所	272	1308	4.81

52.7 高被引国外期刊分析

经济领域 2018 年被引频次 Top 10 的国外期刊见表 52-7，排名前 3 位的国外期刊分别是 *Journal of Financial Economics*、*The American Economic Review* 和 *Journal of Cleaner Production*。

表 52-7 经济领域高被引国外期刊 Top 10

序号	期刊名称	2018 年被引频次/次
1	Journal of Financial Economics	748
2	The American Economic Review	536
3	Journal of Cleaner Production	514
4	Journal of International Economics	476
5	Journal of Business Research	414
6	Tourism Management	413
7	Strategic Management Journal	409
8	Journal of Corporate Finance	382
9	Journal of Finance	320
10	Journal of Business Ethics	316

第 53 章　新闻出版领域高被引分析

53.1　领域论文概况

2013—2017 年，新闻出版领域的 62 种期刊上共发表学术论文 183260 篇，由来自 23298 所机构的 111716 位学者作为第一作者发表。上述论文中，有 67765 篇获得过引用，整体被引率为 37.0%，总被引频次为 186550 次，篇均被引 1.02 次；其中，高被引论文有 1864 篇，高被引论文篇均被引 19.98 次（表 53-1），另外，2018 年本领域共发表论文 35871 篇，其中有 3575 篇在当年获得过引用，总共被引 4992 次。

表 53-1　新闻出版领域论文分布情况

年份	论文数量/篇	总被引频次/次	被引率/%	高被引论文数量/篇	高被引论文被引频次/次
2013	32302	41218	38.4	332	9345
2014	35210	44215	38.8	350	9851
2015	37608	43485	40.4	407	8445
2016	39595	35950	37.5	369	5941
2017	38545	21682	30.3	406	3662
合计	183260	186550	37.0	1864	37244

53.2　高被引论文分析

在新闻出版领域，2013—2017 年发表的总被引频次 Top 10 论文（表 53-2）的平均被引频次为 169.7 次，是全部 1864 篇高被引论文篇均被引频次的 8.49 倍。从论文分布来看，刊载高被引论文数量居前 3 位的期刊分别是《硅谷》（198 篇）、《科技传播》（194 篇）和《中国科技期刊研究》（172 篇），《新闻记者》刊载了高被引论文 Top 10 中的 4 篇；发表高被引论文数量居前 3 位的学者分别是北京师范大学的喻国明（35 篇）、中山大学的张志安（12 篇）和清华大学的彭兰（11 篇）；产出高被引论文数量居前 3 位的机构分别是中国人民大学（92 篇）、中国传媒大学（69 篇）和清华大学（50 篇）。

表 53-2　新闻出版领域高被引论文 Top 10

序号	论文题名	第一作者	期刊名称	发表年份	被引频次/次 总频次	被引频次/次 2018 年
1	场景：移动时代媒体的新要素	彭兰	新闻记者	2015	256	103
2	全球视野下的"数据新闻"：理念与实践	方洁	国际新闻界	2013	226	44
3	微信传播机制与治理问题研究	方兴东	现代传播	2013	219	28
4	"互联网+"意味着什么——对"互联网+"的深层认识	黄楚新	新闻与写作	2015	203	64
5	土木工程施工中的质量控制分析	李燕山	硅谷	2014	185	14

序号	论文题名	第一作者	期刊名称	发表年份	被引频次/次	
					总频次	2018年
6	移动互联网时代学术期刊的微信公众号服务模式创新	谢文亮	中国科技期刊研究	2015	179	41
7	微信公众平台：新闻传播变革的又一个机遇——以"央视新闻"微信公众账号为例	蔡雯	新闻记者	2013	116	13
8	作为开放新闻的数据新闻——英国《卫报》的数据新闻实践	章戈浩	新闻记者	2013	108	13
9	微信朋友圈：社会网络视角下的虚拟社区	聂磊	新闻记者	2013	103	13
10	数据新闻：大数据时代新闻可视化传播的创新路径	郎劲松	现代传播	2014	102	21

53.3　研究主题关联分析

在新闻出版领域，1864篇高被引论文共被引用了37244次。通过分析施引文献关键词的词频及关键词之间的共现关系，获得新闻出版领域的热点主题和主题关联，如图53-1所示。由图可知："新媒体""科技期刊""学术期刊"等关键词的文档词频较高，是新闻出版领域的研究热点；本领域主要形成4个研究主题簇，分别以"新媒体"为核心，以"科技期刊""学术期刊"为核心，以"媒介融合""数据新闻"为核心，以"自媒体""新闻传播"为核心。

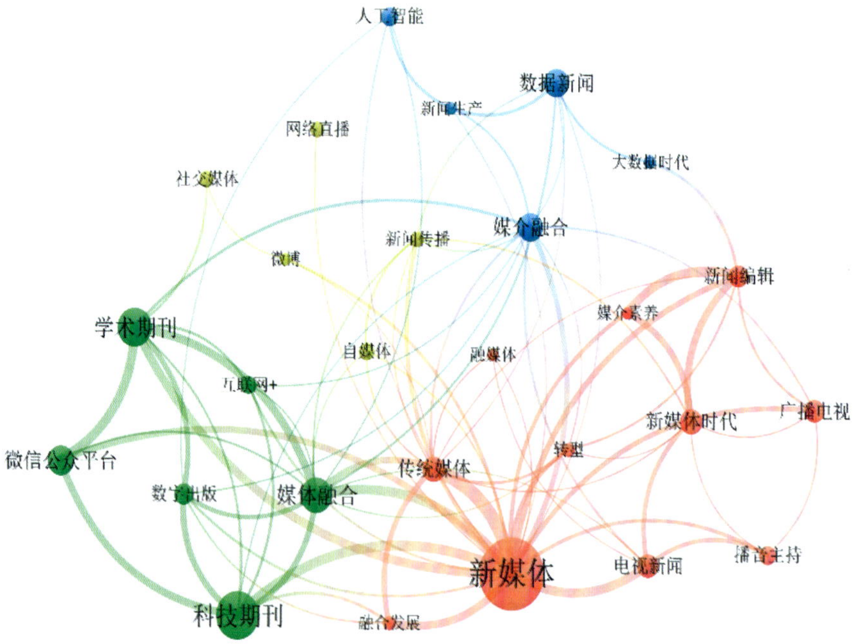

图53-1　新闻出版领域热点论文主题关联

53.4　高被引期刊分析

在新闻出版领域，5 年影响因子 Top 10 期刊见表 53-3，总被引频次最高的期刊是《科技传播》（21410 次），5 年影响因子最高的期刊是《中国科技期刊研究》。

表 53-3　新闻出版领域高被引期刊基本指标

序号	期刊名称	5 年载文量/篇	总被引频次/次	5 年影响因子	高被引论文数量/篇	h 指数
1	中国科技期刊研究	1380	8211	1.690	172	28
2	国际新闻界	789	3621	1.630	71	24
3	新闻与传播研究	662	2562	1.370	61	21
4	新闻记者	976	4210	1.340	89	22
5	编辑学报	1143	4600	1.170	91	21
6	新闻大学	642	2090	1.170	39	16
7	现代传播	2562	7493	0.900	113	28
8	当代传播	1044	2453	0.720	22	14
9	编辑之友	1680	3992	0.650	49	21
10	新闻与写作	2441	4303	0.610	79	21

53.5　高被引作者分析

2013—2017 年论文总被引频次 Top 10 的作者见表 53-4。其中，发文总被引频次居前 3 位的作者分别是中国人民大学的喻国明（1083 次）、中国人民大学的陈力丹（583 次）和中国人民大学的彭兰（575 次）。5 年发文量居前 3 位的作者分别是中国人民大学的陈力丹（261 篇）、国家行政学院的郭全中（162 篇）和首都师范大学的赵丕杰（148 篇）。

表 53-4　新闻出版领域高被引作者 Top 10

序号	作者	作者单位	发文量/篇	总被引频次/次	篇均被引频次/次	被引率/%	h 指数
1	喻国明	中国人民大学	125	1083	8.66	92.0	17
2	陈力丹	中国人民大学	261	583	2.23	52.1	10
3	彭兰	中国人民大学	25	575	23.00	88.0	11
4	黄楚新	中国社会科学院新闻与传播研究所	18	358	19.89	83.3	5
5	张志安	中山大学	104	349	3.36	53.8	11
6	郭全中	国家行政学院	162	342	2.11	48.8	10
7	彭兰	清华大学	14	322	23.00	85.7	10
8	方兴东	浙江传媒学院	18	314	17.44	77.8	5

续表

序号	作者	作者单位	发文量/篇	总被引频次/次	篇均被引频次/次	被引率/%	h 指数
9	陈昌凤	清华大学	58	289	4.98	77.6	10
10	方洁	中国人民大学	11	288	26.18	90.9	5

53.6　高被引机构分析

新闻出版领域总被引频次 Top 20 高等院校和总被引频次 Top 10 科研院所的发文和被引情况分别见表 53-5 和表 53-6。

表 53-5　新闻出版领域高被引高等院校 Top 20

序号	第一作者单位	发文量/篇	总被引频次/次	篇均被引频次/次	序号	第一作者单位	发文量/篇	总被引频次/次	篇均被引频次/次
1	中国传媒大学	4899	6640	1.36	11	陕西师范大学	1133	1050	0.93
2	中国人民大学	1776	5439	3.06	12	浙江传媒学院	663	993	1.50
3	清华大学	863	2386	2.76	13	河南大学	1167	977	0.84
4	武汉大学	1437	2274	1.58	14	华中科技大学	523	971	1.86
5	复旦大学	739	1992	2.70	15	北京印刷学院	548	944	1.72
6	南京大学	747	1365	1.83	16	北京师范大学	510	931	1.83
7	北京大学	736	1350	1.83	17	重庆大学	888	891	1.00
8	暨南大学	916	1339	1.46	18	中山大学	326	878	2.69
9	四川大学	1086	1259	1.16	19	上海交通大学	560	836	1.49
10	浙江大学	517	1152	2.23	20	南京师范大学	761	790	1.04

表 53-6　新闻出版领域高被引科研院所 Top 10

序号	第一作者单位	发文量/篇	总被引频次/次	篇均被引频次/次	序号	第一作者单位	发文量/篇	总被引频次/次	篇均被引频次/次
1	国家新闻出版广电总局	1385	1517	1.10	6	河南电视台	461	478	1.04
2	吉林电视台	691	850	1.23	7	中国新闻出版研究院	310	441	1.42
3	中国中央电视台	993	663	0.67	8	长春广播电视台	259	424	1.64
4	中国社会科学院新闻与传播研究所	109	579	5.31	9	中国社会科学院	323	407	1.26
5	中央人民广播电台	699	508	0.73	10	中国科学技术信息研究所	49	342	6.98

53.7　高被引国外期刊分析

新闻出版领域 2018 年被引频次 Top 10 的国外期刊见表 53-7，排名前 3 位的国外期刊分别是 *Digital Journalism*、*Computers in Human Behavior* 和 *Journalism*。

表 53-7　新闻出版领域高被引国外期刊 Top 10

序号	期刊名称	2018 年被引频次/次
1	Digital Journalism	131
2	Computers in Human Behavior	74
3	Journalism	69
4	New Media & Society	62
5	Journalism Studies	54
6	Scientometrics	52
7	Journal of Communication	47
8	International Journal of Communication	43
9	Journalism Practice	42
10	Communication Theory	38

第54章　图书情报档案领域高被引分析

54.1　领域论文概况

2013—2017 年，图书情报档案领域的 67 种期刊上共发表学术论文 95165 篇，由来自 9363 所机构的 49963 位学者作为第一作者发表。上述论文中，有 47814 篇获得过引用，整体被引率为 50.2%，总被引频次为 197489 次，篇均被引 2.08 次；其中，高被引论文有 962 篇，高被引论文篇均被引 36.87 次（表 54-1），另外，2018 年本领域共发表论文 14492 篇，其中有 1760 篇在当年获得过引用，总共被引 2855 次。

表 54-1　图书情报档案领域论文分布情况

年份	论文数量/篇	总被引频次/次	被引率/%	高被引论文数量/篇	高被引论文被引频次/次
2013	21785	55946	54.1	219	11088
2014	21039	48723	50.3	212	9618
2015	20221	43450	50.2	197	7619
2016	16663	32224	52.5	175	4771
2017	15457	17146	42.3	159	2377
合计	95165	197489	50.2	962	35473

54.2　高被引论文分析

在图书情报档案领域，2013—2017 年发表的总被引频次 Top 10 论文（表 54-2）的平均被引频次为 194.9 次，是全部 962 篇高被引论文篇均被引频次的 5.29 倍。从论文分布来看，刊载高被引论文数量居前 3 位的期刊分别是《图书情报工作》（130 篇）、《中国图书馆学报》（73 篇）和《图书馆学研究》（58 篇），其中，《中国图书馆学报》刊载了高被引论文 Top 10 中的 3 篇；发表高被引论文数量居前 3 位的学者分别是武汉大学的黄如花（9 篇）、武汉大学的邱均平（8 篇）和上海社会科学院的王世伟（7 篇）；产出高被引论文数量居前 3 位的机构分别是武汉大学（95 篇）、北京大学（31 篇）和华东师范大学（19 篇）。

表 54-2　图书情报档案领域高被引论文 Top 10

序号	论文题名	第一作者	期刊名称	发表年份	被引频次/次 总频次	被引频次/次 2018 年
1	阅读推广与图书馆学：基础理论问题分析	范并思	中国图书馆学报	2014	264	90
2	微信及其在图书馆信息服务中的应用	黄浩波	图书馆学刊	2013	235	16
3	高校图书馆微信公众平台服务发展现状及对策	张秋	图书馆建设	2014	211	53
4	我国高校图书馆阅读推广所存在的问题与对策研究	吴高	图书情报工作	2013	204	26

续表

序号	论文题名	第一作者	期刊名称	发表年份	被引频次/次	
					总频次	2018年
5	大数据时代图书馆的服务创新与发展	韩翠峰	图书馆	2013	202	23
6	高校图书馆应对MOOC挑战的策略探讨	傅天珍	大学图书馆学报	2014	201	23
7	MOOCs的兴起及图书馆的角色	秦鸿	中国图书馆学报	2014	180	20
8	基于微信公众账号的图书馆移动信息服务研究	孔云	情报杂志	2013	152	14
9	大数据时代数字图书馆面临的机遇和挑战	苏新宁	中国图书馆学报	2015	151	51
10	大数据时代背景下的档案管理探讨	李小晨	云南档案	2013	149	38

54.3　研究主题关联分析

在图书情报档案领域，962篇高被引论文共被引用了35473次。通过分析施引文献关键词的词频及关键词之间的共现关系，获得图书情报档案领域的热点主题和主题关联，如图54-1所示。由图可知："高校图书馆""图书馆""阅读推广""创客空间"等关键词的文档词频较高，是图书情报档案领域的研究热点；本领域主要形成3个研究主题簇，分别以"阅读推广""公共图书馆"为核心，以"高校图书馆""信息素养"为核心，以"图书馆""创客空间"为核心。

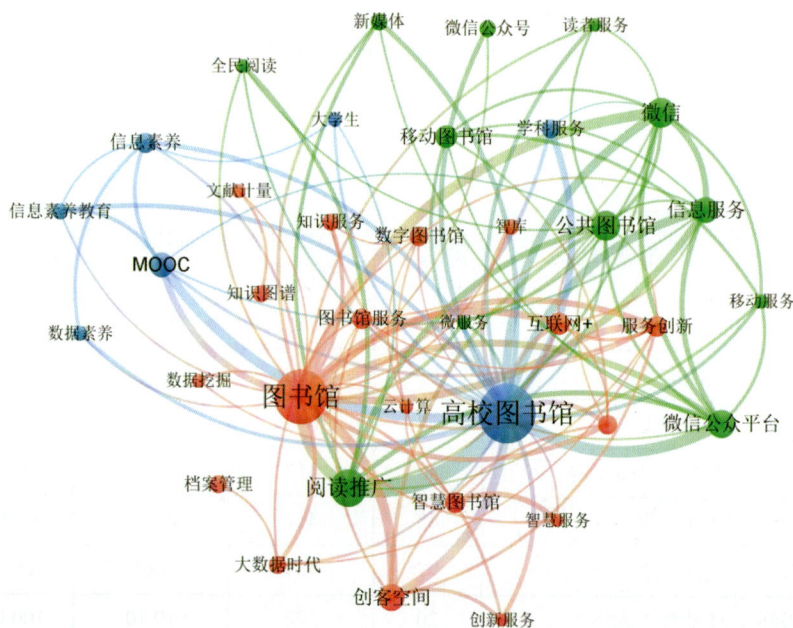

图54-1　图书情报档案领域热点论文主题关联

54.4　高被引期刊分析

在图书情报档案领域，5 年影响因子 Top 10 期刊见表 54-3，总被引频次最高的期刊是《图书情报工作》（17480 次），5 年影响因子最高的期刊是《中国图书馆学报》。

表 54-3　图书情报档案领域高被引期刊基本指标

序号	期刊名称	5 年载文量/篇	总被引频次/次	5 年影响因子	高被引论文数量/篇	h 指数
1	中国图书馆学报	330	5147	5.090	73	34
2	大学图书馆学报	608	4996	2.530	50	29
3	图书与情报	745	5112	2.220	48	30
4	图书情报工作	2595	17480	2.150	130	39
5	图书情报知识	484	2924	2.070	29	22
6	情报资料工作	608	3510	1.690	26	24
7	情报杂志	2180	10600	1.660	48	29
8	情报理论与实践	1681	7856	1.650	43	28
9	国家图书馆学刊	499	2663	1.600	17	21
10	情报科学	1857	7843	1.550	27	23

54.5　高被引作者分析

2013—2017 年论文总被引频次 Top 10 的作者见表 54-4。其中，发文总被引频次居前 3 位的作者分别是武汉大学的邱均平（866 次）、武汉大学的黄如花（720 次）和华东师范大学的范并思（642 次）。5 年发文量居前 3 位的作者分别是武汉大学的邱均平（78 篇）、武汉大学的赵蓉英（77 篇）和武汉大学的黄如花（61 篇）。

表 54-4　图书情报档案领域高被引作者 Top 10

序号	作者	作者单位	发文量/篇	总被引频次/次	篇均被引频次/次	被引率/%	h 指数
1	邱均平	武汉大学	78	866	11.10	93.6	16
2	黄如花	武汉大学	61	720	11.80	98.4	12
3	范并思	华东师范大学	19	642	33.79	84.2	11
4	王世伟	上海社会科学院	30	417	13.90	96.7	10
5	李纲	武汉大学	45	411	9.13	84.4	11
6	赵蓉英	武汉大学	77	389	5.05	83.1	11
7	张兴旺	桂林理工大学	20	382	19.10	100.0	10
8	陈臣	兰州商学院	35	369	10.54	82.9	12

序号	作者	作者单位	发文量/篇	总被引频次/次	篇均被引频次/次	被引率/%	h 指数
9	唐晓波	武汉大学	49	330	6.73	93.9	11
10	柯平	南开大学	40	327	8.18	87.5	11

54.6　高被引机构分析

图书情报档案领域总被引频次 Top 20 高等院校和总被引频次 Top 10 科研院所的发文和被引情况分别见表 54-5 和表 54-6。

表 54-5　图书情报档案领域高被引高等院校 Top 20

序号	第一作者单位	发文量/篇	总被引频次/次	篇均被引频次/次	序号	第一作者单位	发文量/篇	总被引频次/次	篇均被引频次/次
1	武汉大学	1923	11006	5.72	11	郑州大学	627	1396	2.23
2	南京大学	1281	4443	3.47	12	北京师范大学	349	1388	3.98
3	吉林大学	854	3641	4.26	13	华中师范大学	420	1372	3.27
4	北京大学	846	3641	4.30	14	上海交通大学	242	1289	5.33
5	中山大学	603	2563	4.25	15	黑龙江大学	651	1182	1.82
6	中国人民大学	721	2544	3.53	16	湘潭大学	335	1094	3.27
7	上海大学	784	2380	3.04	17	清华大学	175	1057	6.04
8	华东师范大学	397	2042	5.14	18	四川大学	431	1042	2.42
9	南开大学	458	1986	4.34	19	兰州商学院	87	995	11.44
10	安徽大学	640	1547	2.42	20	东北师范大学	199	955	4.80

表 54-6　图书情报档案领域高被引科研院所 Top 10

序号	第一作者单位	发文量/篇	总被引频次/次	篇均被引频次/次	序号	第一作者单位	发文量/篇	总被引频次/次	篇均被引频次/次
1	中国科学院文献情报中心	384	2364	6.16	6	深圳图书馆	144	705	4.90
2	中国科学技术信息研究所	614	1996	3.25	7	南京图书馆	282	686	2.43
3	中国国家图书馆	822	1739	2.12	8	上海社会科学院	78	652	8.36
4	上海图书馆	199	1176	5.91	9	重庆图书馆	251	566	2.25
5	辽宁省图书馆	279	789	2.83	10	中国科学院成都文献情报中心	108	540	5.00

54.7 高被引国外期刊分析

图书情报档案领域 2018 年被引频次 Top 10 的国外期刊见表 54-7，排名前 3 位的国外期刊分别是 *Scientometrics*、*Computers in Human Behavior* 和 *Journal of the Association for Information Science and Technology*。

表 54-7 图书情报档案领域高被引国外期刊 Top 10

序号	期刊名称	2018 年被引频次/次
1	Scientometrics	406
2	Computers in Human Behavior	312
3	Journal of the Association for Information Science and Technology	198
4	Journal of Informetrics	174
5	Government Information Quarterly	136
6	PLOS ONE	129
7	Library Hi Tech	120
8	Information & Management	115
9	International Journal of Information Management	109
10	Nature	88

第 55 章　教育领域高被引分析

55.1　领域论文概况

2013—2017 年，教育领域的 653 种期刊上共发表学术论文 2232754 篇，由来自 222838 所机构的 1461126 位学者作为第一作者发表。上述论文中，有 580877 篇获得过引用，整体被引率为 26.0%，总被引频次为 1593547 次，篇均被引 0.71 次；其中，高被引论文有 21539 篇，高被引论文篇均被引 20.76 次（表 55-1），另外，2018 年本领域共发表论文 448607 篇，其中有 30322 篇在当年获得过引用，总共被引 43314 次。

表 55-1　教育领域论文分布情况

年份	论文数量/篇	总被引频次/次	被引率/%	高被引论文数量/篇	高被引论文被引频次/次
2013	389686	383483	30.2	3657	112592
2014	429118	356928	27.2	4429	112803
2015	464637	357940	27.6	4752	97813
2016	472251	302035	25.1	4543	80811
2017	477062	193161	20.8	4158	43132
合计	2232754	1593547	26.0	21539	447151

55.2　高被引论文分析

在教育领域，2013—2017 年发表的总被引频次 Top 10 论文（表 55-2）的平均被引频次为 1174.3 次，是全部 21539 篇高被引论文篇均被引频次的 56.57 倍。从论文分布来看，刊载高被引论文数量居前 3 位的期刊分别是《中国继续医学教育》（1021 篇）、《学周刊》（877 篇）和《实验技术与管理》（589 篇），《开放教育研究》刊载了高被引论文 Top 10 中的 2 篇；发表高被引论文数量居前 3 位的学者分别是厦门大学的别敦荣（27 篇）、华东师范大学的祝智庭（25 篇）和江苏师范大学的杨现民（23 篇）；产出高被引论文数量居前 3 位的机构分别是北京师范大学（460 篇）、华东师范大学（419 篇）和华中师范大学（209 篇）。

表 55-2　教育领域高被引论文 Top 10

序号	论文题名	第一作者	期刊名称	发表年份	被引频次/次 总频次	被引频次/次 2018 年
1	信息化环境中基于翻转课堂理念的教学设计研究	钟晓流	开放教育研究	2013	2298	396
2	我国微课发展的三个阶段及其启示	胡铁生	远程教育杂志	2013	1916	315
3	微课程设计模式研究——基于国内外微课程的对比分析	梁乐明	开放教育研究	2013	1410	189
4	微课的含义与发展	黎加厚	中小学信息技术教育	2013	1347	207

序号	论文题名	第一作者	期刊名称	发表年份	被引频次/次	
					总频次	2018 年
5	微课及其应用与影响	焦建利	中小学信息技术教育	2013	888	142
6	高校微课建设的现状分析与发展对策研究	胡铁生	现代教育技术	2014	883	164
7	翻转课堂中知识内化过程及教学模式设计	赵兴龙	现代远程教育研究	2014	756	192
8	从"翻转课堂"的本质，看"翻转课堂"在我国的未来发展	何克抗	电化教育研究	2014	753	296
9	在线教育的"后MOOC时代"——SPOC解析	康叶钦	清华大学教育研究	2014	747	203
10	对分课堂：大学课堂教学改革的新探索	张学新	复旦教育论坛	2014	745	344

55.3 研究主题关联分析

在教育领域，21539 篇高被引论文共被引用了 447151 次。通过分析施引文献关键词的词频及关键词之间的共现关系，获得教育领域的热点主题和主题关联，如图 55-1 所示。由图可知："翻转课堂""教育改革""人才培养""核心素养"等关键词的文档词频较高，是教育领域的研究热点；本领域主要形成 3 个研究主题簇，分别以"翻转课堂""微课"为核心，以"教学改革"为核心，以"人才培养""高职院校"为核心。

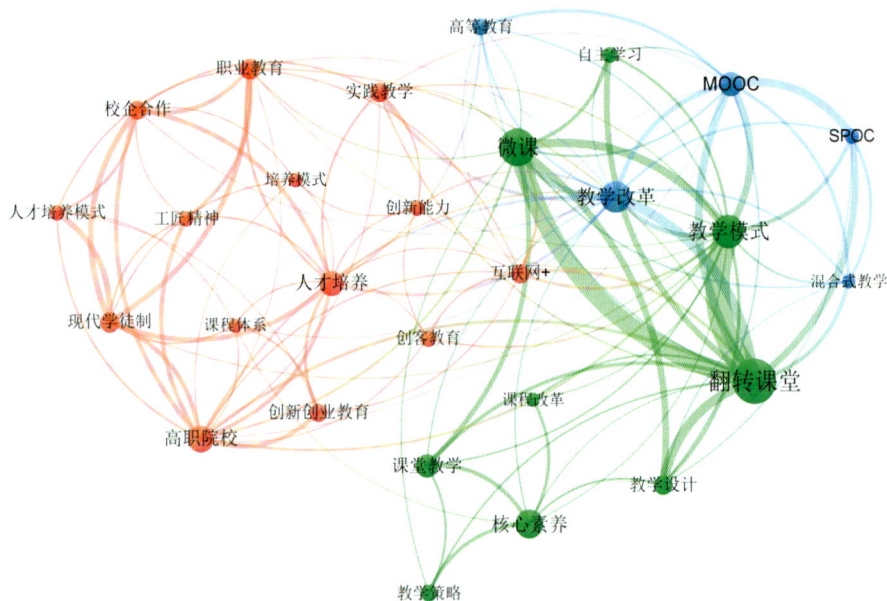

图 55-1　教育领域热点论文主题关联

55.4　高被引期刊分析

在教育领域，5 年影响因子 Top 10 期刊见表 55-3，总被引频次最高的期刊是《教育教学论坛》（50818 次），5 年影响因子最高的期刊是《远程教育杂志》。

表 55-3　教育领域高被引期刊基本指标

序号	期刊名称	5 年载文量/篇	总被引频次/次	5 年影响因子	高被引论文数量/篇	h 指数
1	远程教育杂志	429	11024	7.410	158	41
2	开放教育研究	473	10194	5.840	171	39
3	现代远程教育研究	407	7002	5.110	121	34
4	高等工程教育研究	1007	11479	4.960	249	47
5	中国电化教育	1632	21878	4.570	524	64
6	教育研究	1339	15498	4.230	422	48
7	现代教育技术	1216	15900	4.090	303	53
8	电化教育研究	1159	12883	3.990	339	43
9	外语电化教学	417	5023	3.580	119	30
10	中国高教研究	1371	12223	3.250	358	43

55.5　高被引作者分析

2013—2017 年论文总被引频次 Top 10 的作者见表 55-4。其中，发文总被引频次居前 3 位的作者分别是广东省佛山市教育局的胡铁生（3808 次）、清华大学的钟晓流（2367 次）和华东师范大学的祝智庭（1946 次）。5 年发文量居前 3 位的作者分别是山东省枣庄市市中区实验小学的贾宪章（162 篇）、北京丰台二中的甘志国（137 篇）和滁州职业技术学院的张健（126 篇）。

表 55-4　教育领域高被引作者 Top 10

序号	作者	作者单位	发文量/篇	总被引频次/次	篇均被引频次/次	被引率/%	h 指数
1	胡铁生	广东省佛山市教育局	14	3808	272.00	92.9	8
2	钟晓流	清华大学	5	2367	473.40	80.0	4
3	祝智庭	华东师范大学	33	1946	58.97	93.9	17
4	杨现民	江苏师范大学	29	1627	56.10	96.6	17
5	梁乐明	南京大学	2	1604	802.00	100.0	2
6	黎加厚	上海师范大学	4	1411	352.75	100.0	4
7	何克抗	北京师范大学	37	1364	36.86	91.9	12

序号	作者	作者单位	发文量/篇	总被引频次/次	篇均被引频次/次	被引率/%	h指数
8	焦建利	华南师范大学	57	1298	22.77	50.9	10
9	赵兴龙	中央电化教育馆	10	1142	114.20	90.0	5
10	王萍	上海大学	15	1019	67.93	80.0	8

55.6　高被引机构分析

教育领域总被引频次 Top 20 高等院校和总被引频次 Top 10 科研院所的发文和被引情况分别见表 55-5 和表 55-6。

表 55-5　教育领域高被引高等院校 Top 20

序号	第一作者单位	发文量/篇	总被引频次/次	篇均被引频次/次	序号	第一作者单位	发文量/篇	总被引频次/次	篇均被引频次/次
1	北京师范大学	6586	21784	3.31	11	北京大学	2025	6366	3.14
2	华东师范大学	5874	20352	3.46	12	江苏师范大学	2218	5971	2.69
3	东北师范大学	3421	10895	3.18	13	浙江大学	2267	5410	2.39
4	清华大学	1374	10782	7.85	14	吉林大学	2584	5128	1.98
5	华中师范大学	5333	10160	1.91	15	北京体育大学	3555	5021	1.41
6	华南师范大学	3925	9939	2.53	16	西北师范大学	3032	4968	1.64
7	南京师范大学	6162	9491	1.54	17	厦门大学	1871	4900	2.62
8	西南大学	4638	7745	1.67	18	上海体育学院	2304	4879	2.12
9	陕西师范大学	4893	6930	1.42	19	上海师范大学	2233	4816	2.16
10	南京大学	1544	6468	4.19	20	苏州大学	3576	4419	1.24

表 55-6　教育领域高被引科研院所 Top 10

序号	第一作者单位	发文量/篇	总被引频次/次	篇均被引频次/次	序号	第一作者单位	发文量/篇	总被引频次/次	篇均被引频次/次
1	广东省佛山市教育局	40	3828	95.7	4	北京教育科学研究院	927	1736	1.87
2	中华人民共和国教育部	488	2935	6.01	5	中央电化教育馆	64	1660	25.94
3	中国教育科学研究院	598	1963	3.28	6	漯河医学高等专科学校	806	1102	3.32

续表

序号	第一作者单位	发文量/篇	总被引频次/次	篇均被引频次/次	序号	第一作者单位	发文量/篇	总被引频次/次	篇均被引频次/次
7	中华人民共和国教育部职业技术教育中心研究所	157	1006	3.02	9	中华人民共和国教育部考试中心	234	833	5.03
8	上海市教育科学研究院	381	997	3.69	10	天津市教育科学研究院	418	681	2.67

55.7 高被引国外期刊分析

教育领域 2018 年被引频次 Top 10 的国外期刊见表 55-7，排名前 3 位的国外期刊分别是 *PLOS ONE*、*Computers & Education* 和 *Computers in Human Behavior*。

表 55-7 教育领域高被引国外期刊 Top 10

序号	期刊名称	2018 年被引频次/次
1	PLOS ONE	316
2	Computers & Education	303
3	Computers in Human Behavior	188
4	Nature	127
5	British Journal of Sports Medicine	125
6	Journal of Sports Sciences	121
7	Journal of Strength and Conditioning Research	114
8	Sports Medicine	107
9	Science	87
10	Teaching and Teacher Education	81

第56章 语言文艺领域高被引分析

56.1 领域论文概况

2013—2017 年,语言文艺领域的 378 种期刊上共发表学术论文 797482 篇,由来自 110217 所机构的 521015 位学者作为第一作者发表。上述论文中,有 144698 篇获得过引用,整体被引率为 18.1%,总被引频次为 300617 次,篇均被引 0.38 次;其中,高被引论文有 8253 篇,高被引论文篇均被引 9.99 次(表 56-1),另外,2018 年本领域共发表论文 150549 篇,其中有 4737 篇在当年获得过引用,总共被引 6003 次。

表 56-1 语言文艺领域论文分布情况

年份	论文数量/篇	总被引频次/次	被引率/%	高被引论文数量/篇	高被引论文被引频次/次
2013	137431	77046	23.1	1309	21565
2014	149665	72548	21.3	1503	20041
2015	161503	67994	20.0	1725	18338
2016	165773	51021	16.7	1533	12937
2017	183110	32008	11.6	2183	9549
合计	797482	300617	18.1	8253	82430

56.2 高被引论文分析

在语言文艺领域,2013—2017 年发表的总被引频次 Top 10 论文(表 56-2)的平均被引频次为 250.4 次,是全部 8253 篇高被引论文篇均被引频次的 25.07 倍。从论文分布来看,刊载高被引论文数量居前 3 位的期刊分别是《大众文艺》(491 篇)、《课程教育研究》(424 篇)和《艺术科技》(295 篇),《外语界》刊载了高被引论文 Top 10 中的 4 篇;发表高被引论文数量居前 3 位的学者分别是北京外国语大学的文秋芳(22 篇)、华中科技大学的徐锦芬(17 篇)和广东外语外贸大学的仲伟合(16 篇);产出高被引论文数量居前 3 位的机构分别是北京大学(142 篇)、北京外国语大学(126 篇)和广东外语外贸大学(120 篇)。

表 56-2 语言文艺领域高被引论文 Top 10

序号	论文题名	第一作者	期刊名称	发表年份	被引频次/次 总频次	被引频次/次 2018 年
1	输出驱动假设在大学英语教学中的应用:思考与建议	文秋芳	外语界	2013	464	101
2	《大学英语教学指南》要点解读	王守仁	外语界	2016	323	163
3	构建"产出导向法"理论体系	文秋芳	外语教学与研究	2015	300	184
4	坚持科学的大学英语教学改革观	王守仁	外语界	2013	288	55

续表

序号	论文题名	第一作者	期刊名称	发表年份	被引频次/次	
					总频次	2018年
5	大学英语教学中通用英语与专用英语之争：问题与对策	文秋芳	外语与外语教学	2014	219	51
6	跨文化交际能力在外语教学中如何定位	胡文仲	外语界	2013	211	61
7	强制阐释论	张江	文学评论	2014	209	48
8	浅议小学语文作文教学方法的创新	刘凤霞	语文教学通讯·D刊（学术刊）	2013	175	70
9	误解与偏见：阻碍我国大学ESP教学发展的关键	蔡基刚	外语教学	2013	158	27
10	商务英语专业本科教学质量国家标准要点解读	王立非	外语教学与研究	2015	157	53

56.3　研究主题关联分析

在语言文艺领域，8253篇高被引论文共被引用了82430次。通过分析施引文献关键词的词频及关键词之间的共现关系，获得语言文艺领域的热点主题和主题关联，如图56-1所示。由图可知："翻转课堂""教学模式""群众文化""教学改革"等关键词的文档词频较高，是语言文艺领域的研究热点；本领域主要形成4个研究主题簇，分别以"商务英语""翻译"为核心，以"教学改革""思辨能力"为核心，以"教学模式""翻转课堂"为核心，以"课堂教学""阅读教学"为核心。

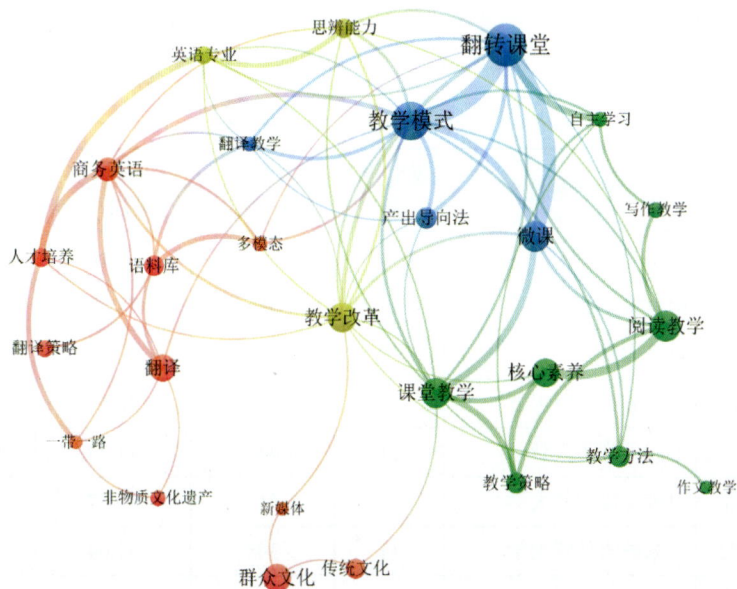

图56-1　语言文艺领域热点论文主题关联

56.4　高被引期刊分析

在语言文艺领域，5 年影响因子 Top 10 期刊见表 56-3，总被引频次最高的期刊是《课程教育研究》（21180 次），5 年影响因子最高的期刊是《外语界》。

表 56-3　语言文艺领域高被引期刊基本指标

序号	期刊名称	5 年载文量/篇	总被引频次/次	5 年影响因子	高被引论文数量/篇	h 指数
1	外语界	358	5634	4.894	205	32
2	外语教学与研究	503	3524	2.398	128	27
3	中国外语	461	2667	2.013	127	22
4	现代外语	468	2209	1.985	129	20
5	外语与外语教学	527	2875	1.738	133	21
6	外语教学理论与实践	297	1644	1.589	101	18
7	语言战略研究	175	457	1.531	27	9
8	外语教学	725	3444	1.455	194	21
9	中国翻译	847	3804	1.254	210	26
10	上海翻译	455	1613	1.251	97	15

56.5　高被引作者分析

2013—2017 年论文总被引频次 Top 10 的作者见表 56-4。其中，发文总被引频次居前 3 位的作者分别是北京外国语大学的文秋芳（1593 次）、南京大学的王守仁（856 次）和复旦大学的蔡基刚（725 次）。5 年发文量居前 3 位的作者分别是南京三八保育院的葛蓓（81 篇）、上海市静安区南西幼儿园的马丽婷（69 篇）和东莞理工学院的梁宝忠（67 篇）。

表 56-4　语言文艺领域高被引作者 Top 10

序号	作者	作者单位	发文量/篇	总被引频次/次	篇均被引频次/次	被引率/%	h 指数
1	文秋芳	北京外国语大学	30	1593	53.10	93.3	13
2	王守仁	南京大学	11	856	77.82	100.0	9
3	蔡基刚	复旦大学	12	725	60.42	100.0	10
4	仲伟合	广东外语外贸大学	24	542	22.58	87.5	11
5	束定芳	上海外国语大学	21	447	21.29	95.2	9
6	王立非	对外经济贸易大学	21	411	19.57	90.5	9
7	王初明	广东外语外贸大学	11	348	31.64	100.0	8
8	张江	中国社会科学院	17	307	18.06	100.0	6

序号	作者	作者单位	发文量/篇	总被引频次/次	篇均被引频次/次	被引率/%	h指数
9	胡文仲	北京外国语大学	4	283	70.75	75.0	2
10	张德禄	同济大学	16	258	16.13	93.8	8

56.6　高被引机构分析

语言文艺领域总被引频次 Top 20 高等院校和总被引频次 Top 10 科研院所的发文和被引情况分别见表 56-5 和表 56-6。

表 56-5　语言文艺领域高被引高等院校 Top 20

序号	第一作者单位	发文量/篇	总被引频次/次	篇均被引频次/次	序号	第一作者单位	发文量/篇	总被引频次/次	篇均被引频次/次
1	北京外国语大学	984	4035	4.10	11	南京师范大学	2743	1632	0.59
2	南京大学	2640	3729	1.41	12	上海大学	3294	1591	0.48
3	北京大学	3355	3393	1.01	13	中国人民大学	1990	1527	0.77
4	广东外语外贸大学	885	2678	3.03	14	上海交通大学	1069	1527	1.43
5	北京师范大学	3069	2411	0.79	15	沈阳音乐学院	2057	1347	0.65
6	复旦大学	1879	2099	1.12	16	河南大学	2844	1321	0.46
7	上海外国语大学	853	2095	2.46	17	中山大学	1210	1316	1.09
8	清华大学	1666	1889	1.13	18	南开大学	1658	1311	0.79
9	华东师范大学	2217	1687	0.76	19	四川大学	3011	1296	0.43
10	中国传媒大学	2831	1648	0.58	20	北京语言大学	835	1251	1.50

表 56-6　语言文艺领域高被引科研院所 Top 10

序号	第一作者单位	发文量/篇	总被引频次/次	篇均被引频次/次	序号	第一作者单位	发文量/篇	总被引频次/次	篇均被引频次/次
1	中国社会科学院	1850	1859	1.00	6	陕西省考古研究院	132	253	1.92
2	中国艺术研究院	1870	878	0.47	7	中国社会科学院近代史研究所	168	242	1.44
3	中国社会科学院语言研究所	127	399	3.14	8	江西省社会科学院	162	229	1.41
4	故宫博物院	294	297	1.01	9	中国社会科学院文学研究所	305	224	0.73
5	中国社会科学院考古研究所	206	261	1.27	10	敦煌研究院	229	218	0.95

56.7 高被引国外期刊分析

语言文艺领域 2018 年被引频次 Top 10 的国外期刊见表 56-7，排名前 3 位的国外期刊分别是 *Journal of Pragmatics*、*Cognitive Linguistics* 和 *System*。

表 56-7 语言文艺领域高被引国外期刊 Top 10

序号	期刊名称	2018 年被引频次/次
1	Journal of Pragmatics	96
2	Cognitive Linguistics	71
3	System	62
4	Language Learning	54
5	Applied Linguistics	51
6	Journal of English for Academic Purposes	45
7	Journal of Second Language Writing	44
8	The Modern Language Journal	43
9	Quaternary International	36
10	Lingua	36

参考文献

[1] 中国科学技术信息研究所.2011年版中国科技期刊引证报告：核心版 [M]. 北京：科学技术文献出版社，2011.

[2] 曾建勋.2011年版中国期刊引证报告：扩刊版 [M]. 北京：科学技术文献出版社，2011.

[3] 曾建勋，李旭林. 中国期刊高被引指数的探究 [J]. 中国科技期刊研究，2007，18（4）：555-557.

[4] 曾建勋，赵捷，吴雯娜，等. 基于引文的知识链接服务体系研究 [J]. 情报理论与实践，2009，32（5）：1-4.

[5] 贺德方，郑彦宁. 世界高影响力学术论文科学计量学分析：1979—2008 [M]. 北京：科学技术文献出版社，2010.

[6] 贺德方. 中国高影响力论文产出状况的国际比较研究 [J]. 中国软科学，2011（9）：94-99.

[7] 贺德方. 事实型数据：科技情报研究工作的基石 [J]. 情报学报，2010，29（5）：771-776.

[8] 苏新宁，邓三鸿，韩新民. 中国人文社会科学学术影响力报告 [M]. 北京：高等教育出版社，2011.

[9] 苏新宁. 中国人文社会科学图书学术影响力报告 [M]. 北京：中国社会科学出版社，2011.

[10] 邱均平，燕今伟，刘霞，等. 中国学术期刊评价研究报告：RCCSE 权威期刊、核心期刊排行榜与指南 [M]. 北京：科学出版社，2011.

[11] 朱强，蔡蓉华，何峻. 中文核心期刊要目总览：2011 年版 [M].6 版. 北京：北京大学出版社，2011.

[12] 万锦堃，薛芳渝. 中国学术期刊综合引证报告：2008 版 [M]. 北京：科学出版社，2008.

[13] 姜晓辉. 中国人文社会科学核心期刊要览：2008 年版 [M]. 北京：社会科学文献出版社，2009.

[14] 中国科学引文数据库项目组. 中国科学计量指标：论文与引文统计：2011 年卷 [M]. 北京：知识产权出版社，2012.

[15] 中国科学引文数据库项目组. 中国科学计量指标：期刊引证报告：2011 年卷 [M]. 北京：知识产权出版社，2011.

[16] 潘教峰，张晓林，王小梅，等. 科学结构地图 2009 [M]. 北京：科学出版社，2010.